KB053120

◆

이 책은,

흔들림 없는 의지와 끊임없는 도전을 통해

삶의 자유를 추구하는 사람들의

이야기이다.

◆

부동산이 돈이 되는
시그널을 기다려라

경매·갭투자·법인·토지·상가·청약 투자자 7인의 인사이트

부동산이 돈이 되는 시그널을 기다려라

얼음공장 & 얼음공장 아카데미 6인 지음

BM 황금부엉이

지금 시장에도 분명히
기회가 있다

2022년 말부터 시작된 주요 지역의 뚜렷한 회복과 2023년도 3분기에 시작된 전세 시장의 회복(주요 지역의 현장 기준으로는 23년도 상반기부터)은 감사하게도 내 예측에 딱 맞아떨어졌다. 사실 예측이 맞았다기보다 살아남고자 필사적으로 현장을 다니면서 시장에 대한 확인을 게을리하지 않았던 결과가 아닐까 싶다.

내 유튜브 구독자분들은 내가 옳은 예측을 했음을 알고 있다. 하지만 내가 가장 강력하게 느낀 것은 사람들의 반응 차이였다. 상승장에서 다음 상승 지역을 맞췄을 때의 반응과 침체장에서 시장의 움직임을 맞췄을 때(내 구독자 모두가 알고 있겠지만 나는 결과론적인 판단을 하는 것이다. 내게 미래를 맞추는 능력은 없다.) 사람들의 반응은 너무나 달랐다. 짧게 얘기하자면 전자는 반응이 폭발적이었고 후자는 반응이 조용했다. 난 다시 한번 느꼈다. 지금은 침체장이라는 것을….

그래서 다시 한번 예측을 해본다. 다음 그래프는 내가 2022년 11월 강의에서 오픈한 것이다(참고로 해당 그래프가 미래에 딱 맞을 확률은 0%이다). 나는 현재 시장의 분석과 미래 시장 예측에 대부분의 시간

■ KB부동산 서울 매매전세지수 시계열 (출처: KB부동산을 바탕으로 저자 편집)

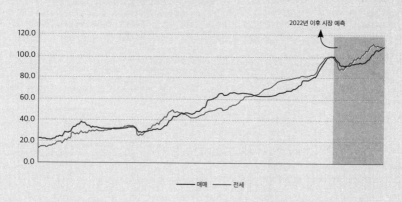

과 에너지를 투자했다. 맞든 틀리든 나에게는 '실력 상승'이라는 결과가 남을 것이다. 이미 경험한 바가 있다. 긴 설명보다 그래프 하나가 더 많은 것을 의미하지 않을까 싶다. 그리고 난 그 예측에 맞는 투자 활동을 지속할 것이다. 결국 투자는 예측, 실행, 결과 그리고 반성과 발전 이 과정의 반복이다. 난 이 과정 안에서 성장해왔고 앞으로도 그럴 것이다.

위기가 기회인지 아닌지는 지나봐야 알 수 있다. 즉 결과론적 이야기다. 주식 시장을 예로 들어보자. 코스피가 2200에서 1400까지 떨어진 적이 있다. 코로나 쇼크 때문이라고 보는 것이 일반적이었다(난 복합적인 요소들이 동시다발적으로 작용하는 시장에서 단 한 가지 이유로 어떤 사건을 설명하는 것을 지양한다. 그런 식의 사고방식은 나 자신의 능력 발전에 도움이 되지 않는다). 1400까지 떨어졌을 때 사람들은 위기를 직감했다. 한국 주식 시장이 붕괴된다는 기사가 나기 시작했다. 맞다 위기였다. 하지만 지수가 3300까지 반등하자 사람들은 이렇게 얘기했다.

"아, 기회였는데…."

이런 일이 반복되는 게 우리 인생사다. 사실 조금 더 자세히 들여다보면 '위험을 동반한 기회'라는 표현이 더 적절하다.

2022년 말 〈재벌집 막내아들〉이라는 드라마가 인기였다. 죽은 사람이 과거의 어린 몸으로 환생해 미래를 이미 다 아는 상태에서 경제 활동을 하는 내용이 담겨 있다. 이 경우 주인공은 미래를 다 알고 있기에 이것이 위기인지 기회인지를 천리안급으로 내다볼 수 있다. 우리가 여기에 열광한 이유는 무엇일까? 그렇다. 그 어떠한 일이 있어도 일반인은 미래를 예측하는 것이 불가능하기 때문이다. 불가능의 현실화를 통한 대리만족이 인기의 비결이었다. 하지만 이는 어디까지나 영화나 드라마에서나 있을 법한 이야기다.

아무것도 하지 않은 사람, 도전해서 성공한 사람만이 그건 위기가 아니라 기회였다고 말할 수 있다. 사실 성공한 사람은 그마저도 운이라고 표현한다. 그래서 늘 도전하지 않는 자의 목소리가 가장 크다. 그리고 도전 후 실패한 사람은 조용히 그 고통을 감내하며 사라진다. 이번 시장을 포함해 과거의 나처럼 말이다. 해당 위기가 기회였어도 도전할 상황이 안 되거나 이미 스스로 어려운 상황에 대치하고 있다면 기회라는 단어를 쉽게 입에 올릴 수 없다. 그래서 우리는 기회라는 단어의 무게를 알아야 한다. 잘못되면 많은 것을 잃을 수도 있고 도전을 하기 위해서는 많은 준비가 필요하기 때문이다. 도전해보지 않은 사람은 결코 알 수 없다.

급변하고 있는 지금의 부동산 시장을 바라보는 시각은 다양하다. 지금 시장에도 분명히 기회가 있다. 하지만 자연스럽게 위험 요소를 동반한다. 시간이 지나고 나면 성공하는 사람과 실패하는 사람이 공존할 수밖에 없다. 나는 시장의 급변 이전에 무리한 베팅을 한 탓에 현재 힘든 시간을 보내고 있다. 일명 버티기 구간이다. 악수가 겹치면 파산할 수도 있을 것이다. 사업을 하며 살아가기로 한 나이기에 고통스럽지만 받아들일 수밖에 없다. 하지만 그게 부끄럽지는 않다. 미래는 알 수 없기 때문이다.

난 독자들이 이런 나를 '미래를 못 맞춘 사람'으로 인식하는 것이 염려된다. 이미 그 태도 자체가 어디서 사기당하기 딱 좋기 때문이다. 그런 사람은 '재벌집 막내아들'뿐이다. 이번 위기를 잘 이겨 내고 다음 기회에 도전하여 성공하면 그만이다. 그 과정에서 얻는 경험의 가치는 결코 작지 않다. 나는 그것들을 모아 성장해왔다. 나 같은 투자자들을 보며 공부를 하고 스스로 어떤 선택을 하는지가 훨씬 중요하지 않을까 싶다.

나는 베스트 케이스를 위해 모든 가능성을 열어야 한다고 생각한다. 베스트 케이스를 위해서 어떻게 해야 하는지를 적으면 더 좋겠지만 그건 사실 내가 앞으로 할 이야기들과 상반된다. 그래서 이

책을 쓰기로 했다. 이 책의 저자들이 자신의 인생을 위로 끌어올리기 위해 어떤 도전을 하고, 어떤 시도를 하고 있는지 여러분과 나누고 싶었다. 이 책은 나와 함께 도전하는 사람들의 이야기이다.

얼음공장

차
례

1 | 얼음공장 – 인생을 바꾸고 싶다면 투자를 시작하라

2 | 곰둥이주인 – 전세에서 답을 찾다

3 | 얼음공장직원 – 상가 투자자로 살아가는 법

4 | 투자의 황제 - 경매는 실전이다

5 | 오공삼 - 정책과 매물을 분석하라

6 | 쓸꽃 - 20대에 투자자가 되다

7 | 블랙베리 - 투자 스펙트럼을 넓혀라

1

얼음공장

인생을 바꾸고 싶다면 투자를 시작하라

"현재 시장은 무척 안 좋지만 시장은 반등할 것이다.
난 그렇게 알고 있고, 믿고 있다. 역사가 말해주기 때문이다."

: 얼음공장 :

1

부동산을 공부하고 경험해야 하는 이유

'달걀을 한 바구니에 담지 말라.'

'분산 투자하라.'

'리스크를 제거하라.'

누구나 아는 투자 명언이다. 이에 대해 거꾸로 말하는 사람이 있다면 엉터리라는 소리를 듣기 딱 좋을 것이다. 하지만 지난 몇 년간의 유동성 시장에서 인생을 바꾼 이들은 누구인가? 분산 투자를 한 사람인가, 집중 투자를 한 사람인가? 분산 투자가 나쁘다는 것이 아

17

니다. 하지만 내 경험상 분산 투자는 자산가들의 영역이다. 소위 경제적 지위를 올리고 싶다면 몇 번은 집중 투자를 통해서 폭발적인 수익률을 만들어 내야만 한다. '폭발적인 수익률'이라니 듣기만 해도 설렌다.

하지만 이 얘기는 강의장에서도 책에서도 하지 않는 것이 좋다. 돈이 되는 콘텐츠, 오래 팔 수 있는 콘텐츠에 어울리는 단어는 전문가, 분산 투자, 포트폴리오, 거시 경제, 미시 경제, 유명인들의 발언(워런 버핏이 한 말)들 정도이다. 이유는 명확하다. 사람은 얻는 것보다 잃는 것에서 훨씬 더 큰 고통과 공포를 느끼기 때문이다. 도전하는 사람보다 이미 성공한 사람의 이야기가 훨씬 신빙성 있고 믿음이 간다. 그리고 이미 성공한 사람들은 소위 실패를 초월하거나 피해 가는 비결을 알고 있을 거라 생각한다. 이 과정에서 자동적으로 폭발적인 수익률을 향한 위험한 도전은 하지 않는 것으로 또는 미루는 것으로 결정한다. 현명한 결정이다. 하지만 성공 시 수익률도 그에 비례할 것임은 자명하다. 결코 나쁘거나 잘못된 선택이라는 뜻은 아니다. 그래도 인지를 하고 있어야 한다는 것이다.

분산 투자와 집중 투자

인간의 손실 공포는 도전 후 얻을 수 있는 과실에 비해 비교도 안 될 정도로 크다. 분산 투자는 잃지 않는 것에 집중하고, 집중 투자는 얻는 것에 집중하는 방식이다. 하지만 양날의 검처럼 많은 것을 포기하거나 큰 리스크를 감당해야 한다. 어느 쪽의 비난이 더 클까? 직접 경험하고 확언하건대 후자 쪽의 비난이 훨씬 크다. 그래서 속된 말로 하지 않는 것이 좋은 '위험한 말'이 되어버린다.

위험한 말을 나는 왜 하고 있을까? 바로 주변에 소위 성공했다는 사람들 때문이다. 그들은 주로 집중 투자 구간을 거쳤다. 그러곤 운이 좋았다고 말한다. 사실이다. 나도 운이 좋았으니까. 하지만 사람들은 그들이 도전한 그 구간이 큰 손실을 동반할 수도 있었다는 사실을 망각한다. 그저 성공적으로 나온 결과에만 집중한다. 집중 투자 구간으로 성공한 이들이 안정적 수익과 큰 자산을 만들어 놓고 안정적인 투자를 강의하는 셈이다. 내 말이 믿기 어렵다면 한 달에 몇백만 원씩 들어오는 월급을 주식, 채권, 달러, 비트코인, 부동산에 분산 투자해보라. 돈을 벌 수도 있고 잃을 수도 있다. 특히 잃는다면 리스크가 분산이 되어서 안정성이 더해질 것이다. 사람들은 여기에 집중한다.

하지만 거꾸로 벌었을 때 놓친 기회비용은 잘 생각하지 않는다. 그래서 분산 투자는 정말 훌륭한 이론인 것이다. 나는 분산 투자가 정말 좋은 투자 방식이라고 생각한다. 하지만 그렇다고 모든 이에게 모든 타이밍에 가장 좋다고 생각하진 않는다. 지난 몇 년간의 상승장에서 인생을 바꾼 이들을 살펴보라. 그게 내 것이 됐을 수도 있다고 생각해보라. 그러면 내가 놓친 것이 무엇인지 알게 될 것이다. 그들 중 몇몇은 집중 투자 타이밍의 시기가 좋지 않았다면 지금 이 긴축의 시기에 망할 수도 있었다. 또는 잘 버텨내고 추후 언젠가 크게 성공할 수도 있다. 그 사람의 운과 실력에 따라 결과는 다를 것이다. 하지만 그들이 분산 투자를 선택했다면 성공과 실패 가능성의 폭은 줄어들었을 것이다. 어디까지나 선택의 문제일 뿐이다.

이 얘기를 꺼내는 이유는 '지금 이 시기'가 이를 설명하기 가장 좋은 때이기 때문이다. 영원히 오지 않을 것 같았던 '긴축의 시기'가 온 것이다. 미국은 10개월도 안 걸려 금리를 0.25에서 4로 16배를 올렸고 멈추지 않을 것이다. 'FOMC, 자이언트 스텝, 빅스텝' 등은 사실 모르는 사람들이 대부분이었던 생소한 단어였다. 하지만 이제는 우리의 생활 용어가 되어버렸다. 세상이 바뀌고 있다. 한국도 이를 따라 폭발적으로 금리를 올렸다. 예측이 어려울 정도의 속도다. 미국 연준은 2021년도의 발언을 180도 뒤집어 빠르고 강력한 긴축을 진행하며 많은 이들을 당황하게 했다. 하지만 중요한 건 그것이 아니다. 급발진적 강력한 긴축이 내 투자 실패의 변명이 될 수는 있어도 내 삶의 불행을 피해 가게 하는 것은 아니기 때문이다. 이번에 실패하면 우리의 인생은 또 뒤로 밀리고 다시 밀어 올리는 과정이 고통스러울 것은 자명하다. 투자자라면 환경이 어떻게 변했는지 지금 내가 어떤 상황에 놓여 있고 어떻게 하는 것이 가장 현명할지 확인해야만 한다. 비록 지금의 속도는 반응하기 버거울 정도로 빠르고 그

충격 여파도 크지만, 우리는 반드시 그렇게 해야만 한다. 그래야 살아남아서 다음 시장을 기약할 수 있다.

난 지금의 긴축을 예상하지 못했다. 부동산이 이렇게 반응할 줄도 몰랐다. 과거 한국의 기준금리가 더 높을 때도 사람들은 집을 샀고 가격도 올랐다. 금리를 가파르게 내릴 때도 부동산이 힘을 쓰지 못했던 구간도 있다. 정리하자면, 금리가 부동산 가격에 영향을 미친 적도 있고 그러지 못한 적도 있다는 것이다. 가격에 연동된 적도 있고 그렇지 않은 적도 있다. 그리고 말했듯이 지금 우리는 그 이론을 따질 때가 아니다(유튜브에 검색하면 이 이론에 대한 영상이 셀 수 없이 나온다. 지금 이 시기는 금리에 타격을 받았지만 과거 데이터를 놓고 역사적 사실들을 살펴보면 앞으로도 그렇다는 보장은 아무도 할 수 없다는 것을 잊지 마시길). 그 누구도 금리가 정확히 부동산 가격에 어떤 영향을 얼마나 주는지 이론 방정식을 가지고 있지 않다. 중요한 건 이번 시기에는 분명히 영향을 주고 있다는 것이다. 그 강도 또한 결코 약하지 않다. 게다가 5년 동안 쌓인 규제, 갑작스런 양도세 중과 유예, 급격한 금리 인상으로 인한 전세 수요 감소, 대출 중지, 다주택자가 진입 불가능한 높은 취득세 등 부동산 시장을 끌어내릴 요소는 차고 넘친다. 제대로 악재들에 걸려 경제 위기에 준하는 사건이 부동산 시장에 터진 것이다. 이것을 인정해야 한다.

현재 부동산 시장의 현실

지금 한국의 부동산 시장은 IMF 또는 서브 프라임 사태와 같은 경제 위기에 준하는 비상 상황에 놓여 있다. 시간이 지나며 망하는 사람들도 나올 것이고 건설 경기에 전반적인 침체가 짙어질 것이다. 미분양이 늘어날 것은 자명하고 아무도 집을 사려고 하지 않을 것이다. 살 수 없는 시스템에 사면 안 되는 분위기까지 더해져 매매가는 힘을 쓸 수 없는 시기이다. 다시 말하지만, 부동산 시장은 경제 위기 사태를 맞이했다. 단순히 매매가만 내려가는 것이 아니라 전세가도 내려가기 때문에 내가 말한 집중 투자를 해온 사람 중에는 무너지는 사람이 나올 수밖에 없다. 그들의 노력이 아픈 시련이라는 결과로 마감될 가능성이 점점 높아지고 있는 것이다. 그래서 분산 투자를 주장하는 것이 더 좋다.

지금 시장에선 분산 투자를 잘한 사람들이 살아남을 것이다. 가장 좋은 케이스는 이번 상승장에서 집중 투자를 하고 자산을 잘 정리해 놓은 후 침체장을 만난 사람이고, 중간인 케이스는 분산 투자로 적절한 수익을 올리고 침체장을 만난 사람이며, 집중 투자를 한창 진행하는 과정 중에서 지금 시기를 만난 사람은 안타깝지만 최악의 케이스라 할 수 있을 것이다. 특히 버틸 체력이 부족한 이들은 고통의 시간을 지나야만 할 것이다.

자본 시장은 냉정하다. 예외는 없다. 나는 이런 얘기를 편하게,

당당하게 하고 싶다. 다시 말하지만 이런 내용은 마치 '언급하면 안 되는' 영역으로 분류하려는 분위기가 있다. 인정한다. 리스크를 동반하고 망할 수도 있다. 문제는 성공을 원하는 이들이 주로 내 채널과 콘텐츠들을 찾는데 내가 아는 방법은 대부분 리스크를 동반한다. 이 리스크를 제거하거나 감당할 수 있는 방법이 몇 가지가 있긴 하다. 돈이 무척 많거나 시장의 상승 하락 타이밍을 미리 맞추거나(경제 공부를 열심히 하면 시장 상승 하락 또는 경제 위기를 대충이라도 맞출 수 있다는 식의 콘텐츠가 넘쳐나는데 단언컨대 거짓말이다. 이를 맞출 수 있는 이들은 콘텐츠를 만들 이유가 없다. 이미 엄청난 부자 계열에 올라 있어야 한다. 예를 들어, 삼성 같은 대기업이 시장의 전망을 대략이라도 맞출 수 있는 사람, 환율이나 주식 같은 거시적 요소들을 미리 내다볼 수 있는 사람에게 얼마의 연봉을 지불할 것이라 생각하는가? 난 최소 100억일 것이라 생각한다. 그런 이들이 왜 영상에 나와 이론을 설파하겠는가. 난 이해할 수 없다. 그리고 나 역시 맞추지 못한다. 난 이번 시장을 맞추지 못한 것에 대해 화도 나고, 아깝고 억울하기도 하지만 부끄럽지는 않다. 최선을 다해 예측했고, 솔직했고, 나도 그에 따라 투자를 했기 때문이다. 소위 이론만 팔아먹는 사람들과 난 다르다. 내 가족, 직원들 앞에서 이 부분은 당당하다.) 운이 무척 좋은 경우다. 하지만 우리 모두가 아는 것처럼 대부분 불가능하다.

그럼 베스트 케이스를 위해서 우리는 무엇을 해야 할까? 여러분이 부동산을 공부하고 경험해야 하는 이유는 이런 소위 집중 투자가 효과적이고 리스크가 적어지는 기간을 놓치지 않기 위함이다. 하지만 오늘도 여전히 사람들은 이미 성공한 자산가들의 얘기를 착실하게 듣는다. 그리고 인생은 변하지 않는다. 여러분의 잘못이 아니다. 성공한 이들은 그렇게 얘기할 수밖에 없다. 배우는 입장에서는 고개를 끄덕여 보지만 현실이 그렇지 않다는 것을 깨우치는 데 시간이 걸릴 수밖에 없다. 그가 말하는 성공법은 이미 지난 것이다. 불변의 성공 법칙이라는 것은 존재하지 않는다. 한 사람이 살아볼 수 있는 인생은 단 한 번이다.

'수강생'이나 '제자'라는 단어를 이용해서 타인의 인생을 자신의 커리어 그릇에 담는 이들이 적지 않다. 부분적으론 이해하지만, 사람마다 투자에 대해 느끼는 공포와 부담감 그리고 선택 과정의 내적 프로세스가 다르기에 분명 한계가 있다. 대중은 늘 성공한 사람이 더 알고 더 많이 담을 수 있다고 철썩같이 믿는다. 하지만 난 알고 있다. 그들 중 진짜도 있고 가짜도 있다는 것을. 더 중요한 건 그들이 앞으로 얼마나 자산을 잘 지키고 키워나갈 수 있는지다.

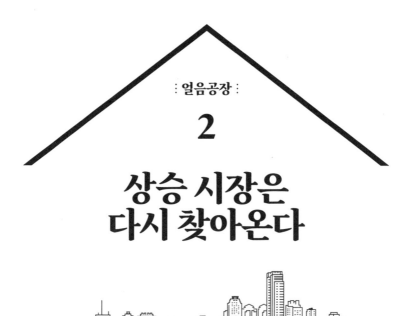

: 얼음공장 :

2

상승 시장은
다시 찾아온다

내 이름은 이제 얼음공장으로 통한다. 유명인은 아니지만 그래도 부동산 시장에서는 소위 '영끌 5적'이라는 단어에 들어갈 만큼 알려졌다. 지인이 문자로 "어이, 영끌 5적!"이라고 불러서 무슨 뜻인지 찾아보고 놀랐던 기억이 난다. 좋은 뜻은 아니지만 어느 정도 내 발언에 대한 책임감과 부담감을 느꼈다. 내가 모르던 내 존재감을 제3자를 통해서 느끼기 때문이다. 그래서 변화에 대한 고민도 했다.

'나도 욕을 가장 적게 먹을 수 있는 일명 중간만 가는 콘텐츠를

25

화려한 자료와 함께 제공하는 방향으로 전환할까?'

　도와준다는 업체의 제안도 있었기에 한창 비난이 심할 때는 진지하게 고민하기도 했다. 하지만 그렇게 하면 더 이상 내가 아닐 뿐더러 발전할 수 없을 거라고 생각했다. 재미도 없을 것이고 가족들 앞에서도 멋지지 않기 때문이다. 그래서 내 결론은 지금처럼 꾸준히 하자는 것이다. 시장이 변했지만 나는 스스로 발전했음을 많이 느낀다. 다음 시장을 어떻게 준비해야 할지도 안다. 지금은 고통스럽지만 이것 역시 어떠한 여정의 과정임을 알기에 예전에 비해 훨씬 잘 준비할 수 있다. 지금은 2008년 이후의 시장에서 심하게 휘둘렸던 마음은 없다. 가능한 한 차분히 지금 시장에서 생존하며 다음 시장을 준비해야겠다는 마음뿐이다. 그래서 생존을 위해서도, 발전을 위해서도 지금의 내 스타일을 고수하고자 한다. 최소한 지금의 내 스타일은 나에게 발전을 가져다주었기 때문이다.

내 인생을 바꿔준 것들

　몇 가지 키워드로 과거의 나를 설명하자면 110kg, 여드름, 꼴찌, 게임 중독, 우울증 정도다. 고도 비만이었고, 피부 질환이 심했고, 현실 세계를 부정했고, 현실로 돌아와 최선을 다한 직장생활은 우울증과 함께 마감했다. 하지만 내가 나열한 단어 중 지금의 나를 만들어준 것은 없다. '가난이 날 이렇게 만들었다. 열등감이 날 이렇게 만들었다'는 얘기를 사람들은 좋아한다. 하지만 지금의 날 만들어준 것은 부동산 시장과 유튜브라는 구글의 시스템 그리고 돈이다. 난 그것들을 잘 활용해서 하기 싫은 일을 해야 하는 노예 시스템에서 벗어날 수 있었다. 비만과 가난 그리고 무능력은 치욕감과 열등감을 느낄 수 있는 기회로 작용했다. 하지만 그런 분노를 마음에 쌓았음에도 나는 사회에 순응하며 열심히 공부해 대학에 갔고 취업을 했다. 열등감 - 대학 - 직장 - 사업 순인데 사회에 적잖이 분노한 사람 치고는 정말 이렇게 했을까 싶을 정도로 착실히 살아왔다.

나는 여러분 앞에 그럴싸한 내 성장 과정을 만들어 낼 마음이 없다. 지금 정리해보면 사회에 숨겨져 있는 돈을 버는 시스템에 대한 생각의 전환, 새로운 도전 그리고 때마침 나에게 찾아온 시장과 운 덕분에 오늘의 내가 있다고 생각한다. 가난이, 비만이, 열등감이 내 성공의 요인이라면 이 3가지를 가진 이들은 성공하기 좋은 요소를 가지고 있는 것일까? 아니다. 오히려 더 불리하다. 하지만 돈이라는 시스템 그리고 신용이라는 요소가 자본주의 사회에서 어떻게 작용하는지 분석하는 동시에, 돈에 대한 갈망과 마음속 탐욕에 대한 당당함이 있다면 성공 가능성은 높아진다. 그리고 그런 외로운 과정의 연료로 사용하기에 분노와 열등감만 한 것이 없는 것도 사실이다. 그래서 하기 나름인 것이고 결과가 좋을지 나쁠지는 아무도 알 수 없다.

당신도 할 수 있다는 말은 거짓말이다. 내가 한 걸 당신이 할 수 있을지 없을지 아무도 모른다. 누군가 내 방식대로 정말 그대로 해내는지 확인도 안 하는 사람들이 늘 그렇게 말한다. 나 같은 사람이 했으니 당신도 할 수 있다고. 내가 그 말에 속아서 구매한 서적과 구독한 영상 그리고 구매한 강의가 한 다발이다. 하지만 정작 내 인생을 바꿔준 건 사표와 부동산 등기였다. 인생을 바꿀 수 있다는 타인의 말만 믿고 콘텐츠를 열심히 소비하는 이들에게 말하고 싶다. 꿈 깨라고.

내 유년 시절은 불행했다. 아무리 책을 쓴다지만 미화하기 어려울 정도로 좋은 기억이 없다. 학교도 싫었고 집도 싫었다. 모든 게 다 싫었다. 나는 현실에서 도망 나와 인터넷 게임 세상으로 들어갔다. 그 안에서는 그래도 좋은 대접을 받았던 기억이 있다. 당연히 학업은 따라가지 못했다. 학교에 야구부가 있어 꼴찌를 면했을 뿐 거의 꼴지나 마찬가지였다. 시험에서 수학 4점, 국사 8점을 받았던 기억이 아직도 있다.

"우리 애는 머리는 좋은데 공부를 안 한다"는 말이 있는데 가장 멍청한 얘기다. 머리가 좋다는 건 현실에 적응을 잘한다는 것이다. 적자생존이기 때문이다. 즉 머리가 좋다는 건 '지금 내가 어떤 선택을 했을 때 생존 가능성이 가장 높은지' 안다는 것이다. 한국 사회에서는 공부를 잘해야 한다. 공부를 하기로 선택하는 사람은 영리하고 머리가 좋다는 뜻이다. 그래서 머리가 좋은데 공부를 안 한다는 건

'뜨거운 아이스 커피'처럼 앞뒤가 안 맞는 말이다. 그런 사람이 가장 멍청한 사람이다. 노력도 없이 내가 마음먹고 공부만 하면 잘될 거라는 희망적 결과만 꿈꾸는, 분수를 모르는 사람이기 때문이다.

결론적으로 나는 멍청했다. 운동도 못했고 공부는 더 못했다. 당연히 대학에 못 갔다. 안 간 것이 아니라 못 갔다. 포천의 대진대학교에 친구 따라 가고 싶었지만 불합격했다. 수능 성적표를 들고 대입 상담을 간 나에게 담임 선생님은 말 그대로 사람 취급도 하지 않았다. 내게 지방대 브로슈어 몇 개를 던지더니 집에 가라고 했다. 그에게는 대입이 실적이었을 텐데 나에게 시간 낭비하고 싶지 않았던 것이다. 한 아이의 아버지가 된 지금 내가 겪은 학창 시절의 기억을 내 자식에게 남기는 선생이 있다면 난 절대 그냥 두지 않을 것이다. 그 방만함에 대한 책임을 물을 것이다. 난 아직도 한국 교육 시스템에 대한 믿음이 전혀 없다. 교육자에 대한 믿음도 없다. 믿음을 가지고 있는 분들에게는 존경과 우려를 동시에 표한다.

그나마 나에게 참 다행이었던 건 어머니 나름대로의 교육 방침이 있었다는 것이다. 어머니는 그 당시 이례적으로 학교 시스템을 믿지 않으시는 분이었다. 그래서 성적이 나오지 않아도 심지어 꼴찌를 해도 별말씀을 하지 않으셨다. 그리고 내가 해보고 싶은 것, 결정하는 것은 대부분 지지해주셨다. 내가 상식적으로 이해가 가지 않는 것은 설명이나 확인을 시켜주려고 노력하셨고 어머니의 삶을 통해 돈이 가진 힘을 뼈저리게 느끼게 해주셨다. 돈은 가진 자에게 천국을 선사하진 않지만 없는 자에게는 지옥을 선사한다.

그 지옥의 수렁에 빠지면 국가나 주변에서 도와줄 거라는 생각을 하는 바보가 아직도 있는지 모르겠지만 최소한 확실한 건 과거의 나처럼 보기에도 별로이고 능력도 없는 사람에게는 해당 사항이 없다는 것이다. 어머니의 교육 방침 아래 사회가 이해되지 않고 적응하고 싶지도 않았던 나는 결국 삐뚤어지기보다 도피를 택했고 게임 중독에 빠졌다. 지금 생각하면 그나마 그것이 있어서 내가 살 수 있었는지도 모른다. 그때 늘 게임을 함께 해주었던 경한이라는 친구가 있었다. 지금은 이 세상에 없다. 책을 쓰며 다시 한번 그 친구를 회상해본다. 난 여전히 그 친구와의 추억을 가지고 있다. 가끔 녀석이 겪지 못했던 삶의 아름다운 면들을 마주할 때면 안타까운 마음이 든다.

긴 방황 끝에 나는 스스로 사회를 받아들이고 사람답게 살고 싶다고 결심했다. 그때는 내가 대단한 마음을 먹고 혁명을 만들어 낸 것이라 생각했으나 지금 재평가해보면 그 결정은 '굴복'이었다. 사회에서 만든 시스템, 그 게임 안에서 하나의 말이 되어 열심히 뛰는 것이다. 외우라는 것을 외우고, 성적을 받기 위해 공부하고, 시험 보고, 취업을 위해 경쟁했다. 그 안에서 높은 성적을 받는 것을 내 성공으로 정하고 나를 밀어붙였다. 낭비한 시간이 이미 많았기에 최선을 다할 수 있었다. 그리고 결과물을 하나둘 만들었다. 대학에 가고 취업을 했다. 과거에 꿈도 못 꾸던 연애도 했다. 내가 대단하게 느껴졌고 주변에서도 과도한 칭찬을 해줬다. 못 받아보던 응원과 관심에 난 아닌 척하면서도 좋아했다. 인간은 대부분 관심 받는 걸 좋아한다. 그걸 인정할지 안 할지는 개인의 성격 차이지만 기본적으로 인간은 유아 때부터 관심을 받지 못하면 생존이 불가능하다. 그렇게 남들이 좋다는 직장에 다니며 잘 살았다. 하지만 그때는 몰랐다. 과거 내가 겪었던 열등감보다 더 큰 분노가 내 가슴에 쌓이고 있다는 것을….

참고로 난 대인관계가 좋지 못하다. '성공하려면 주변에 사람이 많아야 한다, 남자는 대인관계가 중요하다, 친구가 보증 수표다' 이런 얘기들을 난 모른다. 난 안 되는 건 안 된다고 인정한다. 노력을 통해 많이 나아졌고 존경하는 분들도 많아졌지만 그럼에도 나는 사람이 많을 때 긴장을 한다. 사람이 참 쉽게 변하지 않는다.

그런 내가 직장생활이 쉬울 리 없었다. 앞에서는 웃고 뒤에서는 흉보고, 맥주 먹으러 가서 팀장 욕하고, 내가 일 못 하면 다른 사람이 고생하고, 내가 승진하면 다른 사람이 못 하게 되었다. 기상 시간, 점심시간, 취침 시간, 여행 주기 그 모든 것을 직장에 맞춰야 했다. 처음에는 모든 것을 희생할 각오였다. 내 인생을 가치 있게 만들어준 곳이니까. 하지만 회사는 성장하는데 난 그렇지 못했다. 내가 받는 월급으로는 아무것도 할 수 없었다. 당시 나는 차를 무척 좋아했는데 내가 원하는 차를 20대 젊은 애들이 타고 다니는 걸 보면서 처음에는 부모 잘 만났다는 식으로 못난 열등감을 드러냈지만 나중엔 정말 궁금해졌다.

'나는 도대체 저걸 왜 못 살까? 자유롭게 살지도 못하고 모든 것을 직장에 맞추며 평가만을 위해 동료와 경쟁해 가면서 일만 하는데 어떻게 저 철 덩어리를 하나 못 가지는 걸까? 아니, 그건 그렇고 내가 못 가지는 걸 왜 저 사람들은 저렇게 쉽게 가질 수 있는 걸까? 뭔가 잘못된 것이 아닐까?'

여기서 내 인생의 첫 번째 행운이 작용한다. 나는 프랜차이즈 개발업 직원이었고 자연스럽게 건물주들을 많이 만날 수 있었다. 당시 들었던 내용을 몇 가지 실행에만 옮겼어도 지금보다 훨씬 잘될 수 있었지만 난 멍청해서 단 한마디도 알아먹지 못했다. 마인드 세팅 자체가 이미 노예였기 때문이다. 건물주와 그의 자녀들은 상당히 여유 있게 먹고살았다. 나 같은 직원들이 와서 굽신거리고 임차인이 와서 또 굽신거리면 그들은 놀고먹었다. 부자들이 더 열심히 살고 더 힘들게 산다고 하는데 과연 그게 가난한 이들이 얼마나 힘들고 치열하게 사는지 노량진 새벽 인력 시장에 한 번이라도 나가 보고 발언하는 것인지 의아하다. 어린 나에게 몇몇 건물주 어른들은 그들의 인생을 자랑했다. 어떻게 돈을 벌었는지, 또 뭘 더 가지고 싶은지, 특히 자신이 자식의 좋은 삶을 위해 무엇을 준비해줬는지도 은연중에 자랑했다. 건물을 3개 사서 자식 2명에게 나누어준 분도 계셨다.

한번은 철없는 건물주 자녀 때문에 엄청나게 고생했던 기억이 있다. 그 자녀가 가진 차는 내가 가질 수도 없는 차였다. 나는 나보다 나이도 어리고 직장도 가보지 않은 사람에게 굽신거려야 했다. 아니, 내가 선택해서 굽신거렸다. 그러곤 집에 가서 밤에 혼자 그를 욕하곤 했다. 나보다 못한 인생이라며 폄하하기도 했다. 나는 그나마 그들을 만나본 기억들이 내 첫 행운이라고 생각한다.

그러고도 나는 깨우치지 못했다. 계획도 없이 더 열심히 하면 나아질 거라는 막연한 기대만으로 주식에 손을 댔고 결과는 대실패였다. 직장생활이 어려울 만큼 정신적으로 피폐해졌고 돈은 돈대로 잃었다. 참고로 난 대학생 때부터 돈을 모았다. 심지어 돈 모으려고 장학금까지 목적성으로 타냈다. 내 인생과 교우관계를 포기하고 모은 돈은 그렇게 주식 시장이라는 거대한 괴물 앞에 아무런 의미 없이 씹혀 소화되었다. 그 이후 공부 없이 보상 심리로 손을 댄 부동산도 실패했다. 결국 돈을 다시 모아야 하는 처지가 되고 말았다.

그러다 마지막 직장에서 해외 손님들을 위한 숙소 업무로 또다시 건물주들을 만났다. 이미 직장생활에 지쳐갈 때였다. 그래서 나는 무조건 어릴 때 투자를 시작하라는 말을 하지 않는다. 누구에게나 어느 정도 때가 있는 것 같다. 좋은 얘기를 해줘도 들릴 때가 있고 전혀 안 들릴 때가 있다. 그래서 부자는 하늘이 낳는다고 하지 않던가. 당시 그 건물주 어른은 예전 내가 만났던 몇몇 건물주들과 매우 비슷한 얘기를 해줬다. 현금 흐름을 튼튼히 하고, 경제 상황을 재밌게 공부하고, 자신의 투자 영역이 따로 있으니 가능한 한 투자에는 다 손을 대보고, 현금을 자산으로 만들어 놓을 줄 알아야 하며, 시장을 하락, 상승으로 따지지 말고 잘 버티고 기다리라는 등…. 지금 생각해보면 맞는 말을 하신 분이었다. 그때는 들리기 시작했다. 어떻게 해야 목돈을 만질 수 있는지, 세상에 얼마나 돈이 많은지, 사실 건물주는 다른 유형을 택한 자본주의의 한 형태에 불과함을 알 수 있었다.

하지만 용기가 없어 선택을 못 하던 내게 정말 뜻밖의 병이 찾아왔다. '우울증' 그것은 죽음의 병이다. 난 실제로 극단적 선택의 직전까지 갔었다. 내가 최선을 다해 감행했던 직장생활과 이직 그리고 버티기의 종착지는 '우울증'이었다. 그리고 이때 직장이 큰 도움을 주었다. 우울증을 앓고 있는 나에게 제 기능을 하지 못하는 부품 취급을 너무나 강렬하게 해주었기 때문이다. 모두가 말과 행동을 다르게 했다. "힘든 일 있으면 언제든 말하라"고. "말 안 하다가 폭탄 터뜨리지 말라"고. "회사 생활 어려울 때 함께 부축하며 가는 거"라고. 하지만 내가 업무를 미흡하게 하면 다른 동료가 고통을 받는 시스템과 험담, 왕따까지 그 누구 하나 진심으로 도와주는 사람이 없었다. 말로는 도와주는 것처럼 착한 사람 코스프레를 하고 자신에게 불똥이 튀지 않을까 철저하게 조심하는 사람들뿐이었다. 특히 몇몇 팀장은 나를 짐짝처럼 타 부서와 트레이딩하려고 했다. 나는 직장생활에 역겨움을 느꼈다. 나올 때도 좋게 나오지 않았다. 그럴 이유가 없었다. 그렇게, 살기 위해 아무런 대비도 없이 직장에서 나왔다. 그럴싸한 멋진 사표 투척이 아니라 살려고 몸부터 탈출하고 본 케이스다.

그래서 내가 묵묵히 직장생활을 하시는 분들을 존경하는 것이다. 난 결코 하지 못했던 것을 그분들은 하고 있기 때문에 존경한다. 그리고 사회에도 꼭 필요한 분들이다. 내가 지금 투자자의 길을 걷고 있다고 해서 특별하거나 그분들보다 낫다는 생각을 조금도 하지 않는다. 오히려 거꾸로다. 내가 이 위험하고 험난한 길을 택한 이유는 어찌 보면 안정되고 따뜻한 직장생활을 현명하게 잘 해내지 못한 탓이다. 당시 나는 내가 사업이나 투자로 인생을 역전하거나 큰 변화를 만들어 낼 수 있을 거라고 생각하지 않았다. 선 사표 후 계획이었다. 자부할 수 있는 건 내가 할 수 있을 때까지는 감내하고 최선을 다했다는 것이다.

우울증을 겪는 동안 살이 10kg 넘게 빠졌다. 밥을 못 먹어서 과일과 초콜릿을 먹으며 버텼다. 하루에 잠을 2시간 이상 자지 못했다. 그렇게 반년을 버텨야 했다. 그리고 그 모든 게 다 지나가고 나서 생각을 정리하고 사표를 냈다. 도망자이고 싶지 않았기 때문이다. 하지만 사실 지금 생각해보면 그냥 아집에 불과했던 것 같다. 어떤 상황에서도 건강보다 소중한 것은 없기 때문이다. 해당 기간을 거치며 나는 많은 것들을 잃었다.

위대한 것은 개인이 아니라 시장이다

내가 인생에서 쌓은 많은 것들을 버리고 직장을 나올 때 많은 성공 서적에 나오는 치밀한 계획과 위대한 다짐을 한 것은 아니었다. 나는 그런 그릇을 가지고 있지도 않았고 건강이 상할 만큼 어려운 그 시기에도 직장이 아까워서 사표를 내지 못하면서 버틴, 어쩌면 평범 그 이하의 한 인간에 불과했다. 추후 내가 조금 유명해진 이유는 시장이 나에게 기회를 줬기 때문이지 내가 뭔가를 만들어 내서가 아니다. 누구든 상황에 맞는 준비를 하면 시장은 여러분에게 결과물을 준다.

지난 몇 년 동안 내가 만난 사람들 중에서 진정 대단한 인생 역전자는 부동산 시장에 있지 않았다. 주식 시장도 아니다. 부동산과 주식은 부자가 더 부자가 된 시장이다. 아직도 사람들은 열광한다. '흙수저가 건물주가 되었다. 나는 정말 가진 게 하나도 없었다. 너무 가난해서 극단적 생각을 여러 번 했었다' 이런 문구들에 말이다. 세상을 살며 힘들지 않은 이는 없다. 결과물이 좋으면 그 과거가 콘텐츠가 되고, 결과물이 없으면 그냥 잊혀질 뿐 여러분도 힘들고 나도 힘들다.

부동산은 이미 자산이 많이 있던 사람들과 부동산을 살 수 있는 어느 정도의 목돈이 있던 사람들이 주로 그 시장의 과실을 가져갔다. 주식도 2020년 코로나로 폭락이 됐을 때 충분히 담을 자산이 있던 사람들이 주로 그 결실을 맺었다. 예외로 소액을 크게 만든 사람도 많았다는 부분은 인정한다. 하지만 상대적으로 내가 만난 이들은 어느 정도 이미 자본이 있었기에 시장이 주는 결과물을 잘 받을 수 있었다. 하지만 비트코인 시장은 얘기가 다르다. 인생 역전이 많이 나왔다. 대신 리스크도 엄청나다. 하지만 이미 그 시기는 어느 정도 지나갔다. 지나간 시기에 나온 영웅의 얘기가 지금의 우리에게 얼마나 도움이 될지 의문이다.

역사가 길고 반복성과 우상향성이 강할수록 우리가 공부할 가치가 높은 영역이라 생각한다. 내가 말하고 싶은 초점은 '위대한 건 개인이 아니라 시장'이며 그 시장이 찾아왔을 때 나도 준비가 되어 있어야 누릴 수 있다는 진리이다. 어느 시장에서든 살아남으려면 자신이 원하는 것을 파악하고 공부하며 준비를 해야 한다. 그래서 특정한 사람을 영웅시하는 것은 큰 도움이 되지 못한다. 내가 '얼음공장'이라는 타이틀 뒤에서 얼마나 초라한 인간인지를 장황하게 기술했다. 나도 원하는 시장이 찾아오면 일명 '뭐라도 되는 사람'처럼 보이는 것이 현실이다. 현재도 리스크를 감내하고 모든 것을 걸고 공부해 대비한다면 가능성이 없는 시장이 아니다. 지금 시장이 무척 부정적으로 보이겠지만 내가 부동산 공부를 시작한 때에도 시장은 좋지 않고 시장은 원래 좋았다 나빴다를 반복한다. 지금은 시장이 안 좋은 타이밍에 위치한 것뿐이다. 앞으로 좋은 시장은 반드시 다시 찾아온다.

정말 원하는 것이
무엇인지 알아야 한다

나는 그동안 부자가 되고 싶다는 마음으로 많은 책을 읽었다. 유명 강의도 찾아다니며 돈이 된다 싶으면 앞뒤 안 가리고 배우려고 했다. 나는 투자 경력이 10년 넘은 사람들의 얘기를 좋아한다. 왜 하필 10년이냐면 내가 아는, 적어도 강의와 같은 콘텐츠로 돈을 버는 것이 아닌 시장에서 살아남은 사람들은 대부분 경력이 10년을 넘겼기 때문이다. 거꾸로 생각하면 10년은 넘게 버텼어야 실력이 있다고 할 수 있다.

부동산 시장에서도 긴 사이클 동안 이런 일 저런 일 다 겪으며 살아남은, 10년 동안 평균적으로 꾸준히 수익을 낸 사람, 그 사람이 사실 진정한 고수다. 상승기에 꽤 많이 벌었다고 아무리 자랑해도 나는 안다. 그것은 본인의 능력보다 시장의 능력이었음을. 이 말을 부정하고 싶다면 시장과 상관없이 내년에도 똑같은 수익을 만들어보라. 내가 겸허히 인정할 것이다(물론 토지와 상가를 전문으로 하는 분들은 이것이 가능함을 알고 있다). 상승장에 투자 수익이 나서 스스로 고수라고 믿는 분들이 주변에 보이는데 내 눈엔 꽤 위험해 보인다. 위기를 겪어 보지 않고 승승장구하던 기업들은 위기에 직면하면 경험이 얼마나 중요한지 여실히 드러난다. 그래서 현명한 기업은 경험이 풍부한 컨설턴트를 고용한다. 일부 사람들이 오해하는 것처럼 지인을 고용해 월급을 주고 앉혀 놓는 짓을 하지 않는다. 기업은 그렇게 돈을 의미 없이 쓰면서는 살아남기 어렵다.

시장에서 오래 살아남고 싶다면 욕심을 버려야 한다. 이렇게 말하면 욕심을 버리면 어떻게 돈을 버냐는 질문을 듣는다. 옳은 말이다. 하지만 내가 얘기하는 욕심은 돈에 대한 욕심이 아니다. 남과 비교하려는 욕심이다. 그리고 무엇보다 나의 노력과 능력을 벗어나는 욕심을 말한다. 시속 100km가 한계인 자동차를 몰면서 120km로 달려야만 한다는 스트레스를 받으면 운전 자체가 불행해진다. 오래 운전할 수도 없을 뿐 아니라 스트레스 때문에 운전할 수가 없다. 100km로 달리면서 나보다 빨리 가는 차를 보며 스트레스를 받아도 바뀌는 건 아무것도 없다. 더 빨리 달려야만 한다며 분노해도 몸과 마음이 상하는 것은 나뿐이다. 이때 필요한 건 욕심이 아니라 120km 이상으로 달리는 자동차를 살 수 있는 능력이다. 하지만 난 이 논리를 지키지 못했다. 결국 4년 가까이 날 한계까지 몰아붙였고 몸과 마음에 이상이 생겨 잠시 멈출 수밖에 없었다. 그리고 그렇게 멈췄을 때야 비로소 내가 무엇을 잘못했고 무엇을 해야 할지 보이기 시작했다. 욕심을 버린다고 다 해결되는 것은 아니지만 적어도 내가 무너지는 것을 막고, 보다 현명한 계획을 세울 수는 있다. 내가 버리라는 욕심은 스스로를 어긋나게 만드는 탐욕들을 말하는 것이다.

그렇다면 무엇을 욕심내야 할까?

바로 지식과 경험 그리고 능력이다. 진부한 얘기라는 것을 안다. 하지만 인류가 만들어 온 진리는 아무래도 쉽게 바뀌지는 않을 듯하다. 인간이 만들어 왔고 인간이 만들어 가기 때문이다. 인간은 동물이다. 본능 자체는 쉽게 변하지 않는다. 물고기가 수온이 바뀜에 따라 서식하는 장소가 바뀔 수는 있어도 지상으로 올라오지 않는 것과 비슷하다. 우리는 돈 자체보다 경험과 자신의 그릇을 키우는 데 집착해야 한다. 내가 작년에 비해 올해 더 성장했는지, 자산은 더 늘어났는지, 올해의 계획은 무엇인지, 내년에는 무엇을 해야 할 것인지 알아야 한다. 그리고 가장 중요한 것은 내 하루의 계획이 외부에 의해 좌우되지 않도록 스스로 통제권을 가져야 한다는 것이다.

내 24시간에 대한 통제력, 우린 이 부분을 욕심내지 않는다. 내 일과를 내가 직접 만드는 것, 내가 할 일을 직접 만들고 계획하는 것 그리고 그 모든 것을 내가 책임지는 일에는 욕심을 내지 않는다. 유치원부터 대학교까지, 회사부터 은퇴까지 사회가 제공해주는 것을 따르기만 하면 생존에 큰 문제는 없기 때문이다. 하지만 우리 모두가 이미 알 듯 번듯한 대학교를 나오고 좋은 직장에 들어가도 경제적 자유를 이룬다는 보장은 없다. 월급에 기뻐하는 것도 2~3년이면 끝이다. 누구나 아는 이 사실을 이루기 위해 우리는 '학교에 결석하지 않기, 높은 성적 받기, 좋은 대학 가기, 어학 연수, 토익 점수 올리기, 자격증 따기, 면접 준비, 대기업 원서 접수, 공무원 시험' 등에 욕심 에너지를 다 써버린다.

나는 정신력이 해이해지면 새벽 5시에 노량진에 나가본다. 인생이 힘들다는 생각에서 좀 더 부지런해져야 한다는 생각으로 바뀌기 때문이다. 세상은 치열하다. 이렇게 열정과 욕심을 쏟아부었는데도 어째서 우리의 24시간을 컨트롤할 수 있는 권한은 없단 말인가. 굶어 죽는 사람이 더 이상 뉴스에 나오지 않는 선진국 대한민국에서 말이다. 그건 욕심을 내지 않기 때문이다.

욕심이 꼭 있어야 하냐고? 그냥 소소하게 살면 안 되냐고? 사람들은 본인이 욕심이 없다고 착각한다. 노량진에만 가봐도 자신의 노력으로 뭔가를 얻으려는 욕심에 가득 찬 사람들을 볼 수 있다. 난 이런 욕심들을 포기하라고 얘기하는 것이 아니다. 다만, 자신이 정말 원하는 지식과 능력에 욕심을 내기 위해서 노량진표 노력이(꿈을 향해 달려가는 수험생의 노력을 폄하할 의도는 절대 없다. 난 그럴 자격이 없다. 내 의도를 전달하기 위한 한 예임을 강조한다. 나도 한때 고시를 고민했었다.) 정말 내가 원하는 것인지, 이것을 통해 내 꿈을 이룰 수 있는지에 대한 고민이 필요하다. 무엇에 나의 욕심 에너지를 쓸 것인지, 내가 선택할 수 있는 사항은 무엇인지 알아야 한다는 것이다.

많은 사람이 이 기본적인 부분을 그냥 넘긴다. 욕심이라는 에너지를 낭비하고 맹목적으로 남들을 따라 한다. 욕심을 나쁜 것으로 생각하기도 한다. 대학교만 들어가면 다 될 것 같았고, 취업만 하면 잘살 것 같았고, 결혼을 하면 진정한 어른이 될 것 같았고, 회사에 헌신하면 성공할 것 같았던 감정을 느낀 적이 없는가? 있다면 답해보라. 어째서 내가 원하는 것을 힘들게 이루었는데 남는 것은 자유가 아니라 더 큰 의무들이란 말인가? 이런 부분들을 고민해봐야 한다. 분명 세상에는 노력을 통해 내가 진정 원하는 것을 얻을 수 있는 일들이 있다. 이것을 한 사람들을 자본주의 사회에서는 부자라 부른다. 돈의 노예처럼 보이기에 딱 좋은 글이지만 스스로에게 질문해보라. 당신은 월급과 당신이 직장에서 하는 일의 사회적 봉사도 중 어느 것이 더 중요한가? 후자라 말하는 자만이 날 비난할 수 있을 것이다. 욕심을 버리고 욕심을 가져라. 여러분의 선택이다.

: 얼음공장 :

4

부동산,
공부 없이 투자하지 마라

이번 책을 쓰며 내가 어떤 투자를 해왔고 지금은 어떠한지에 대해서 고민했다. 세상이 변화하는 힘을 가장 크게 느끼는 요즘이다. 얼마 전까지만 해도 뭘 투자해서 얼마나 벌었다고 하면 사람들로부터 '큰 도움이 되었다, 나도 한번 해봐야겠다'는 반응을 얻었지만 지금은 다르다. 집을 사라고 하면 욕을 먹는다. 자산 시장의 하락기에는 비난의 대상이 정해진다. 사람은 처음엔 자신의 탓을 하지만 힘든 시간을 겪으며 결국 남 탓을 하는 경향을 다소 가지고 있다.

기존 책과 영상에서 여러 번 소개했지만 난 분양권으로 투자를 시작했다. 그리고 나의 투자는 실패했다. 투자금을 다시 모으는 데 4년이 걸렸고 분양권에 한 번 더 도전했던 것이 운이 좋아 성공했다. 당시 내가 한 것은 돈을 위한 투자였다. 분양권 시장은 그렇게 돌아가고 있었다. 운 좋게 미분양 시장에 발을 들였고 내가 원하는 기대 이상의 수익을 가져올 수 있었다.

부동산에서 희망을 본 나는 부동산 투자 영역을 넓혔다. 그중 내가 가장 관심을 가진 것은 경매, 공매 그리고 일명 갭투자였다. 겁이 많아서 반지하까지는 도전하지 못했다. 하지만 당시 주변에서는 반지하 투자로 많은 돈을 번 사람도 있었다. 내가 이런 투자들을 선호한 이유는 단순했다. 투자금이 부족했고 없는 돈으로 최대한 많은 소유권을 가져오고 싶었다. 직장생활을 하며 깨우친 것이 그것이었다. '내 것이 하나도 없다는 것, 세상이 성장해도 내가 외면받는 그 이유, 세상 모든 것에는 주인이 있기에 국가가 발전하고 돌아간다'는 그 진리가 이미 내 안에 자리를 잡고 있었다. 나는 소유권에 집착하는 편이었다. 사용 가치가 정해져 있는 상태에서 소유권을 가져온다는 개념은 당시 나에게 썩 매력적으로 다가왔다.

운이 좋아서 가격은 상승했다. 세금, 규제가 점점 압박을 해왔지만 노력을 통해 어느 정도 극복할 수 있었다. 그렇게 한계를 느끼기 전까지 이미 빌라 월세와 아파트 숙박업을 통해 월세의 매력을 느꼈다. 그래서 상가 공부를 시작했다. 상가는 생각보다 쉬운 영역이 아니었다. 내 결과물들을 비교해보면 아파트 대비 10배 이상 어렵고, 리스크도 10배 이상 높은 것 같다. 특히 구분 상가의 난해함과 난이도, 리스크는 결코 낮은 편이 아니다. 그 누구든 공부를 하지 않고 도전하는 것은 절대적으로 반대다. 하지만 분명한 것은 엄청난 기회가 있는 곳이라는 것이다. 주거 상품은 모든 사람에게 집이 필요하니 시세가 오르면 오른 대로, 내리면 내린 대로 대응하면 그만이지만 상가는 전혀 그렇지 않다. 상가 전체가 죽으면 관리비가 내 목을 조여 올 것이고, 상권이 죽으면 죄 없이 상가의 가치가 하락한다. 투자를 위해서는 구분 상가가 들어가 있는 전체 상가의 미래 그리고 상권의 미래까지 어느 정도 볼 수 있어야 한다. 이것을 보기 싫다면 이미 자리를 튼튼하게 잡은 곳을 봐야 하는데 당연히 그런 곳은 높은 가격을 지불해야만 차지할 수 있다.

한번은 낙찰받은 상가의 기존 임차인과 명도 문제로 크게 다툰 적이 있다. 현재의 월세가 주변 월세에 비해 저렴하다고 판단한 나는 임차인에게 재계약 시 임대료 인상을 요구했다. 그러자 임차인이 '요즘 이 상권은 하락세이고 새로운 임차인을 구하기 어려운 데다 내가 여기 있기에 권리금이 존재할 정도로 현 상가가 가치가 있는 것이다, 지금 나 아니면 이 상가를 이 정도로 유지할 사람은 없다, 더 이상 귀찮게 하면 나도 그냥 가게 옮겨버리겠다'고 맞대응을 하는 것이 아닌가. 기가 막혔다. 상가의 주인은 난데 마치 가르치려고 하는 듯한 그의 태도가 괘씸했다. 이제 와서 생각해보면 지식은 부족하면서 소유권만 내세우는 갑의 마인드가 아니었나 하는 반성을 한다. 결국 나는 그를 내보냈다. 부동산 중개사도 그 가격이면 월세를 얼마든 구할 수 있다고 자신했다. 명도를 하기 전 물건을 내놓을 수 없기에 명도를 하자마자 부동산 중개소를 돌아다니며 월세를 부탁했다. 높은 가격에 월세를 놓고 매도하는 것이 내 목표였다. 그게 내가 공부했던 상가 투자법 중 하나였기 때문이다. 여기서 투자금을 회수해 다른 투자를 진행하고 싶기도 했다.

그렇게 시간이 흘렀다. 대출 이자는 계속 나갔다. 뭔가 이상하다는 느낌에 중개사에게 전화를 했다. 중개사는 아무렇지 않다는 듯 말했다.

"요즘 사람이 좀 없네요?"

세입자를 구해야 하는 건 '나'지 중개사가 아니었다. 조급한 것도 나였다. 인근 부동산 중개사들도 태도를 바꿨다. 심지어 "하필 왜 지금 내보냈냐, 몇 달 전까지만 해도 손님이 있었다"는 의도를 알 수 없는 답변까지 들었다. 그렇게 시간이 흘러서 난 결국 세입자를 구하지 못했다. 충격적인 것은 기존 세입자보다 낮은 가격에 세입자를 구할 수밖에 없었다는 점이다. 중간에 지불한 대출 이자는 모두 날아갔다. 게다가 다음 세입자에게는 인테리어 기간뿐 아니라 약간의 랜트프리 기간까지 줘야 했다. 상권이 돌아가는 모습과 월세를 구하는 사람이 있고 없고의 문제는 다르다. 물론 상권이 너무 좋고 대기자가 있다면 걱정 없겠지만 코로나 이후로 상권의 변동성은 더욱 커졌다.

기존 세입자를 내보내지 않았다면 경험할 필요가 없는 고통이었다.

그렇다면 매도는 잘 됐을까? 아니다. 지금까지도 못 팔았다. 심지어 코로나를 겪으며 월세를 못 받은 기간이 반년이 넘었다. 공실로 두면 대출 이자에 관리비를 내야 하기에 감지덕지한 마음을 가지기도 했다. 해당 자리에 세입자를 구하는 게 쉽지 않다는 걸 이미 경험해본 덕분이었다. 상가 투자에 대한 성공 사례도 있으나 지금은 실패 사례를 통해 경각심을 주고 싶다. 현재 해당 상가의 시세는 내가 낙찰받은 가격과 비슷하다. 아마 어느 정도 마이너스를 보고 매도하게 될 것으로 예상한다. 구분 상가보다는 차라리 토지의 난이도가 더 낮다는 것이 내 경험이다. 토지는 최악의 경우 매도가 많이 어렵지만 처음부터 내가 기대할 만한 호재나 처음부터 가치가 있는 땅을 선택한다면 큰 탈이 나지는 않는다. 물론 아파트에 비하면 여전히 난이도는 높다. 하지만 회사에서 일하는 정도의 노력으로 1년 이상 공부한다면 토지는 물론 구분 상가를 넘어 건물도 도전해볼 수 있을 것이다.

정말 할 수 있는 한 최대한의 투자를 했고 2번 정도 고비가 있었다. 현금 흐름이 부족한데 역전세가 나는 동시에 대출 이자를 못 갚는 상황이 왔었고, 잘못된 투자 때문에 엄청난 투자 손실이 발생해 그 자리에 주저앉았던 기억도 있다. 투자는 결코 쉽지 않다. 노동 소득에 비해서 투자 소득이 커 보이는 이유는 그만큼 지옥으로 갈 수도 있는 리스크가 공존하기 때문임을 나는 잘 알고 있다. 공부 없이 투자를 한다면 도박이나 마찬가지다. 처음에 운으로 따는 금액이 크면 클수록 더 깊고 뜨거운 지옥으로 가게 될 확률이 비례해서 늘어난다.

지금은 그렇게 투자 경험과 자산을 수년 동안 쌓아올려 통 건물을 거래하고 토지를 매입하여 시행까지 하고 있다. 사실 내 투자 사례를 다 얘기하는 데는 충분히 긴 시간이 필요하다. 중간에 실패한 사례도 많고, 지금은 실행하기가 어려워진 투자도 상당 부분 존재한다. 가격이 많이 올랐고 대출도 예전만큼 나오지 않는 데다 각종 규제가 어마어마하게 쌓여있기 때문이다. 현재 건설 중인 현장이 2곳이고 건축을 앞두고 있는 현장도 있다. 얼마 전 리모델링이 끝난 건물은 세입자를 구하기 위해 분주하다. 다행히 코로나 여파가 어느 정도 지나가고 난 후라 상황이 생각보다 나쁘지는 않지만 좋은 가격으로 매도하기 위한 월세 세팅에 신중을 기하고 있는 중이다.

나는 부동산으로 시작해 현재도 부동산을 하고 있고 목표도 부동산에 있다. 결국 모든 것은 땅이다. 내가 땅을 얼마나 소유하고 있느냐에 따라 선택권의 정도가 정해진다. 그래서 구분 상가를 장기간 보유하는 것을 썩 선호하지 않는 편이다. 물론 멀쩡히 월세가 잘 나오는데 무슨 얘기냐고 반문하겠으나 그건 내 특성 때문이다. 월세에 해당하는 돈은 시세 차익이나 다른 사업을 통해서도 충당이 가능하지만 잠재적인 리스크가 터지면 어떠한지 너무 잘 알고 있기에 어느 정도 암묵적인 내 투자의 원칙이 작용하는 것이다.

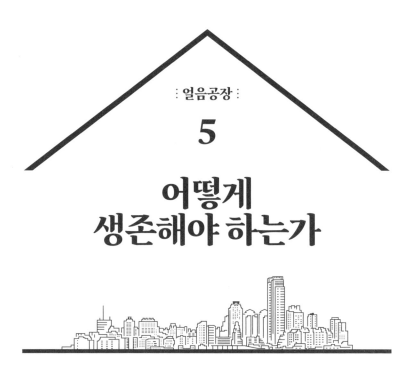

5

어떻게
생존해야 하는가

현재 시장은 무척 안 좋지만 시장은 반등할 것이다. 난 그렇게 알고 있고, 믿고 있다. 역사가 말해주기 때문이다. 하지만 이런 시기를 정해 놓지 않은 무조건적인 시장 변화 이론은 의미가 없다. 몇 년 내내 폭락을 주장한 내용들이 그래서 의미가 없던 것이다. 그러면 지금은 의미가 있을까? 최소한 그들에겐 의미가 있을 것이다. 그들의 주장과 달리 시장이 상승했음에도 그들은 돈을 벌었다. 그리고 지금도 번다. 심지어 이제는 강의까지 한다. 인디언 기후제처럼 지속적으로 돈을 벌며 주장해온 하락 시장이 현실로 다가왔기 때문이다. 소위 그들의 입장에서는 운이 좋은 것이다. 지금의 시장은 여러 가지 요건이 동시다발적으로 우연히 겹쳐져서 만들어졌다. 하지만 그들의 활동은 사람들의 수요에 맞는 공급을 통한 수익 창출이므로 비난할 이유가 없다. 그러면 그들은 지금 시장을 맞춘 것일까? 그것도 아니다. 시장은 둘 중 하나이다. 오르거나 내리거나. 다음 시장은 보나마나 반등장이다. 시기는 알 수 없지만 꽤 맞추기 쉬운 부분이다.

하지만 중요한 건 그게 아니다. 오르냐 내리냐를 따지는 건 의미가 없다. 그걸 따지는 콘텐츠를 만드는 이들만 돈을 번다. 그 안에 나도 포함이 되지만 분명히 말하건대 내 주요 수익원은 그게 아니다. 난 이 시장에서 투자자가 아니라 콘텐츠 제작으로 그럴싸한 이론을 만들어 내는 데 집중하는 가짜들을 많이 만났다. 그들을 비난하고 싶지 않지만 적어도 나는 그렇지 않다고 말하고 싶다. 그래서 난 지금 시장에 대해서 잘 알고 있다. 미래 시장이 어떻게 될지 잘 안다는 것이 아니라 지금 시장이 사람들에게 얼마나 어려울 수 있는지 체감한다는 뜻이다. 지금은 하락이니 반등이니를 따지기 전에 어떻게 생존할지 고민해야 하는 시기이다. 생존이라니 너무 과대평가 아니냐고 물을 수 있겠다. 하지만 각자의 상황에 따라 지금 시장은 완전히 다르게 해석할 수 있다.

대출을 끼고 집을 산 소위 언론에서 말하는 영끌족이 가장 어려운 시간을 보내고 있다고 생각한다면 오산이다. 대출이 감당 가능하다면 어느 정도 집값의 하락은 생존 자체에 영향을 미치지는 않기 때문이다(물론 집값이 상식을 초월할 정도로 폭락한다면 얘기는 다르겠으나 그 경우 한국 경제 자체가 위험해질 수 있을 것이다. 부동산에는 금융을 포함해 여러 가지 경제 요소가 얽혀 있기 때문이다. 예를 들어, 일정 수 이상의 유주택자가 대출을 상환하지 못하면 경매 물건이 쏟아지고 물건이 너무 많아 소화가 안 되면 은행이 위험해질 것이고 은행이 위험해지면 기업이, 기업이 위험해지면 일자리가, 나아가 국가 자체가 위험해질 수 있다. 모든 것은 연결되어 있다. 물귀신처럼 부동산이란 한 분야를 연관 짓는 것이 아니라 실제로 세금이 어디서 오는지, 부동산에 들어가 있는 돈이 어디서 오는지를 따져보면 어느 정도 이해가 가는 부분이다). 다만 급격히 오르는 금리에 대출을 감당하지 못하는 타이밍과 집값이 회복하지 못하는 시기가 겹치는 시점에 집을 매도해야만 한다면 얘기는 다르다. 그래서 체력과 계획이 중요한 것이다. 또한 과도한 투자를 진행했다가 지금 이 시기에 집을 팔아야 한다면 무척 괴로울 것이다. 그래서 부동산 투자는 불로소득이 아니다. 시장이 뜻밖의 방향으로 가면 인생의 많은 부분에서 강제적 변화를 겪어야 할 수도 있다. 그래서 이렇게 집값이 과대 낙폭했을 때는 생존에 포인트를 맞춰야 한다.

시장은 반등하겠으나 그 시기는 알 수 없다. 현재 상황에서는 내 자산을 얼마나 잘 유지하느냐가 더 중요하다. 글을 읽으며 느끼겠지만 난 시장에 긍정적이다. 시장은 반등할 것이다. 역사적으로 한 번의 예외도 없었다. 다만 그 타이밍은 아무도 모른다. 이것 역시 역사적으로 그러하다. 결국 시장의 반등 시점까지 이자와 세금을 감당하지 못하는 사람이 이번 시장에서 무너질 것이고 끝까지 이겨 내는 사람은 승자가 될 것이다. 대출과 세금을 감당할 수 없는 사람들 그리고 무리한 투자를 한 사람들은 이렇게 급작스레 변한 시장에서 고통을 느낄 것이다. 하지만 반대로 이 시기에 공포를 느껴 월세나 전세를 택한 사람들은 어떨까? 특히 이번 시장에서는 전세자금대출 이자도 상승해 많은 사람이 유례없는 월세행을 택했다.

월세가 선호되지 않았던 이유는 월세보다는 전세가 더 좋은 선택이기 때문이다. 하지만 임대차 3법 이후 폭등한 전세가와 급속도로 오른 금리의 영향으로 이제는 월세가 더 경제적인 선택이 되었다. 월세를 택하는 이유 중 하나는 집값이 더 떨어질 것이라는 생각 때문이다. 그게 아니라면 나의 돈이 소멸되는 월세는 역사적으로 선호되지 않았다. 지난 정권 5년 동안 일명 '벼락거지'라는 단어가 유행했다. 갑자기 오른 집값에 부담감을 느끼고 전세를 택한 사람은 몇 년 후 망연자실할 수밖에 없었다. 집주인들은 전세금을 활용해 수억 원의 차익을 남겼지만 임차인은 전세가를 높여주거나 오른 집값을 감당해야만 했기 때문이다. 전세 계약은 2년(갱신 시 4년)이므로 전세 계약 후 집값이 올라가면 상당 기간을 그냥 기다릴 수밖에 없었다. 지금은 그런 생각을 하는 사람이 소수이겠으나 지금도 다를 바 없다.

만약 지금처럼 월세가 폭등한 시기에 힘들게 월세로 버티며 집을 마련할 타이밍을 기다리고 있었는데 부동산 가격이 회복되거나 반등한다면 어떻게 될까? 물론 부동산 시세에 대한 미래 예측이 들어가 있으므로 큰 의미는 없다. 이래서 주택 시장이 어려운 것이다. 매매가가 오르면 오르는 대로 내리면 내리는 대로 또 월세와 전세까지, 알 수 없는 미래에 따라 내 결정의 결과를 받아들여야만 하기 때문이다. 그럼 역사적으로 우리 어른 세대는 어땠을까?

여러분의 부모님을 포함한 어른 세대에서 집을 가지고 있는 동안 하락이나 침체기가 한 번도 없었을 것이라 생각한다면 착각이다. 개인차가 있겠지만 많은 어른들이 그런 시장을 겪어 보았고 그럼에도 부동산을 택해 단순 노동 소득자보다 더 나은 삶을 살고 있다. 부정하고 싶지만 역사적으로 반복되는 사실이다. 슬프기도 하지만 '부동산 공화국, 아파트 공화국'이란 단어는 그냥 만들어진 것이 아니다. 심각한 금융 위기를 제외하고 내 집 마련을 한 사람들 중에 망하는 사람은 많지 않았다. 하지만 이를 넘어 부동산에 적극 투자한 사람은 파산에 이르고 극단적 선택을 한 이들도 있다. 인터넷을 통해 기사만 검색해도 쉽게 찾을 수 있다.

버티고 생존해야 하는 시장이 갑자기 찾아왔다. 하지만 난 포기할 수 없다. 끝없이 분석하고 더 노력해서 다음 시장을 준비할 것이다. 게다가 난 이제 혼자가 아니다. 콘텐츠를 통해서 나와 함께한 사람들 중에는 소위 집중 투자를 하는 사람들이 꽤 많기 때문이다. '이런 시장에 왜 그렇게 미친 투자를 했냐, 정신이 나갔다, 망하려고 작정을 했다'는 말들이 나올 것이다. 집중 투자는 양날의 검이다. 성공할 수도 있고 실패할 수도 있다. 리스크가 큰 만큼 성공 시 과실도 크다. 그리고 운이 따라줘야만 한다. 많은 이들이 본인의 콘텐츠에서 빼는 부분, 운 말이다. 운이 없으면 성공하기 어렵다. 결국 수익은 시장이 가져다주는 것이기 때문이다. 나에게 유리한 시장이 왔을 때 수익과 연결할 수 있는 자산의 취득과 그 시기까지의 기다림이 중요하다. 하지만 중간에 만나게 되는 조정기나 하락기 또는 경제 위기를 어떻게 이겨 내는지도 매우 중요하다.

성공한 사람들은 시장의 하락 시기를 맞추는 것이 아니라 시장이 하락하면 어떻게 할지 계획이 있는 동시에 믿음을 가지고 잘 이겨 내는 것에 집중했다. 물론 그들의 경험과 자산에 잘 맞는 세팅을 해둔 것도 성공의 요인이다. 그리고 시간을 두고 보면 추후 망하는 사람도 나온다. 사람이 성공을 맛보면 다음의 베팅에서 무리하기 때문이다. 내 주변의 성공한 사람 중 지금 시장의 하락 타이밍을 말해준 사람은 한 명도 없다. 이 시장을 예측하고 자산을 정리한 사람도 없다. 그들은 지금도 시장에 남아 있다. 물론 나도 남아 있다. 그래서 지금 이 시장에서 가장 고통을 겪고 있을, 부동산에 집중 투자를 한 사람들의 이야기를 이 책에서 다뤄보고자 하는 것이다.

"내가 조금 유명해진 이유는 시장이
나에게 기회를 줬기 때문이지
내가 뭔가를 만들어 내서가 아니다.
누구든 상황에 맞는 준비를 하면
시장은 여러분에게 결과물을 준다."

얼음공장

2

곰둥이주인
전세에서 답을 찾다

"인플레이션이 공존하는 자본주의 세계인 만큼, 화폐 가치는
점점 하락할 수밖에 없고 실물 자산과의 격차는 더 커지게 된다.
회사일을 하는 것 외에 아무것도 하지 않는다면, 결국 시간이
흐를수록 내 인생은 더 큰 리스크를 맞이할 것이다.
그래서 나는 투자의 세계에 발을 내딛었다."

: 곰둥이주인 :

1

투자의 세계에
발을 내딛다

나는 공부가 싫었다. 공부가 싫다 보니 성적도 나빴다. 수업이 끝나면 친구들과 PC방에 다니며 게임하는 걸 즐겼다. 보통 성인 남자의 키와 체격을 기준으로 보면 난 한참 미달이다. 현실 세계보다는 게임 세상이 좋았고, 외모적으로 콤플렉스가 있었기 때문에 항상 자신감이 부족했던 것 같다. 스스로 못나다고 생각했지만, 나를 진심으로 믿어주고 뒷바라지해주시던 아버지와 어머니가 있으셨기에 지금 이만큼이나 내가 성장할 수 있었다.

대학 졸업 후에도, 취업을 하지 못해 2년 동안 백수 생활을 했다. "조급해하지 말고 할 수 있는 데까지 다 해보라"고 응원해주신 아버지와 내 피곤함을 덜어주려고 아침이든 밤이든 도서관에서 오가는 길을 매일 태워다주시고 곁에서 많은 도움을 주려 하셨던 어머니와의 추억이 기억에 남는다. 언제나 내 곁에서 든든한 후원자로 남아 계실 거라 생각했던 어머니가 어느 날 희귀병에 걸리셨고 투병 끝에 돌아가셨다. 가족 모두가 교대로 어머니를 돌봐드렸고, 무척 힘들고 마음 아픈 시간으로 마음에 남아 있다. 어머니 곁에 있고 싶어서 회사에 발령 신청을 했지만 거절되었다. 나는 이때 깨달았다. 회사는 개개인의 사정을 다 봐주지 않는다는 것을. 내가 철밥통 직업을 가졌든, 연봉이 높든 간에 고용주를 통해 내 상황이 좌지우지되었다. 선택할 수 있는 건 제한적이고, 내 결정은 항상 회사를 염두에 두어야만 했다. 스스로가 돈을 만들어 낼 수 있는 능력이 없고, 회사를 통해 돈을 받다 보니 항상 회사 눈치를 봐야 하고 질질 끌려다니게 되었다. 핑계지만, 나는 그 당시 회사를 그만둘 자신이 없어서, 아픈 어머니 옆을 계속 지켜드리지 못했다. 그래서 어머니를 떠올리면 항상 마음이 아프고 죄스럽다.

나에게는 희귀병이라는 가족력이 있다. 내가 지금 건강하다 하더라도, 아프면 건강을 잃는 건 한순간이다. 내가 병에 걸려 병실에 1년이고, 2년이고 누워 있게 된다면 회사에서 내게 급여를 지급해줄까? 공기업이든 공무원이든 일을 하지 않고 병실에 계속 누워 있으면 돈을 주지 않을 것이다. 그래서 몸이 건강할 때 한 푼이라도 돈을 더 많이 벌어야겠다고 마음먹었다. 내가 부동산 투자를 시작한 첫 번째 이유는, 내가 혹시 아프더라도 가족들이 돈 걱정하는 일이 없었으면 하는 바람에서다. 부자가 돼서 자유롭게 살고 싶은 건 그다음이다. 두 번 다시 내 가족에게 무슨 일이 생겼을 때 회사와 가족을 저울질하며 고민하는 인생을 살고 싶지 않았다. 슬프지 않은가? 당장 내 가족에게 문제가 있는데, 해결될 때까지 옆에 있어 주지 못하는 상황이 말이다. 그래서 나는 부동산 투자를 '잘되면 좋고 안 되면 말고'의 가벼운 마음으로 시작한 게 아니다. 그렇기 때문에 문제가 생길 때마다 해결하기 위해 악착같이 고민했던 것 같다.

결국에는, 회사를 떠나 내 스스로 돈을 만들 수 있는 방법이 필요했다. 다른 것도 시도해보다가 마지막으로 선택한 수단이 부동산 투자였다. 사실 처음 시작할 때, 투자는 리스크가 있기 때문에 무섭다고 생각했다. 하지만 회사일 외에 아무것도 하지 않는다면, 그게 더 내 인생에 위험한 일이라고 판단했다. 어렸을 때는 아버지 월급으로도 부유하게는 아니었지만, 큰 부족함 없이 지내왔다고 생각한다. 하지만 지금 내가 아버지로 살아가는 세대에서는 외벌이는커녕 맞벌이를 해도 힘들다. 내 자식 세대 때는 오죽하겠는가? 점점 더 월급만으로는 살기 어려워지는 세상이 다가오고 있음을 느낀다. 흔히들 인플레이션 이야기를 꺼낼 때 10년 전 자장면 가격과 지금의 자장면 가격이 얼마나 차이가 나는지 예를 들어 설명한다. 지역별로 차이는 있겠지만 50% 정도는 인상이 되었을 것이다. 그렇다면 내가 다니는 회사의 10년 전 신입 연봉과 현재의 신입 연봉은 자장면 인플레이션만큼 올랐는가? 물론 회사마다 다르겠고 사람 능력에 따라 다르겠지만 나는 일반적인 사람의 범주 안에서 이야기를 하는 것이다. 인플레이션이 공존하는 자본주의 세계인 만큼, 화폐 가치는 점점 하락할 수밖에 없고 실물 자산과의 격차는 더 커지게 된다. 회사일을 하는 것 외에 아무것도 하지 않는다면, 결국 시간이 흐를수록 내 인생은 더 큰 리스크를 맞이할 것이다. 그래서 나는 투자의 세계에 발을 내딛었다. 그래서 나는 투자의 세계에 발을 내딛었다.

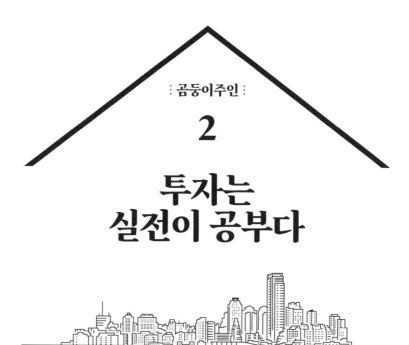

곰둥이주인 :

2

투자는
실전이 공부다

나의 첫 투자는 2020년, 청주에서 시작되었다. 사실 투자라고 말하기에도 부끄럽다. 왜냐하면 소유권이 너무 가져보고 싶어서 홧김에 질렀기 때문이다. 난 부동산 공부를 처음에 경매로 시작했는데 1년이 넘도록 주야장천 입찰과 패찰만을 반복했다. 그러다 청주 법원에서 패찰한 날 지인에게서 연락이 왔다. 청주에 방사광가속기 호재가 있다는 것이었다. 매매가와 전세가의 갭이 400만 원이라고 해서 그냥 샀다. 물론 계약서를 쓰기 전에는 막상 매수하려 하니 겁이 나서 고민했지만 '에라 모르겠다. 사보자' 싶어 저질렀다. 호재만 듣고 대중들과 똑같이 우르르 몰려가서 매수했기 때문에, 유동성이 들어와서 상승할 때의 분위기와 유동성이 빠져나갈 때의 공포도 함께 맛보았다. 덕분에 울고 웃으며 교훈도 얻게 되었다. 청주에서의 투자는 나에게 높은 수익을 가져다주진 못했지만, 내 투자 성장에 많은 영양분을 제공해준 지역이었다.

두 번째 투자는 천안이었다. 매매 계약하고 전세 맞춰 매매 잔금을 치러야 하는데, 전세 세입자를 구하지 못해서 대출을 실행했다. 이때는 사람들이 집을 구하는 비수기와 성수기가 있다는 것을 잘 몰라서 수요를 읽어내지를 못했다. 그 결과, 매매 계약을 나에게 유리한 방향으로 하지 못했고, 결국 대출을 실행해 잔금을 치렀다. 고생한 만큼 이사에도 비수기가 있다는 사실을 배웠고, 다음 투자에서 실수를 줄이는 데 도움이 되었다.

세 번째 투자는 시흥이었다. 얼음공장 님 강의에서 시흥이 눈에 들어왔고 두 달 넘게 매주 임장을 나갔다. 정왕동이었는데 일반 매매로는 매수할 자신이 없어서 경매로만 계속 입찰했다. 5번 정도의 입찰 후에 첫 낙찰을 받게 되었다. 경매를 통해 점유자와 명도 협상이라는 걸 처음 해볼 수 있었다. 명도를 해봤던 분들이라면 점유자를 처음 만날 때와 다음 번에 만날 때 태도와 말이 바뀌는 경험들을 해봤을 것이다. 사람을 상대로 협상을 한다는 게 쉽지 않음을 깨달았고, 이런 경험들이 축적될수록 부동산 계약과 관련된 협상에서 상대방보다 우위를 점하기 위해 노력했다. 노력하다 보니 실력이 쌓이고, 뒤돌아보니 이전보다 성장한 내 자신을 볼 수 있었다.

네 번째 집은 경매로 낙찰을 받았고, 다섯 번째 집도 경매로 낙찰받아서 현재는 실거주하고 있다. 난 2020년도부터 지금까지 투자해오며 20채 이상 소유권 이전을 해보았다. 투자를 시작한 연차에 비해 집이 많다고 자랑하려는 건 아니다. 오히려 섣부른 판단으로 매수할 타이밍이 아닐 때 매수한 적도 있었고, 아직 만족할 만한 수익률이 나오지도 않았다. 나는 하나의 등기를 칠 때마다 크든 작든 새로운 이벤트가 발생했고, 그것들을 해결하는 과정에서 많은 성장을 할 수 있었다. 그렇게 20채 넘게 소유권을 가져오며 쌓아온 내 경험치는 내가 부자의 길로 다가서는 데 키잡이 역할을 할 것이라 믿는다.

만약 투자는 하고 싶은데 아직 망설이고 있다면, 먼저 몇 걸음 걸어간 선배로서 말하고 싶다. 부동산 투자로 돈을 벌기 위해서는 좋은 책을 읽고 좋은 강의를 듣는 것도 중요하다. 하지만 실제 매수로 이어지지 않으면 돈을 벌 수 없다. 행동이 뒤따르지 않으면 돈을 벌 수 없고, 이론만 백날 들어봐야 실전에서 얻는 배움에 비하면 아무것도 아니다. 그래서 나는 현장에서 부딪히며 커가는 분들을 응원하고 싶다.

나는 부동산의 '부'자도 모를 때부터 이 책을 함께 쓴 블랙베리 님과 개인적인 인연이 있었다. 블랙베리 님의 추천으로 얼음공장 님을 알게 되었고, 정규 강의 3기 때부터 얼음공장 님과 현재까지 함께하게 되었다. 얼음공장 님의 강의를 처음 접했을 때 논리적인 설명, 현실적인 조언들이 좋았으나 추천 임장 지역에서 시흥시 정왕동이나 인천 계양구를 다녀보라고 해서 신뢰가 안 갔던 적도 있다. 사실 나는 경매 입찰을 하면 계속 패찰만 반복되었다. 정왕동이면 그래도 낙찰을 받아볼 수 있지 않을까 해서 임장을 다녔고, 결국 낙찰까지 받게 되었다. 낙찰을 받고 전세 세팅을 하니 1,000만 원 넘게 플피가 되는 구조를 맛보았고, 그다음 해에 정왕동은 내가 낙찰받은 가격에서 2배 이상 매매 가격이 치솟았다.

얼음공장 님이 임장을 가보라고 했던 지역들의 특징은 소액 투자자로서 최소한의 투자금으로 최대의 수익률을 낼 수 있었던 곳들이다. 멍청했던 내 머리를 탓하며 후회했지만, 사실 그 시절로 돌아가도 똑같은 선택을 했을 것이다. 아무리 좋은 강의를 들어도 결국 내 지식과 경험이 부족했기 때문에 베팅을 하지 못한 것이다. 그 이후로 얼음공장 님의 반백수클럽 멤버십까지 가입하게 되었고, 주말마다 라이브 방송에서 뼈 때리는 조언을 들으며 성장하는 중이다.

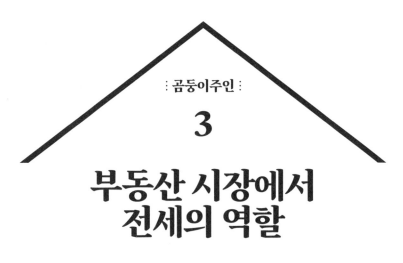

3

부동산 시장에서 전세의 역할

첫 투자를 2020년에 시작했으니 상승장의 마지막 단물을 맛볼 수 있던 위치였다. 운이 좋게 집 한 채를 매수하고 전세 세팅을 해놓으면, 몇 달 지나서 가격이 몇천만 원 상승하기도 하고, 심한 곳은 2배 이상 오른 곳들이 생겨났다. 그런 경험들을 하다 보니 올라가는 집값을 보면서 '이 물건은 앞으로 5,000만 원은 더 오를 것 같고, 저 물건은 그래도 2배는 더 오르지 않을까?' 하면서 망상의 나래를 폈던 기억이 있다. 하지만 지금은 어떠한가? 어떤 동네는 2020년도에 샀던 매매 가격까지 다시 내려온 아파트도 나오고 있다.

집값이 폭등할 때는 사람들이 종부세를 낸다 해도 워낙 오르는 폭이 크니 보유세는 그냥 낸다. 나중에 팔 때 세금 낸 가격도 붙여서 팔면 된다고 말하는 사람들도 있다. 그러나 지금은 그렇게 말할 수 있는 사람이 없어졌다. "집값이 하락하고 있는데 종부세를 내는 게 말이 되냐"는 사람이 늘어가고 있다. 오히려 세금 부담과 역전세로 인한 경매를 당하게 될 사람들도 늘어났다. 나는 부동산 투자 5년 차 동안, 폭등과 폭락을 모두 경험하는 중이다. 현재의 폭풍 속에서 내가 경험하고 느꼈던 부분과 앞으로 중점적으로 볼 부분들에 대해 말하고자 한다.

자본금, 어떻게 활용할 것인가

감사하게도 나는 사회생활을 시작할 때 빚이 없었다. 그래서 종잣돈을 열심히 모을 수 있었다. 하지만 열심히 모아봐야 몇천만 원인데, 일반 매매로 한 채, 두 채 사서 어느 세월에 부자가 된단 말인가? 그래서 싸게 살 수 있는 경매를 배웠고, 얼음공장 님의 소액 투자 방식에 끌려 지금까지도 투자하고 있다. 처음에는 무피 투자, 플피 투자가 무슨 말인지도 몰랐다. 무피 투자와 플피 투자란, 매매 후 전세 세팅까지 마치고 났을 때 그 집에 내 돈 한 푼 묶여있지 않거나 혹은 오히려 돈이 더 들어오는 투자 구조를 말한다. 사실 돈이 많지 않은 내가 20채 넘게 세팅할 수 있었던 것은, 가능하면 내 돈이 많이 묶이지 않는 구조로 투자했기 때문이다. 사람들은 투자는 하고 싶은데 돈이 없어서 할 수가 없다고 하고, 나 또한 그런 상황에 놓여 봐서 많이 공감한다. 그러나 꼭 그런 것도 아니다. 예를 들어, A와 B라는 사람이 있는데 둘 다 5,000만 원의 자본금이 있다. 같은 단지 아파트 내에서도 A는 아파트 한 채를 매수하고 전세를 맞춰서 소유권을 이전해오는 데 5,000만 원을 다 써버렸다. 반면, B는 아파트를 매수하고 전세를 맞춰서 소유권을 가져오는 세팅을 하는 데 2,500만 원이 들었다. B는 남은 2,500만 원으로 다른 곳에 가서 또 최소한의 비용을 들여 한 채를 더 세팅할 수 있다.

부동산 투자를 할 때 돈이 많으면 유리한 점이 많다는 건 부인할수 없다. 하지만 같은 돈이 있어도 누구는 한 채 세팅하는 데 본인돈을 다 들이붓는 사람이 있는 반면, 누군가는 묶이는 돈을 최소화하고 남은 돈으로 다른 곳에 한 채 더 세팅할 수 있다는 것이다. 같은 돈을 가지고도 누구는 한 채밖에 못 사고 누구는 2채를 사는 것이다. 또 누군가는 3채, 4채도 세팅할 수 있을 것이다. 돈이 없어서 투자를 못 한다기보다는 할 수 있는 노력을 안 했기 때문이다. 물론, 지금과 같이 집 한 채 세팅하는 데 최소한의 본인 자본금을 들여서 여러 채의 소유권을 가져왔는데 하필 그게 역전세가 나면 리스크가 크다는 단점도 있다. 그러나 하락기를 거쳐서 시장이 안정화되고 다시 상승하기 위한 기지개를 펴려 하는 상황이 온다면 어떻겠는가? 그때는 본인 투자금을 최소화해서 여러 채의 소유권을 가져 많은 돈을 벌 수도 있다.

나는 개인적으로 서민이 집 한두 채 사서 경제적 자유를 누릴 정도의 부자가 될 수 있을 거라고 생각하지 않는다. 그렇기 때문에 필요할 때는 과감하게 대출과 전세라는 레버리지를 이용해서 부동산 소유권을 확보해 상승기 때 시세 상승을 양껏 누려야 경제적 자유로 갈 수 있다고 믿는다.

전세가의 역할

투자를 시작한 지 5년 차밖에 안 되지만, 다수의 주택을 세팅하면서 내가 가지고 있는 집값이 폭등하는 현상을 지켜보기도 하고, 폭락하는 모습도 바라봤다. 그 가운데 나는 전세가 시장에서 정말 중요한 역할을 한다고 느꼈다. 전세가가 매매가를 위로 올려버리면서 동반 상승하는 것도 봤고, 매매가가 하락할 때 전세가가 받쳐주면서 더 밑으로 내려가지 않는 것도 봤기 때문이다. 또한 분위기가 안 좋아 매매가가 하락할 때 전세가도 떨어진다면 오히려 가격이 하락하는 데 더 큰 영향을 주는 광경도 봤다. 내가 지난 5년 동안 경험했던 것을 하나하나 사례로 풀어보고자 한다. 앞으로 시장에 다시 진입하는 시점에서 눈여겨봐야 할 중요한 요소 중 하나다.

매매 가격의 하락이 전세 가격만큼 떨어지다가 그 근처에서 맴돌다 다시 매매가가 상승한 것을 본 적이 있는가? 나는 투자에 입문한 지 얼마 안 되던 시기에 눈앞에서 본 경험이 있다.

청주 복대동에서의 일이었고, 복대동 현대2차 아파트를 예시로 설명하고자 한다. 2020년 5월에 방사광가속기 호재로 거래량 폭발 및 투자자 유동성이 대거 몰려왔다. 당시 나는 현장에 나가 있어서

위 그림 출처 : 국토교통부
왼쪽 그림 출처 : 호갱노노

복대동 현대2차

매매   23평   378

2020.07~2020.09 (2개월) -173 (-0.99%)

2억

1.5억

1억최저

실거래 484건 / 회전율 158%

거래량

2020.01   2021.01   2022.01

● 저층 ◆ 경매

2020년 07월~2020년 09월 (2개월)   ✕

173 ▼   2020.07 1억 7,488
(-0.99%)   2020.09 1억 7,315

거래량 25건 (회전율 8.17%)

2억~	1건
1억 9,000~2억	1건
1억 8,000~1억 9,000	4건
1억 7,000~1억 8,000	평균 1억 7,461 9건
1억 6,000~1억 7,000	7건

출처 : 호갱노노

몸소 느꼈다. 매수할 집을 여러 개 보고 살지 말지 고민하고 있으면, 그사이에 고민하던 집들의 계약이 이미 체결되고 있었다. 5~6월에는 평균 거래량이 그 전달 거래량에 비해 약 3~4배 증가하면서 단기간에 매매 가격이 상승했다. 그 결과 6.17 부동산 대책에서 청주는 조정 대상 지역에 포함되었다.

호재를 바라보고 들어왔던 유동성이기 때문에 조정 대상 지역으로 지정되는 악재가 터지니 들어왔던 투자자들이 물건을 던지기 시작했다. 그래프 상으로는 잘 못 느껴지겠지만, 두 달여간 투자자들이 몰려와서 상승한 가격들을 다시 토해내는 구간이고, 저가의 매물들 위주로 거래가 되다 보니 가격이 하락했다.

다음 쪽에 나오는 왼쪽 그래프는 복대동 4~8월까지 전세 매물량 증감을 나타내고, 오른쪽 그래프는 현대2차 4~8월 전세 매물량 증감을 나타낸다. 6월을 기준으로 급격하게 전세 매물들이 감소하기

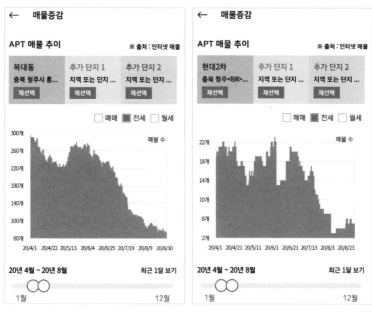

출처 : 아실

시작했다. 투자자가 매수를 해야 전세를 놓을 수 있는데, 규제를 가하면 투자자가 진입하기 힘들어진다. 투자자가 진입하기 힘들다는 건 추가 전세 매물 공급도 줄어든다는 뜻이다. 그리고 임대차 3법을 7월 31일부터 적용 시행하면서 전월세 상한제, 계약갱신청구권까지 생기며 전세 매물 감소와 전세 가격이 상승하는 데 불을 지피는 역할을 하게 된다.

임차인이 전세를 원하는 수요 대비 전세 공급량이 많이 줄었고, 그 결과 전세 가격은 상승하기 시작한다. 다음 쪽의 그래프에서 확인할 수 있듯이 8월부터 전세가는 상승세를 타기 시작했고, 전세가

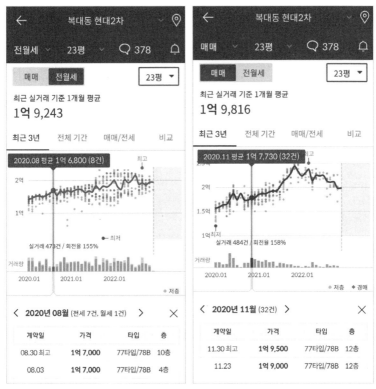

출처 : 호갱노노

가 올라가며, 다시 유동성이 들어왔다. 그 후 거래량이 급증하니 매매가도 다시 상승하기 시작했다. 결국 시장에서 전세의 역할은 매매 가격이 떨어지더라도 전세 가격이 탄탄하게 받쳐주어 일정 가격 이하로 더 내려가지 않게 하는 것이다. 그리고 전세 가격이 올라가면 매매 가격도 밀어 올려주는 역할을 한다. 상식적으로 생각해봐도 만약 매매가가 1억 원인데 전세가가 1억 5,000만 원이라면 이상하다고 느껴지지 않는가? 그래서 전세 가격이 탄탄하게 받쳐주면, 매매 가격이 떨어질 때 방어 역할을 해주고, 전세 가격이 올라가기 시작하면 매매 가격을 끌어올리는 작용을 한다.

실제 시장에서
전세가 거래되는 방식

　이번에는 시장 분위기가 좋지 않고, 전세 가격이 무너지면 매매 가격에 어떠한 영향을 주는지에 대해 이야기해본다. 월세는 임대인에게 월세 비용을 주며 사용하고, 전세는 은행에 돈을 빌려 이자 비용을 내고 사용한다. 전세는 그동안 이자 비용이 저금리였기에 월세에 비해 상대적으로 저렴했고, 인기가 더 많았다. 그러나 내 기억 속에 전세가 점차 힘을 잃어가던 시기는 2021년 하반기부터였다. 전세 계약서를 작성할 때 임차인들이 유행처럼 넣는 특약이 생겨났다.

'은행에서 전세 대출이 불가할 경우 임대인은 계약금을 반환한다'는 조항이다.

　실제로 현장에서는 이 특약을 넣고 안 넣고의 문제로 분쟁이 꽤 발생했다. 이러한 특약을 넣지 않고 전세 계약서를 작성했다가 은행에서 대출이 실행되지 않았던 임차인 사례도 있었고, 임대인들 또한 이러한 특약을 넣고 계약서를 작성했는데 은행에서 대출이 불가하다 해서 계약이 파기된 사례도 나오다 보니 분위기가 상당히 위축되었다. 대부분의 임대인은 돈이 많아서 집을 사 전세를 놓는 것이 아니다. 은행에서 대출을 받아 이자 비용을 내면서 세입자를 구할 때까지 버티거나 매매 계약서를 작성하고 전세를 맞추면서 매매 잔금을 치르는 프로세스를 가지고 있다. 그러니 정해진 매매 대금 날짜 안으로 전세 세입자를 구하지 못하면 손실이 날 수 있다. 그리고 임차인은 임차인대로 계약금을 못 돌려받을 수 있다는 리스크 때문에 이때부터 임차인들이 조금씩 월세로 눈을 돌리기 시작했다.

　2021년 7월 기준금리 0.5%에서 2023년 1월까지 기준금리가 3.5%까지 급격하게 상승하기 시작했다. 이렇게 급격하게 올라가는 금리는 분명 전세를 찾는 임차인들의 수요에 영향을 준다. 뿐만 아니라 2020년 대비 폭등했던 전세 보증금 가격에서 금리까지 가파르게 인상되기 시작하니 전세를 찾던 수요가 월세로 갔다. 불과 몇 년 전만 해도 아파트 시장에서 전세와 비교할 때 월세를 찾는 손님은 적었고 우리나라 사람들 인식 속에 월세는 비선호하는 경향이 있었다. 그럼에도 전세와 월세의 한 달 고정 비용을 계산해보면 월세가 더 저렴하다는 결론이 나왔고, 월세는 한 번 계약하면 2년간 확정된 금액으로 거주할 수 있지만, 전세로 계약하게 되면 금리가 상승함에 따라 본인이 내는 이자 비용도 상승하게 되는 불안정성 때문에 전세 선호도가 더욱 떨어졌다. 그 결과, 전세 수요에 악영향을 주었고, 임대인들은 시간이 지날수록 더욱 전세 세입자를 구하는 데 어려움을 겪기 시작했다.

내가 2022년 6월에서 11월까지 천안에서 겪은 경험이다. 나는 6월에 천안에 있는 집을 매도하려고 했다. 임차인이 거주하고 있었고 만기에 이사를 나가기 때문에 나 역시 그 기간 내에 매도를 진행해야 했다. 하지만 한 달 반이 지나도록 집을 보러 오는 사람이 없었다. 매매를 진행해 임차인에게 전세 보증금을 돌려줄 계획이었던 터라 차선책으로 전세도 동시에 같이 내놓았다. 매수 문의는 없었지만, 9월 전으로 전세 문의는 가뭄에 콩 나듯 드문드문 있었다. 그나마도 내가 내놓은 전세 가격이 이미 최저가였음에도 더 파격적으로 깎는 조건의 계약을 원하는 임차인들의 연락뿐이었다. 당시 나는 그 가격을 받아들일 수 없었다. 왜냐하면 추석 이후에 이사 수요가 발생하며 전세를 찾는 임차인들이 늘어날 거라고 예상했기 때문이다. 그러나 추석이 지나고 한 달이 지나도 전세를 찾는 손님은 9월 전보다 더 없으면 없었지 늘어나지 않았다. 무언가 잘못됨을 느끼고 현장을 뛰어다니며 원인을 찾아보았다.

전세 수요와 공급

먼저 금리 상승으로 인해 전세 보증금의 은행 이자 부담감이 증가한 것도 있지만, 매매를 놓았던 투자자들이 나처럼 매도가 안 되기 시작하니까 전세도 동시에 놓기 시작했다. 그러다 보니 시장에 차츰 전세 매물이 늘어났다. 문제는 전세 매물이 많아지는데 전세를 찾는 임차인의 수요가 없으니 정해진 기간 내에 전세를 맞춰야 하는 임대인들은 가격을 낮춰서라도 본인 전세 물건부터 빼려 한다는 것이다. 사실 이런 임대인들이 정상 시장에서도 아예 없는 것은 아니다. 그러나 정상 시장에선 시세보다 가격을 낮추면 빨리 소화가 되었던 것이 2022년 전세 시장에서는 가격을 낮춘다고 해도 소화가 되지 않았던 것이다. 결국 다들 정해진 기간 안에 매매나 전세를 맞춰야 하는 데드라인이 가까워짐에 따라 가격을 더욱더 내리는 임대인들 수가 점점 증가했다. 그동안의 경험으로 보면 임차인들은 전세를 구할 때 시장에 전세 매물이 적정량 있을 때는 계획을 세워서 천천히 움직이지만, 이사 수요가 많은 계절에 전세 매물이 충분치 않으면 한꺼번에 빠르게 몰린다.

2020년에 임대차 3법이 통과되고 9월에 전세 계약을 한 적이 있는데, 전세 시장에서 매물이 줄어드는 속도가 빨라지니까 불안감이 엄습했는지 전세를 구하던 임차인들이 시장에 대거 쏟아져 나왔다. 전세 계약서를 쓰러 부동산 중개소에 갔는데 전세를 구하는 손님이 줄을 섰고, 어떤 손님은 전세가 없으니 다른 동네에 가서 구해야 한다며 한숨을 쉬던 모습도 떠오른다. 그리고 이렇게 전세 매물이 없을 때 전세를 찾는 임차인 수요가 한꺼번에 몰리면 전세 가격이 상승하기 시작한다. 왜냐면 수요와 공급의 원리 측면에서 시장에 내 물건이 하나밖에 없는데 내 물건을 원하는 손님이 줄을 서 있다면 공급자는 가격을 올려서 내놓아볼 만하기 때문이다. 그렇게 했는데 가격을 받아주는 손님이 생기면 시장에서는 그것이 시세로 받아들여지고, 설혹 받아들여지지 않는다면 가격을 다시 낮추면 되니 아쉬울 게 없는 것이다.

2020년 가을, 전세 폭등장을 겪었던 임차인들에게 나름 학습 효과가 있었던 것이라 생각한다. 부동산을 돌며 중개사들과 이야기해보았을 때 그런 폭등장을 겪었기 때문에 추석 이전에 움직일 임차인들은 미리 움직였고, 기존에 살고 있던 집주인들과 재계약을 하는 케이스도 상당수 있었다. 그리고 전세가 안 나가고 매도가 안 될수록 임대인들 역시 임차인들이 이사를 나가겠다고 하면 더 부담이 되기 때문에 임차인들에게 재연장을 요청하는 사례도 상당수 나왔다. 거기에 못 버티는 임대인들이 가격을 낮춰 앞다투어 내놓다 보니, 전세를 찾는 임차인들도 급하게 움직일 필요가 없게 되었다. 왜냐하면 본인이 이사 가야 할 날짜가 아직 여유가 있다면 뭐하러 급하게 집을 알아보고 계약을 하겠는가? 시간이 지날수록 전세 가격이 떨어지고 있는 현상이 눈앞에 펼쳐지고 있는데 말이다. 임차인들 역시 시간이 지나면 가격이 더 떨어질 것 같으니 굳이 선제적으로 움직일 필요성이 없다.

시세가 만들어지는 과정

간혹 전세를 보러 오는 손님들이 있다 해도 집을 보고 현장에서 바로 계약을 결정하지 않고 다음에 다시 오겠다고 하는 손님도 많았다. 시장에서 전세가 거래되는 케이스를 살펴보면 예를 들어, 전세를 시세보다 저렴하게 해서 2억 원에 놓았다 치자. 임대인 입장에서는 최저가로 저렴하게 내놓았으니 이 가격 이하로는 못 낮춘다고 생각할 수 있다. 하지만 임대인들이 내놓은 가격은 임대인이 받고 싶은 희망 가격일 뿐, 임차인들이 원하는 가격이 시세가 된다. 임대인이 최저가로 2억 원에 내놓았어도 전세를 구하러 오는 손님이 1억 8,000만 원짜리 전세 매물 없냐고 중개사에게 요청하면 그게 시세가 되어버리는 현장도 나왔다.

수요와 공급을 정확하게 꿰뚫어 보는 영리한 부동산 중개사는 시장에 전세 매물은 널려 있는데 전세를 찾으러 오는 손님이 별로 없다면, 이렇게 찾아오는 손님마저도 하나하나가 매우 소중할 수밖에 없다. 부동산 중개사는 결국 매매든, 전세든 계약을 체결해야 수입원이 생기기 때문에 계약을 체결하기 위해서는 양측을 조율해서 계약을 맺어야 한다. 전세를 못 빼서 안달하는 임대인들이 널려 있으니 임대인들에게 전화를 돌리면 된다. 임대인들이 전세를 얼마에 내놓았는지는 중요하지 않다. 얼마나 다급한 임대인들이 있느냐가 더 중요하다. 그런 임대인들에게 전화를 돌려서 집을 보러 온 손님이 왔는데 1억 8,000만 원에 계약이 가능하냐고 물어보면 된다. 그 가격에는 못한다는 임대인도 있겠지만, 그 와중에 못 버티는 임대인은 그 가격을 받아주고 계약이 체결되는 것이다.

그렇게 실거래가가 한 번 올라오면, 그 실거래가를 보고 임차인들이 부동산을 찾아와서 그 가격에 가능한 매물이 있는지 요청하거나 그 가격보다 더 깎아서 계약을 하려 한다. 전세가 이런 상황에 있다 보니 매매 가격의 하락을 방어해주기는커녕 오히려 하락에 더욱 힘을 실어주고 있다고 본다. 일반적으로 집값이 하락하고 있을 때는 투자자가 아닌 일반 실수요자들은 집을 사면 더 떨어질 것 같으니까 집을 사지 않고 보통 전세로 이동해간다. 그런데 지금은 전세를 찾는 전세 수요도 적다. 하물며 갭투자의 원리상 전세를 레버리지해서 투자하는 방식인데 전세 세입자를 맞추는 게 어려우면 투자자는 더더욱 진입하기가 힘들다. 그렇기 때문에 지금 거래되는 것들도 급매 중의 급매만 거래되는 실정이다.

물론 지역별로, 입지별로 이러한 강도의 세기는 다를 수 있다. 그리고 이렇게 하락하고 있다고 하더라도 2억이었던 집이 무한정 계속 내려갈 수는 없다. 단기간에 급속도로 상승한 금리의 영향으로 사람들의 심리를 위축시켜 놓았기 때문에 발생한 이벤트일 뿐이라고 생각하며, 금리를 이 상태로 얼마나 더 장기간 유지해 나갈지도 사실 의문이긴 하다. 그리고 얼어붙은 거래 절벽 시장이 다시 활성화되기까지 얼마나 걸릴지는 지역별로도 다를 것이다. 그 기간 동안 못 버티는 투자자들에겐 고통스러운 시간이 지속될 것이다. 반면 이 고비를 잘 버텨낸 투자자들에게 시장은 커다란 선물을 줄 거라 생각한다.

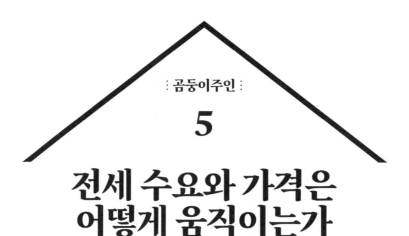

전세 수요와 가격은
어떻게 움직이는가

앞으로 다시 시장이 안정화가 되기 시작하고 투자할 타이밍이 오는 지역들이 눈에 들어오기 시작한다면 전세 수요와 가격이 어떻게 움직일지를 바라봐야 한다. 그래야 지금 이 지역에 들어갈지 말지 결정할 수 있다. 투자를 할 때 중요한 것 중 하나는 전세를 내가 얼마에 맞출 수 있느냐를 파악하는 것이다. 물론 급매로 싸게 잡거나 시세보다 낮게 경매로 낙찰받으면 무피 또는 플피로 맞출 가능성이 높아지긴 한다. 하지만 그동안 투자해오면서, 전세를 제대로 파악했냐 못했냐가 세팅할 때 가장 큰 영향을 미쳤다. 아무리 물건을 저렴하게 잡았다 하더라도, 전세를 맞추는 데 어려움이 클 것 같다면 좀 더 신중하게 바라봐야 한다.

나는 춘천에 집을 1억 2,550만 원에 매수해서 인테리어 비용과 중개 수수료, 취득세, 법무비 등 다 합쳐서 1,300만 원 정도가 들었고, 전세를 1억 3,500만 원에 맞췄던 적이 있다. 이렇게 되면 무피 투자는 못했어도, 이 집을 세팅하고 나면 내 돈은 350만 원밖에 안 묶인다. 초보 투자자라면 이상하게 생각할 수도 있다. 집을 1억 2,550만 원에 샀는데 전세를 1억 3,500만 원에 맞추는 게 비정상적인 것 아니냐 생각이 들 수도 있다. 하지만 그러한 문제는 일단 뒤로하고, 시장에선 이 가격을 받아줄 수요가 있었다는 게 중요하다. 그 당시 주변에 전세도 없었고, 아파트 단지 안에서 올수리된 물건은 내 물건 하나밖에 없던 걸로 기억한다. 뿐만 아니라 내가 놓은 전세 가격은 그 당시 나온 매매 가격과 같거나 오히려 좀 더 비쌌다. 그럼에도 이분들은 이 집을 사고 싶은 생각은 없었기 때문에 매매 가격보다 더 높은 전세 가격으로 나와 계약을 했다.

내가 부동산 투자를 해오며 느꼈던 것은, 이러한 현상이 말이 되냐 안 되냐를 따지기보다는 거래가 될 수요가 있냐 없냐를 아는 게 훨씬 더 중요하다는 점이다. 내 생각이 합리적이라고 맹신해서는 안 된다. 어차피 정말 말도 안 되면 시장에서 안 받아준다. 덕분에 나는 내 돈 얼마 안 들이고 소유권 하나를 가져올 수 있었다. 그리고 그 이후로, 이 단지 내에 급매가 하나 더 나왔다. 나는 가격 협의를 진행해서 1억 1,200만 원에 매매를 하고 인테리어를 진행해 1억 3,500만 원에 전세를 놓았다. 리스크를 관리하는 측면에서, 같은 단지에 아파트를 여러 개 하는 건 좋지 않다. 하지만 그럼에도 진행했던 건, 급매였고 전세도 없었기 때문에 플피로 세팅이 가능하다는 판단에 서였다. 그러나 인테리어 진행이 예상보다 늦어지고, 전세 보러 오는 손님도 생각보다 많지 않다 보니 매매 잔금날 기간 내에 전세를 맞추지는 못했다.

추가로 투자자들이 한두 명씩 진입해오기 시작했다. 투자자가 유입된다는 건 전세 매물이 늘어난다는 뜻이다. 왜냐면 보통 투자자는 본인이 그 집에 거주하려고 사는 경우보다 그 집의 소유권만 가져오고 싶어 하기 때문에 집을 사서 전세나 월세를 놓는다. 투자자가 집을 매수하면 시중에 전세 매물이 늘어나게 된다. 투자자 입장에서는 시중에 전세 매물이 내 물건 하나만 있는 걸 좋아하지 내 전세 물건 외 다른 것들이 여러 개 있는 걸 좋아하지 않는다. 내 물건이 하나 있을 때랑 내 물건 외에 여러 개의 전세 매물이 있다면 전세를 구하는 손님의 선택권이 다양해지기 때문이다. 전세 물건이 많으니 골라서 계약할 수 있을 것이고, 자연적으로 투자자들은 본인들의 물건이 선택받기 위해 서로 가격 경쟁을 붙이면서 전세 가격이 내려가기 시작한다. 안 깎아주고 버티면 되지 않냐고 생각할 수도 있다. 하지만 돈이 많은 투자자가 아닌 이상 보통은 매매 계약하면서 전세

전세 수요와 가격은 어떻게 움직이는가

를 맞추고 전세 자금 받은 것으로 매매 잔금을 치러야 한다. 그 기간 안에 전세를 맞춰야 하는 압박감이 있기에 매매 잔금일이 다가올수록 버티기가 어렵다.

대출받아서 매매 잔금을 치르면 한 달에 이자 비용이 계속해서 나가는데 전세 매물이 계속 쌓인다면 이 역시도 장기간 버텨낼 재간이 없다. 이와 같은 이유로, 나 역시 원래 목표했던 전세 가격 1억 3,500만 원에서 다른 전세 매물보다 저렴하게 1억 2,500만 원으로 낮춰 간신히 전세를 맞췄다. 비수기로 접어들면서 전세를 찾는 수요는 줄어드는 반면, 추가 투자자 유입이 들어오고 있는 상황을 인지했기 때문이다. 수요가 적은데 전세 매물이 늘어나면 못 버티는 임대인 중 가격을 낮추는 사람이 분명 나타난다. 그럴 바엔 가격 경쟁을 벌이며 진흙탕 싸움을 하기보다 내가 먼저 가격을 낮춰서 빨리 빠져나와야 한다.

수요와 공급의 원칙을 이론으로 배웠지만, 상대적으로 전세 매물 공급 대비 수요가 없다면 전세 가격은 하락하고, 전세를 찾는 수요는 있는데 전세 매물이 부족하면 가격이 올라간다. 이것은 지난 시장에서 플레이하고 경험으로 얻으며 내 머릿속에 각인되었다.

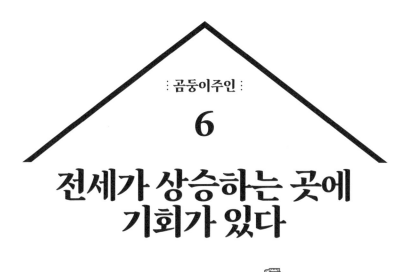

6

전세가 상승하는 곳에 기회가 있다

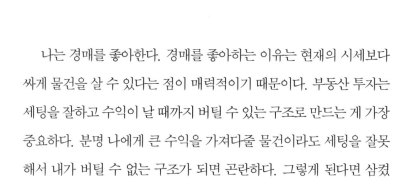

나는 경매를 좋아한다. 경매를 좋아하는 이유는 현재의 시세보다 싸게 물건을 살 수 있다는 점이 매력적이기 때문이다. 부동산 투자는 세팅을 잘하고 수익이 날 때까지 버틸 수 있는 구조로 만드는 게 가장 중요하다. 분명 나에게 큰 수익을 가져다줄 물건이라도 세팅을 잘못 해서 내가 버틸 수 없는 구조가 되면 곤란하다. 그렇게 된다면 삼켰 던 걸 토해내는 것도 모자라 손실이 발생할 수도 있다. 시장에서 잘 버틸 수 있으려면 투자금을 최소화하는 전략을 취해야 한다.

투자금을 최소화한다는 것은 전세가와 매매가 사이의 갭을 줄이는 것이다. 전세를 높게 세팅해서 투자금을 최소화하는 것도 중요하지만 매매 가격을 시세보다 싸게 하는 게 더욱더 중요하다. 비록 매매가와 전세가의 갭 차이는 줄겠지만, 남들보다 싸게 살 수 있다면 시세가 하락해도 심리적으로 다가오는 부담감이 덜할 것이다. 다른 사람이 힘들 때 나는 상대적으로 덜 힘들다면, 시장 분위기가 안좋을 때도 잘 버틸 수 있다. 파이는 한정되어 있기 때문에, 시장에서 활동하는 플레이어가 적을수록 나에게 돌아오는 수익은 더 크다. 그런 면에서 경매는 참 매력적이다. 사람들의 수요가 있는 물건이라는 가정하에 싸게 낙찰받을 수 있다면 사는 순간 어느 정도의 시세 차익이 확보된다. 그리고 운이 좋으면 낙찰가보다 전세가를 더 높게 맞춰서 플피가 되기도 하고, 매매가와 전세가의 갭이 적어 내 투자금이 상대적으로 덜 묶이게 되니 말이다.

그런 매력적인 경매지만, 지금 시장에서 나 같은 다주택자는 어려움이 많다. 다주택자 취득세가 8~12%인 문제도 있지만, 대출이 어렵기 때문이다. 과거에는 경락잔금대출이라고 있었지만, 지금은 그런 상품이 사라졌다. 낙찰을 받아도 대출을 레버리지 삼아야 하는데 지금은 그런 구조가 나오기 힘들다. 하지만 시장이 침체되면 다시 규제를 풀어줄 수밖에 없을 것이고, 대출 또한 다주택자에게 열어줄 것이라고 생각한다. 왜냐하면 분위기가 죽어가고 있을 때, 다시 불씨를 살려줄 사람들은 무주택자가 아닌 투자자들이기 때문이다. 다주택자에게도 대출의 자유가 다시 주어진다면, 경매를 활용해 다시 좋은 기회를 잡을 수 있을 것이라 생각한다.

이전 최고 가격 대비 매매가가 많이 내려갔다고 해도, 전세 가격이 동반 하락하고 있는 중이라면 투자자는 섣불리 움직이기 어려울 것이다. 투자자에게 매매 가격과 전세 가격 사이의 갭은 그 집 한 채를 세팅하는 데 묶이는 자금이다. 예를 들어보겠다. 매매 가격 시세가 2억 원이고, 전세 가격 시세가 1억 7,000만 원인 집이 있다고 가정해보자. 매매 가격과 전세 가격 사이의 갭은 3,000만 원이라고 판단하고 어느 정도 여유 자금을 책정한 후에 이 집을 매수했다. 매수를 했으니 이제 전세 세입자를 구해야 한다. 그런데 전세는 맞춰지지 않고 전세 시세가 계속해서 내려가기 시작한다. 매매가와 전세가의 갭을 3,000만 원이라 생각하고 들어온 투자자는 어느새 전세 가격이 1억 7,000만 원에서 1억 4,000만 원까지 떨어지는 상황에 직면하게 된다. 이렇게 되면 처음에 3,000만 원의 갭을 보고 들어왔으나 현실적으로 내가 이 집을 세팅하는 데 필요한 자금은 7,000만 원 이상이 되는 것이다.

투자자 입장에서 리스크가 매우 크다. 처음 계획했던 계산이 틀려지기 때문에 자금 압박이 다가올 수 있고, 보유하고 있는 동안에 발생하는 리스크에 대비할 현금이 없어서 상승할 때까지 버티지 못할 수 있기 때문이다. 그래서 보통 투자자들이 진입하기 시작하는 시점은 전세 가격이 하락하는 때가 아니라, 전세 가격이 상승하는 때다. 전세 가격이 상승하는 시점에 진입하면 마음 편한 세팅이 가능하다. 전세 가격이 상승하게 되면 처음 내가 예상했던 매매가와 전세가 사이의 갭보다 더 줄어들 수도 있기 때문이다.

실제로 나는 이러한 방법으로 세팅한 경험이 있다. 봄에 집을 매매 계약하고 전세를 가을에 맞추면서 매매 잔금을 치렀다. 그사이에 전세가가 상승한 덕택에 나는 내 투자금 상당 부분을 세이브할 수 있었다. 투자자에게 처음 계획했던 세팅금보다 적게 자금이 묶인다는 것은 굉장한 메리트다. 절약된 돈은 내가 더 투자하고 싶은 곳에 이용할 수도 있다. 그리고 여러 채의 집을 운용할 경우, 중간중간에 돈을 넣었다 뺐다 할 경우가 생기기 때문에 자금 운용이 원활하게 흐르는 데 도움을 주기도 한다. 시장 전세가가 다시 안정화되고 상승하는 움직임이 보이는 지역이 생긴다면, 나는 그곳을 주의 깊게 관찰할 것이다. 당신은 기회가 왔을 때 투자하기 위해 무엇을 준비하고 있는가?

부동산 투자에는 왕도가 없다

투자 기간이 길지는 않지만, 지난 5년간의 시간을 생각해보면 그 당시에는 기회가 기회인 줄 몰랐고, 반대로 지금이 기회라고 생각했지만 지나고 보면 좋은 타이밍이 아니었던 적도 있다. 미래는 맞출 수가 없다고 생각한다. 시장을 예측하고 돌발 변수에 대응할 뿐, 내 인사이트가 무조건 맞다고 우기는 것은 어리석다. 기회는 언제나 리스크와 함께 온다. 하지만 기회와 리스크가 함께 있는 것인지, 리스크만 잔뜩 들어있는지는 시간이 지나봐야 안다. 결국엔 내가 확신이 있어야 베팅을 할 수가 있다. 사실 똥인지 된장인지 구분이 안 되는데 남의 말만 믿고 어떻게 베팅을 하겠는가? 내가 잘 모르는데 남의 말만 믿고 투자를 하겠다는 건 눈뜬장님이랑 다를 바가 없다. 내 두 눈은 앞을 보고 있지만 그저 눈앞에서 '내 말만 믿고 투자하라'는 사람의 말에 끌려가는 것이다. 그러다가 의지한 사람이 갑자기 눈앞에서 사라져 버린다면? 생지옥이 펼쳐질 수도 있다.

결국엔 스스로가 판단할 수 있는 능력을 키워야 한다. 투자하면서 느끼지만, 초보자일수록 소위 전문가가 하는 말이면 무조건 맞다고 맹신한다. 나 역시 비슷한 시기를 겪었기 때문에 하는 말이다. 내가 아는 것이 부족해서 누군가에게 의지하고 배우며 시작하는 건 어쩔 수 없다. 하지만 배우면서 충분히 경험하고 본인만의 판단을 내려보는 습관도 길러야 한다. 능력치를 키우지 않고, 그저 전문가가 말하는 내용만 받아들이면 위험한 일이 발생할 수 있다. 그리고 투자라는 건, 내가 공부하고 분석해서 경험에 근거해 베팅해야 한다. 지식과 경험이 쌓이면 베팅하는 결정력이 생기고, 설혹 당장 결과가 좋지 않더라도 기다릴 수 있게 된다. 그러나 남의 말만 믿고 투자하면 순간의 가격 출렁임에도 덜컥 겁을 먹고 기다려야 할 때 기다릴 줄 모르거나 섣불리 탈출해버릴 수 있다. 힘든 시기에 고생은 고생대로 하고 달콤한 열매를 얻지 못할 수도 있다는 것이다. 결국 기회를 잡기 위해서는 경험치, 지식, 결정력, 자금력 이 4가지가 중요하다.

부동산 투자를 하다 보면 공부는 끊임없이 해야 한다는 것을 알게 된다. 기본적인 세금 구조, 규제, 대출 등등 공부할 것이 많다. 부동산 전문가들마다 가지고 있는 이론들도 다양하다. 하지만 우리가 공부하면서 배웠던 이론 지식들은 현장에서 맞을 때도 있고 들어맞지 않을 때도 있다. 그렇기 때문에 본인만의 날카로운 투자 감각을 키우는 것이 중요하다. 그 투자 감각이라는 것은 경험을 많이 할수록 예리해질 것이다.

나는 부동산 투자를 하기 위해 강의도 많이 듣고 돈도 많이 썼다. 하지만 이론 강의에서 배운 것보다 현장에서 직접 투자하며 배운 경험들이 더 값지고 내 것이 된 깨달음들이 많았다. 결국 현장에서 이런저런 이벤트를 맞닥뜨리고 그것에 대처하다 보면 본인만의 경험치가 늘어나게 된다. 그러면서 본인이 원래 알고 있던 지식에서 특정 변수가 생기면 특정 상황이 발생할 수도 있다는 것을 하나하나 배우게 된다. 그렇게 경험을 하다 보면 위기 상황에 대처 능력도 키워지고, 본인만의 통찰력이 깊어진다.

큰 거 하나에 몰빵해서 투자하는 방식은 그거야말로 도박일 수 있다. 그래서 나는 소액으로 여러 채의 집을 매수하고 경험해가면서 나만의 투자 방식을 만들어 나가고 있다. 초보자일 때는 수익이 크지 않을 수 있지만, 작은 걸 여러 채 진행하면서 경험을 쌓아 나가는 것도 나쁘지 않은 방법일 수 있다고 생각한다.

그리고 투자자의 생명력은 '결정력'에 있다고 생각한다. 어떤 상황이 돌발적으로 주어졌을 때 바로 결정해야 할 때가 종종 생긴다.

그럴 때 할지 말지 빠른 판단을 해야 한다. 내가 경험하면서 느낀 바에 따르면 이 '결정력'이라는 것은 지식과 경험에 의존하게 되어 있다. 내가 지식도 경험도 없는 무지의 상태에서 결정을 한다는 건 그냥 도박에 가깝다. 투자를 하다 보면, 예상치 못한 타이밍에 뭔가 갑자기 훅 하고 들어올 때가 있다. 나도 잘 모르고 자신이 없기 때문에 판단이 서질 않고, 바로 결정을 내리지 못해 뒤로 미룬 적도 있었다. 직접 경험해보니 이 순간순간의 결정력이야말로 내 자산에 데미지를 줄 수도 있고, 짜릿한 수익으로 기쁨을 안겨줄 수도 있는 요소가 되었다. 결국 기회를 잡으려면 결정력이 있어야 하는데, 이 결정력을 키우기 위해서는 지식과 경험을 쌓아 나가야만 한다.

기회를 잡으려면 준비가 필요하다

나는 초보 시절에 지식, 경험이 부족해서 제대로 된 판단을 할 수 없었다. 기회가 기회인 줄 모르고 돈을 많이 날려 먹었다. 그 당시, 얼음공장 님 수업을 듣고 임장 다녔던 인천시 계양구 물건도 매수를 못했던 것은, 내가 아는 게 없다 보니 확신이 서지 않았기 때문이다. 결국 자신이 없기 때문에 결정을 못 내려서 매수를 하지 못한 것이다. 또한 시흥시 정왕동도 수업을 듣고 임장을 다녔지만, 처음 느껴보는 도시 분위기였고, 아파트 외관에 집중하다 보니 매수 의욕이

꺾였다. 결국 수요와 공급에 기반해서 가치를 판단했어야 했는데 그러지 못했고, 겁이 나서 경매로만 시도했다. 다행히 낙찰을 받을 수 있었지만, 경매로 한 채 낙찰받을 게 아니라 이럴 때는 일반 매매로 2~3채를 했다면 더 좋았을 것이다. 그 당시 매매 가격과 전세가와의 갭 차이가 집 한 채당 1,000만 원도 안 되는 물건들이 상당히 있었기 때문이다. 배곧신도시 영향으로 정왕동 구축 아파트들은 가격이 내려가고 있었고 분위기도 좋지 않았다. 이 시기에 정왕동 전체에 전세 매물이 빠르게 소진되어 전세가 없다 보니 내가 원하는 가격에 전세를 들이는 게 쉬운 일이었다.

그 당시 시세를 조사하러 나가면 중개사가 전세 대기 걸어놓은 손님들이 있으니 매매 계약서를 쓰면 바로 전세를 맞춰줄 수 있다고 한 곳도 있었다. 정왕동은 나에게 수익적인 면에서나 경험적인 면에서 큰 의미가 있었다. 낙찰받아 전세를 맞추고 나니 플러스피가 발생해 금전적인 선물을 얻기도 하고, 투자를 할 때 도시의 낙후된 외관 상태에 사로잡혀 본질적인 가치를 놓치면 안 된다는 교훈을 얻기도 했다. 아쉬움이 많은 지역이긴 하지만, 그 시절의 나로 돌아가 기회가 온다 해도 아마 나는 똑같은 선택을 했을 것이다. 그 당시의 내 수준으로는 정왕동을 일반 매매로 매수할 능력이 못 되었다. 경험과 지식이 없기 때문에 아무리 좋은 반찬을 내 앞에 차려줘도 떠먹질 못했기 때문이다.

한창 상승기 때, 내 주변에서 좋은 부동산 정보가 있으면 알려달라고 하는 분들이 가끔 있었다. 발품 팔아 알게 된 정보를 줘본 적이 있었는데 "거긴 너무 멀다, 아파트가 너무 낡았다"는 이유로 조사도 안 해보고 그 자리에서 거절한 사람도 있었다. 흡사 처음 부동산을 시작했던 내 모습 같았다. 나도 그러한 과정을 겪었기 때문에 이해가 되었다. 그래서 기회를 잡으려면 미리 준비가 되어 있어야 한다는 말이 나오는 듯하다.

투자에서 이론보다 중요한 것

정말 뻔한 이야기지만 이제 막 투자를 시작해보려는 분들에게 해주고 싶은 말이 있다. 부동산 투자에는 왕도가 없다는 것이다. 단기간에 투자 실력이 상승하는 것도 어렵다. 그러나 하나하나 경험치를 쌓아가다 보면 내 주력으로 하는 무기가 강화될 것이다. 부동산 투자하는 데 모든 걸 다 알아야 투자할 수 있는 것도 아니다. 많이 경험하고 지식이 있으면 좀 더 좋은 결과를 만들 수 있고, 리스크 대비가 더 잘 되는 것이지 전문가만큼은 모르더라도 수익을 낼 수 있다. 기본적인 뼈대를 잡고 그다음에 살을 붙이는 식으로 하나하나 경험을 쌓아가면서 완성하면 된다고 생각한다.

실제로 나 역시 부동산 투자에서 모르는 영역이 너무 많다. 그런 나도 수익을 낸 물건들이 있다. 그러니 돈이 없어서 부동산 투자를 못한다고 하거나, 정보만 찾아다니거나, 이론만 배우고 행동으로 옮기지 못하는 사람들은 다음 스텝을 어서 밟아 봤으면 하는 바람이다. 못한다는 핑곗거리만 찾고 있으면 스스로의 한계를 결정짓는 것밖에 되지 않는다. 그리고 평생 똑같은 자리에 있을 수밖에 없고, 인생도 바뀌지 않는다.

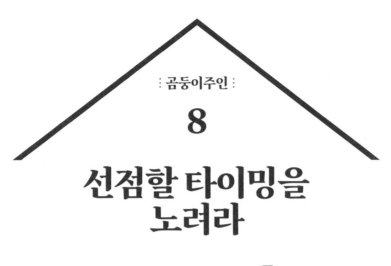

: 곰둥이주인 :

8

선점할 타이밍을
노려라

부동산 투자판에 들어와 직접 부딪혀보니 평범한 일반 월급쟁이가 부자가 되려면 단기간에는 어렵다는 것을 느꼈다. 상승장에 첫발을 내딛고 집을 매수한 지 얼마 안 지나서 집값이 올라가는 모습에 익숙했기 때문에, 마음속으로 '난 5년 내에 경제적 자유를 가질 수 있겠다'고 믿었던 시기도 있었다. 하지만 2021년 하반기부터 시장 분위기가 식어가며 글을 쓰는 현재까지 시장 분위기가 이렇게까지 침체될 거라고는 생각도 못했다. 사실 난 2021년도에 지방장에서 집중적으로 투자 활동을 벌이고 있었는데, 과열되다 못해 불장으로 솟구치는 모습을 보자니 지방장 투자 이후로 어떻게 해야 할지 고민이 많았다. 또한 발품을 팔아서 아파트를 싸게 사야 하는데, 사람들이 너도나도 부동산 투자가 돈이 된다는 얘기에 달려들어, 싸게 사는 것도 너무 힘들었다. 싸게 사는 게 힘드니 당연히 세팅 비용도 조금씩 더 들어갔다. 집값이 올라 상승하는 걸 보는 건 기분이 좋았지만 어딘가 마음속으론 불편함과 불안함이 공존했다.

사실 난 지금도 침체된 부동산 시장에서 버티는 게 힘들다. 그만큼 레버리지를 많이 사용했고 베팅도 많이 했기 때문이다. 2023년도에는 역전세로 전세 만기 여러 개가 터져 나오고, 대부분의 임차인이 이사를 나가겠다고 해서 역전세 막을 돈과 해결책을 찾느라 정말 우울증이 올 정도로 힘들었다. 그런데 나만 힘든 게 아니었다. 시장에 들어왔던 투자자들이라면 다 같이 힘든 시기를 보내고 있다. 사실 투자자의 경쟁 상대는 투자자다. 시장에 월세든 전세든 공급하는 자가 적으면 적을수록 투자자 입장에서는 유리한 것이다. 지금은 물론 공급이 적어도 전세 수요가 눌려 있는 지역에서는 힘을 못 쓰지만, 전세 수요가 다시 살아나기 시작한다면 공급자 입장에서는 호재다.

위기와 기회는 함께 온다

역전세로 인해 지금 당장은 나 역시 손해를 보는 물건이 있고, 주변에 투자했던 사람들 중에서는 큰 손실을 보거나 역전세의 공포를 맞닥뜨려 시장을 떠나가고 있다. 지금 시기는 임대인들에게는 너무나 고통스럽기 때문이다. 어쨌든 역전세의 위기가 만들어 놓은 폭풍 속에서 경쟁자들이 줄어들고 있으니 이 시기에 데미지를 최소화하고 잘 버틴다면 기회를 다시 한번 더 잡을 수 있을 거라 생각한다. 이래서 위기와 기회는 같이 온다고 하는 것 같다.

얼음공장 님은 시장이 조용할 때 들어가서 매수인 우위 시장에서 물건들을 깎아 잘 세팅하고 버티는 식의 투자를 하셨고, 나도 그 방법이 좋다고 생각한다. 그런데 지난 2021년도 시장은 매수인 우위 시장이라기엔 시장이 너무 과열되어 있었다. 매수할 때 물건을 깎는 것도 너무 힘들었고, 투자자가 많이 유입되는 곳엔 전세 매물도 많아 전세를 맞출 때도 힘겨웠던 적이 한두 번이 아니었다. 내가 투자한 물건들 중에 가장 높은 수익이 난 물건들을 정리해보면, 대부분 시장이 조용할 때 들어가서 전세가를 높게 세팅하고 기다렸던 물건들이다. 시장이 불장이 돼서 사람들이 와르르 몰려 들어오던 시기에 세팅했던 물건들은 시세보다 싸게 매수했음에도 마이너스가 난 것도 있다. 현재는 부동산 시장이 침체되고 사람들의 관심도 부동산에서 멀어졌다. 내가 활동하는 단톡방이나 내가 운영하는 블로

그에 유입되는 방문자 수만 봐도 불장 시기와는 확연한 온도 차이가 있다. 오히려 대중들의 관심이 줄어들고 있을 때가 투자자들이 세팅하기 좋은 시기가 아닐까 하는 생각이 든다.

일례로 청주에서 있던 에피소드를 하나 풀어보고자 한다. 청주에 세팅한 물건들이 있기 때문에 가끔 부동산 중개소에 전화를 돌려 시장 분위기를 파악하는 작업을 한다. 중개사는 매물이 하나 나왔는데 무갭으로 나왔다고 했다. 매매로 내놓은 물건이 전세 가격과 같기 때문에 그 집을 매수하는 데 드는 돈이 0원이라는 것이다. 물론 취득세와 중개 수수료 등 부가적인 비용은 별도다. 하지만 아무리 무갭이어도 시세보다 싸다는 느낌이 없기 때문에 메리트가 없어서 관심 없다고 했다. 그러자 중개사가 부동산 광고에는 2억 원이라고 올려놨지만, 실제로 매도만 될 수 있다면 1억 8,000만 원에라도 팔고 싶어 하는 매도인이라고 중개사가 설명했다. 이러한 구조라면 내가 이 집의 소유권을 가져오면서 매도인한테 오히려 2,000만 원을 받는 구조의 거래가 된다. 그리고 매도인이 전세를 최근에 맞췄다고 하니 현재의 세입자와 2년간의 계약 기간도 벌 수 있는 장점이 있다.

그러나 나는 이 매물을 잡지 않았다. 청주에 이미 보유한 집들도 있고, 아직 시장에 불확실성이 많은 시기이기 때문이다. 처음 시작할 때는 세팅하고 '어떻게 하면 돈을 더 벌 수 있을까'를 위주로 고민했다면, 지금은 내가 가진 자산의 안정성을 생각하면서 움직이게 되었다. 왜냐하면 무리하게 세팅하다가 현금 흐름 압박이 왔을 때 못 버티면 내가 가진 좋은 매물까지 토해내야 하기 때문이다.

시장에 관심이 없는 사람들은 이런 특수한 구조의 물건을 구경할 확률이 적다. 중개사도 찾아오는 투자자에게 좋은 매물들을 소개해주지 연락조차 안 되는 사람에게 소개할 수는 없다. 지금 시장 분위기가 좋지 않지만 관심을 갖고 문을 두드려야 하는 이유다. 그래야 관심조차 없던 사람들보다 분위기가 반전될 때 더 좋은 포지션을 선점할 수 있다. 그리고 추후 분위기가 반전될 때 선택권도 더 넓어진다. 분위기가 상승하게 되면 다시 또 뒤늦게 관심을 갖고 진입하는 사람들이 있기 마련이니까. 그럴 때 물건을 정리하고 다음 투자처로 내 자산을 이동시켜 또 그쪽에 가서 선점할 수 있다. 그래서 미리 선점해서 움직인다는 것은 굉장한 메리트다.

선점하는 것이 중요한 이유

이번 시장에서 느꼈지만 내가 사자마자 가격이 폭등하는 건 큰 의미가 없다. 내가 팔 때는 그 가격이 아닐 수도 있기 때문이다. 개인으로 물건을 세팅할 때는 양도세 문제 때문에 2년이 지난 뒤 팔아야 유리하다. 내가 집을 사자마자 올랐어도 2년이 지나고 팔 타이밍에 분위기가 꺾여버리면 내가 원하는 가격에 팔지 못할 수도 있다. 그리고 선점한다는 건 방어력을 갖추게 된다는 의미이기도 하다. 남들이 관심이 없을 때 들어왔기 때문에, 매수자 우위의 시장 이점을 살려 급매를 잡을 확률이 높아진다. 가격이 오르기 전에 시세보다 저렴하게 잡은 상태에서 가격이 올라가면 심리적으로 마음이 편한 이점도 있다.

지금 시장을 바라보며 내가 느끼는 것은 이렇다. 예를 들어, 1억 원에 집을 사서 전세를 9,000만 원에 세팅해놓았는데, 2억 원까지 올랐다가 1억 4,000만 원까지 하락한 아파트가 있다고 치자. 상승폭도 크지만, 하락폭도 매우 크다. 하지만 내 입장에서는 아쉬움이 느껴지는 정도이지, 위험으로 다가올 정도는 아니다. 그러나 뒤늦게 시장이 과열되어서 들어온 사람들은 내가 1억 원에 물건을 잡을 때 1억 5,000만 원에도 잡은 경우가 있을 것이다. 그렇게 되면서 매매 가격이 1억 4,000만 원까지 내려가거나 전세도 본인이 맞췄던 금액보다 더 내려간 사례가 생긴다. 이렇게 되면 만기가 다가옴에 따라 불안해질 것이고, 임차인이 재계약을 하지 않으면 금전적인 어려움에 직면하게 될 수도 있다. 그러나 선점하게 되면 뒤늦게 들어온 투자자에 비해 하락기에도 심리적 압박감이 덜하다. 다른 투자자들에 비해 좀 더 버틸 체력이 되는 것이다. 임차인이 계약 만료 후 나간다고 하더라도, 이전에 계약된 전세 보증금이 더 낮아서 새로운 임차인을 맞추는 데 금액적으로 큰 부담이 없을 수 있다. 나는 침체장 속에서 보증금을 올려받은 지역도 몇 군데 있다. 어차피 투자자들은 서로 경쟁 상대다. 내 경쟁 상대가 줄어들어야 내가 먹을 게 더 많아진다. 그렇기 때문에 시장이 안 좋을 때 다른 투자자들이 심리적으로나 금전적으로 어려움을 겪어서 시장에서 이탈되는 현상이 발생한다. 그럴 때 큰 데미지 없이 버틸 수 있다면, 마지막에 내가 먹는 파이는 더 커질 것이다. 경쟁자가 적은 시장에서는 내가 선택할 수 있는 옵션이 더 늘어나고 기회가 생기기 때문이다.

이러한 부분들은 이번 시장을 겪으면서 깨달은 것이다. 운이 정말 좋았다고 생각한다. 내가 뭘 알아서 한 것도 아니고, 부동산을 시작했던 타이밍에 얼음공장 님 수업을 듣고 선점할 수 있었기 때문이다. 선진입하고 싸게 물건을 매수해서 세팅을 잘 해놓는 것에 대한 중요성도 지금과 같은 하락 시기를 겪어보니 깨닫게 된 것이다. 이 모든 것들을 수업 시간에 배우고 현장에서 플레이하며 알게 되었다. 이래서 이론으로 배우기만 하는 것과 실전에서 뛰어보고 몸소 깨닫는 것과는 격차가 큰 것이다. 그러니 남들이 안 할 때 시장에 관심을 갖고 활동하면서 선점할 타이밍을 갖는 게 중요하다. 나는 지금 비록 힘들지라도 다음 시장에서 찾아올 기회를 준비하고 있다.

물론 잘못 판단해서 베팅하면 망할 수도 있다. 하지만 어느 정도 진입 장벽이 있어야 아무나 섣불리 달려들지 못하고, 내가 유리한 위치에서 선점할 수 있는 것 아닐까 생각한다. 다음 시장에서 기회를 잡기 위해 그럼 당신은 어떻게 할 거냐 묻는다면 내 대답은 간단하다. 그냥 원래 하던 대로 꾸준히 하는 것이다. 시장 분위기가 좋든 나쁘든 한결같은 마음으로 시장에 참여하는 것이다. 지금은 가지고 있는 매물도 잘 지켜야 하기 때문에, 임차인 만기가 다가오는 날이 있다면 미리미리 확인해야 한다. 만약 퇴거하게 된다면 돌려줄 보증금을 마련할 방법도 생각해봐야 한다. 이러한 물건이 하나일 때는 어떻게든 돈을 마련해 해결이 되겠지만, 공교롭게도 특정 달에 두세 명의 임차인이 이사를 나간다고 하면 지금 같은 시장에서는 위험한 일이 발생할 수도 있다. 그래서 대출 상담사와도 종종 연락을 주고받고 있다. 만약의 상황에 대비해서 대출을 받아야 할 때 받지 못하는 경우가 생길 수도 있기 때문이다.

새로운 전세를 맞춰야 할 경우에는 현재 전세 수요와 매물 양을 확인하면서 현장 분위기를 파악하는 것도 중요하다. 나는 종종 시간이 날 때 내가 보유한 물건들이 있는 지역의 부동산 중개소에 가끔 전화를 걸어서 현재 매매와 전세, 월세 분위기 상태를 점검한다. 이렇게 함으로써 시장의 분위기를 계속 쫓아갈 수가 있다. 분위기가 좋을 때 그제야 관심을 갖고 투자하려 하는 것보다 이럴 때 현장을 다녀봐야 남들이 모르는 걸 먼저 캐치해서 앞서 나갈 수 있다고 믿는다. 그런 사람만이 앞으로 다가올 기회를 선점할 수 있을 것이다.

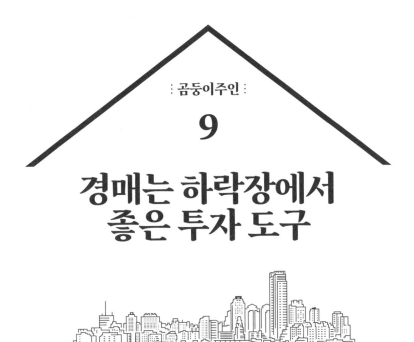

: 곰둥이주인 :

9

경매는 하락장에서
좋은 투자 도구

상승장 때는 경매로 나오는 물건 개수가 상대적으로 줄어든다. 채무자 입장에서는 조금만 더 버티면 집값이 상승할 것 같은데 헐값으로 팔고 싶지 않기 때문이다. 그리고 상승기 때 낙찰된 가격을 보면 낙찰가율이 보통 100%가 넘는다. 사실 낙찰가율이 중요한 것은 아니다. 낙찰가율이 100%든 110%든 내가 현재 시세 대비 얼마큼 더 싸게 살 수 있느냐가 더 중요하다.

예를 들어, 감정 평가된 가격이 1억 원인 경매 물건이 나왔다. 그리고 1억 3,000만 원에 낙찰되었다면 이 물건은 낙찰가율이 130%다. 과연 이 물건은 비싸게 산 것일까? 그것은 현재의 시세를 조사해봐야 알 수 있다. 현재의 시세가 알고 보니 1억 2,000만 원이면 시세보다 비싸게 낙찰받은 것이고, 시세가 1억 6,000만 원이라면 낙찰가율이 130%라고 하더라도 시세보다 3,000만 원 싸게 산 것이다. 그래서 현재의 시세와 비교해야 하는 것이지 낙찰가율이 중요한 것은 아니다.

하지만 시장이 과열되었을 때는 시세보다 저렴하게 낙찰받기가 쉽지 않다. 돈이 된다 싶으면 모두가 우르르 달려들기 때문에 시장에 먹을 게 별로 없다. 그래서 부동산 상승장에서는 특수 물건이 아닌 이상 경매로 싸게 낙찰받기란 쉽지 않다고 보면 된다. 반면, 하락장일 때는 부동산에 경매로 나오는 매물들이 증가한다. 이것 또한 채무자 입장에서 생각해보자.

상승기 때와는 달리 어차피 경매로 내 집이 넘어갈 것 같으면 시간이 지날수록 집값이 더 떨어질 테니 빨리 경매로 처분되는 것이 한 푼이라도 빚을 청산하는 데 더 도움이 된다. 또한 심리적 압박감도 있고, 은행 이자와 세금 문제도 만만치 않다. 이렇게 하락장에서는 경매 매물도 상승장과 비교했을 때 더 증가하게 되고, 시장에 참여하는 투자자들 중에 못 버텨서 아웃되는 사람도 나오며, 시장 분위기가 더욱 위축된다. 이러한 분위기에서 사람들은 위기감을 느끼게 되고 시장에 관심을 갖는 사람들도 줄어든다.

경매는 하락장에서 좋은 투자 도구

누군가에게는 위기만 보이겠지만, 누군가에게는 기회도 함께 보일 것이다. 시장은 냉정하다. 시장에 참여한 이상 버는 사람이 생기면 누군가는 잃게 되는 것이다. 손해를 보는 사람이 생기기 때문에 새로운 기회를 얻는 사람도 생긴다. 그리고 사람들의 관심이 적어진다는 것은 경쟁자가 줄어든다는 것이고, 내가 시장에서 플레이할 때 유리한 점이 생긴다. 예를 들면, 일반 매매를 할 때도 매수자 우위 시장이 펼쳐지기 때문에 가격을 깎기가 쉽다. 급매로 나온 물건이지만 더 가격을 깎아서 살 수도 있다. 경매에 대해서도 사람들의 관심이 떨어지기 때문에 이때부터는 경매를 활용해서 정말 싸게 낙찰받을 사람들이 주로 참여하게 된다. 상승장 때와 비교해서 입찰하러 오는 사람들도 적다. 상승장 때 시세보다 비싸게 낙찰받는 사람들이 생각보다 많이 생기는데, 이러한 상황이 줄어든다는 것이다. 경매는 시세보다 싸게 낙찰받아서 수익을 내는 게 목적인데, 입찰장에서는 제일 비싸게 부른 사람이 낙찰받는다. 그렇기 때문에 시세보다 비싸게 받아가는 사람이 많은 시장에서는 경매로 낙찰받는 수고스러움을 생각해보면 메리트가 줄어드는 것이다. 그래서 부동산 하락기에 사람들의 관심도가 줄어든 상태에서의 경매는 훌륭한 투자 도구가 된다.

실제로 내가 경매로 낙찰받았던 경매 물건들은 시세보다 쌌고, 사람들의 관심도가 떨어졌던 특성이 있다. 시흥시 정왕동에 구축 아파트를 낙찰받았을 때도, 배곧신도시 새 아파트 입주가 들어오면서 가격이 하락하고 분위기가 좋지 않자 매수하려는 투자자도 적었다. 그러다 보니 다른 도시들과 비교해 입찰하러 오는 사람 수가 적었다. 경쟁자가 적다는 건 싸게 낙찰받을 확률이 올라간다는 걸 뜻한다. 평택 내에서도 상대적으로 인기가 덜한 지역에서 낙찰을 받은 경험이 있다. 하지만 수요가 있는 시장이면 싸게 낙찰받아서 시세보다 싸게 팔면 된다는 생각으로 접근하면 된다. 결과적으로 입찰하러 온 사람이 몇 명 없었기 때문에 내가 낙찰받을 수 있었다. 그리고 명도하는 과정에서 유동성이 증가하면서 시세가 약 1억 원 정도 상승하게 되었다. 집값이 상승하기 전에는 점유자(채무자)와 어느 정도 협의점을 찾으면서 진행이 잘되었지만, 명도 협상 진행 도중에 1억 원이 오르면서 채무자와 협의했던 내용들에 마찰이 생기기 시작했다. 채무자 입장에서는 집값이 이렇게 오를 걸 미리 알았다면 어떻게든 버텨냈을 것이다. 하지만 내가 이미 낙찰받고 명도 중간에 집값이 상승해버리니 약이 오를 수밖에 없다.

시세가 상승하자 낙찰가율이 올라가기 시작했고, 시장에 나와 있던 일반 매매 가능한 물건들 수가 줄어들었다. 매매가 계약되어서 거래된 영향보다는 기존에 있던 매물들을 매도인들이 거두기 시작한 것이다. 좀 더 버티면 가격이 더 올라갈 것이라는 기대 심리 때문이다. 분위기가 좋지 않을 때는 사람들의 관심이 없었고, 관심이 없다 보니 경쟁도 적었다. 그래서 시세보다 싸게 매매할 수 있거나 경매로 입찰하러 오는 사람 수도 상대적으로 적어 싸게 낙찰받는 것이

경매는 하락장에서 좋은 투자 도구

가능했다. 그리고 시장 분위기가 달아오르기 시작하면 매도인들은 본인이 내놓았던 물건을 거둬들이기 시작하고, 경매 시장에도 입찰하러 오는 사람들이 많아진다. 경매는 권리 분석과 명도에 있어 수고스러움이 있기 때문에 싸게 낙찰받아야 하지만, 이렇게 분위기가 상승장일 때는 싸게 낙찰받을 수가 없다. 시세 조사조차 없이 무턱대고 비싸게 입찰하러 들어오는 초보자가 많으면 낙찰받으려야 받을 수가 없기 때문이다. 이러면 시간 낭비와 체력 소모만 심해질 뿐이다.

경매, 지금도 유리할까?

지금 같은 하락장에서는 어떨까? 지금 같은 하락장에서는 경매로 투자해볼 만할까? 부동산 분위기가 싸늘하게 식어있는 시장이기 때문에, 대부분의 사람이 보수적으로 움직이고 있다. 그래서 경매로 접근하기에는 현재도 어려움이 많다. 일단은 대출이 제한적이기 때문에 다주택자가 경매로 다가가기가 어렵다. 또한 대출 금리도 상당히 높아서 진입 장벽이 더 높아 보인다. 경매로 낙찰받아도 전세를 맞춰서 투자금을 회수해야 하는데 요즘 같은 분위기에서는 전세도 맞추기가 쉽지 않다.

하지만 이런 규제와 분위기들에 조금씩 변화가 생길 것이라 믿는다. 물론 한 번에 확 좋아지지는 않을 것이다. 그래서 시장에 분위기가 어떻게 변화하는지 모니터링해야 한다. 그런 문제점들이 풀리면서 점차 어떻게 시장에 영향을 주는지 파악해야 하는 것이다. 그리고 분위기가 천천히 움직일 때는 경매를 활용하는 투자법이 좋다고 생각한다. 경매로 낙찰받아서 소유권을 가져오기까지 제법 시간과 노동력이 소모된다. 낙찰을 받아서 끝나는 것이 아니라 명도까지 마무리를 잘해야 하는데, 이때 점유자와 협상도 해야 하고 여러모로 시간과 노력이 많이 들어간다. 그래서 나는 움직임이 빠른 상승장 때는 일반 매매로 부동산을 취득하는 방법이 괜찮다고 보고, 지금처럼 움직이는 시장에서는 보수적으로 움직이는 것이 안전하기 때문에 경매를 활용하는 방법이 좋다고 생각한다. 대출 완화 정책, 금리 인하, 전세 수요가 늘어나기 시작하면 경매를 활용할 수 있을 것이고 앞으로의 시장에서 좋은 기회를 잡을 수 있을 거라 믿는다.

경매는 하락장에서 좋은 투자 도구

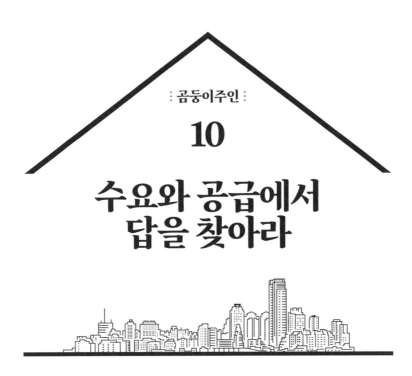

:곰둥이주인:

10

수요와 공급에서 답을 찾아라

나는 소액 투자 위주로 전국 여러 지역에 물건들이 세팅되어 있고, 개인적으로 2023년에 가장 큰 이슈는 전세보증보험이었다. 투자한 물건 특성상, 지방에 구축 소형 아파트는 매매 가격 대비 전세가율이 주로 높은 편이다. 그럼에도 수요가 있기 때문에 이전 시장에서는 전세 계약하는 데 문제가 없었다. 하지만 현재는 단기간에 금리가 급등하고 2021년 하반기에 전세 대출이 막히면서부터 월세로 수요를 뺏기고 전세 시장 분위기가 급격하게 식어버렸다. 게다가

2023년 5월부터 집 시세의 90% 이하여야 임차인이 전세보증보험에 가입할 수 있게 되면서 상황은 더욱 악화되었다. 예를 들어, 2021년 10월에 전세 계약을 1억 3,000만 원에 했다고 치자. 그런데 집 시세가 떨어져서 1억 2,000만 원까지 내려왔다. 전세보증보험에 가입할 수 있는 조건인 집 시세의 90%를 적용하면 1억 800만 원 이하여야 하고 임차인들은 그런 전세 물건을 찾는다. 전세 1억 3,000만 원에 살고 있는 임차인이 나간다고 하면 임대인은 신규 전세를 1억 800만 원 이하로 임차인을 구할 수밖에 없다. 결국 임대인은 2,200만 원을 추가로 마련해서 기존 임차인에게 반환해야 한다.

여기서 문제는, 전세를 공급하는 다주택자는 보통 집을 여러 채 가지고 있는 경우가 많다는 것이다. 집 한 채당 2,000만 원을 잡고 한 해에 전세 만기되는 집이 5채 있다면 1억 원이다. 금리가 많이 올라가 있는 상황도 힘들지만 대출도 잘 안 나오는 시기에 1억 원을 만들어야 하는 것이다. 이건 소액 아파트니까 이 정도이고, 집 시세가 높을수록 마련해야 하는 금액은 더 크다. 그래서 전세 만기 때 돌려줘야 할 돈은 많은데 감당이 안 되어서 매매로 던지는 현상도 나온다. 그럼에도 지금 시장에서는 매매를 구하는 수요가 적기 때문에 시세보다 저렴하게 팔아야 팔린다. 게다가 급매로 팔려서 실거래 가격이 찍히면 집 시세는 더 내려가게 된다. 그러면 전세보증보험 가입을 위해 내려간 시세만큼 전세금을 더 낮춰야 한다. 이것이 투자자들이 많이 들어갔던 아파트에서 나타나는 현상이다. 특히 법인이 임대인인 전세 물건은 종부세 압박도 심하기 때문에 명의 이전을 하면서 더 낮은 가격으로 거래된다. 결국 그 실거래 가격은 해당 아파트 전세 가격이 내려가는 데 영향을 미친다. 이러한 현상을 내가 세팅한 아파트 단지에서 목격했고, 글을 쓰고 있는 현재도 많은 임대인이 힘들어하며 손절하고 시장을 떠나고 있다.

수요와 공급 측면에서 냉정히 생각해보자. 시장이 활황기일 때 전세를 많이 놓았던 임대인들이 하나둘 퇴장하고 있고, 전세 공급이 줄어드는 현상이 나오고 있다. 그럼에도 주택 시장의 불안함에 수요가 엄청나게 줄어서 거래가 안 된다. 공급이 줄어드는데 수요도 없기 때문에 시장은 침체된다. 그런데 주목해야 할 점은 이 얼어붙은 수요가 회복되어 시장에 나오게 되는 상황이다. 사실 나는 2023년 1년 동안 투자자가 많이 사는 아파트임에도 전세가 없어 실수요자가 집을 사면서 시세가 올라가는 현상을 목격했다. 이사는 와야 하는데 전세가 없으니 매매를 하는 사람들이 늘어 집값이 오르는 데 영향을 준 것이다. 그렇다면 이렇게 임대인들이 죽어 나가는 상황을 어떻게 바라봐야 할까? 시장이 안 좋아지면 체력이 약한 임대인들은 못 버티기 때문에 퇴장할 수밖에 없고 그만큼 시장에 공급되는 전세 매물은 줄어들 것이다. 그렇게 전세 매물이 장기간 공급이 안 되면 어떻게 될까? 다음 피해는 실수요자에게 전가된다. 그리고 이 시기를 못 버틴 자금력 약한 임대인들은 손해를 보지만, 힘든 시기를 견딘 임대인들은 수확의 결실을 맺게 될 것이다. 수요 대비 공급이 사라져가는 지역들을 눈여겨봐야 한다. 주택 시장 분위기가 안 좋다고 믿도 끝도 없이 계속 안 좋아질 것 같은가? 나는 그 시기를 수요와 공급에서 답을 찾으려 한다. 모든 사람이 아는 대형 호재로 돈을 버는 게 아니다. 내가 땀 흘리며 얻은 남들이 잘 모르는 작은 정보가 더 돈이 된다. 나는 전세 공급자가 많이 줄어들고 전세 수요가 회복되고 있는 지역에서 다음 기회가 찾아올 것이라 믿는다. 그리고 나에게도 기회가 온다면 나는 다시 한번 더 그 시장에 베팅할 것이다.

수요와 공급에서 답을 찾아라

"부동산 투자로 돈을 벌기 위해서는
좋은 책을 읽고 좋은 강의를 듣는 것도 중요하다.
하지만 실제 매수로 이어지지 않으면 돈을 벌 수 없다.
행동이 뒤따르지 않으면 돈을 벌 수 없고,
이론만 백날 들어봐야 실전에서 얻는 배움에 비하면 아무것도 아니다.
그래서 나는 현장에서 부딪히며 커가는 분들을 응원하고 싶다."

곰둥이주인

3

얼음공장직원

상가 투자자로
살아가는 법

"1년 동안 하루도 쉬지 않고 일한 것보다 분양권을 사고 기다리는 게
더 큰 수익을 가져왔을 땐 무언가에 머리를 한 대 맞은 듯한 기분이었
다. 그때 결심했다. 내가 버는 현금도 중요하지만 그렇게 번 돈을 그냥
가지고 있기보다 부동산이라는 자산으로 바꾸자고 말이다."

내가 투자를 시작한 이유

대학 생활을 하면서 돈을 많이 벌고 싶다는 생각이 강했다. 서울에서의 생활은 밥 먹는 것부터 움직이는 모든 것이 돈이었고, 자라던 강원도에 비해 물가도 더 비쌌다. 성실히 대학을 졸업하고 괜찮은 직장에 취업했지만, 마음속엔 여전히 돈을 많이 벌고 싶다는 목마름이 자리 잡고 있었다. 대학 생활을 처음 시작했을 때 느꼈던 동기들과의 괴리감은 직장생활에서도 여실히 느낄 수 있었다. 집에서 출퇴근하니 의식주에 대한 걱정이 없다는 것과 심지어 취업 선물로 자동차까

121

지 받는 모습을 보면서 돈에 대한 나의 갈망은 더욱 강해졌다.

열심히 직장생활을 1년 정도 했을 때 월급만으로 2,000만 원을 모을 수 있었다. 의식주에 사용한 비용을 제외하고 정말 악착같이 모았던 것 같다. 하지만 이렇게 직장생활을 지속해도 동기들을 뛰어넘을 수 없다는 생각을 하던 찰나 신문에서 '40, 50대 퇴직자들 90% 치킨집 창업'이라는 기사를 보게 되었다. 나의 미래인 것 같았고 어차피 40~50대에 할 거라면 한 살이라도 젊을 때 하자는 생각에 퇴사를 결심하고 프렌차이즈 치킨집 창업에 도전했다. 대출을 받아도 창업 자금이 부족해서 공무원인 부모님의 퇴직금과 아파트를 담보로 추가 대출을 받았다. 그렇게 내 인생과 집안의 모든 것을 쏟아부어 치킨집 사업을 시작했다. 초기 투자 비용을 줄이기 위해 권리금이 없으면서도, 치킨집으로 전환한다면 성공할 만한 장소를 찾기 위해 임장을 다니며 부동산 소장님들의 의견과 내가 공부한 내용 그리고 프랜차이즈 직원들의 조언을 참고해 상가를 계약했다. 치킨집에서 3년 동안 단 하루도 쉬지 않고 15시간씩 일했다. 하루하루 매출이 늘어났고, 모든 대출을 상환했다. 그때 비로소 세상을 다 가진 것처럼 행복했다. 이제부터 버는 건 다 내 몫이라는 생각이 들었고, 부모님께 감사의 의미로 집을 사드리기도 했다. 사실 이때부터 나의 부동산 투자가 시작됐다.

분양권으로 시작한 첫 투자

내 고향인 춘천만큼은 누구보다 잘 알고 있다고 판단한 나는 특히 신축에 대한 수요가 있다고 보고 분양권 투자를 시작했다. 내가 매수한 분양권이 1년 만에 매수한 가격에서 프리미엄으로 1억 원이 넘게 붙어 거래되었다. 1년 동안 하루도 쉬지 않고 일한 것보다 분양권을 사고 기다리는 게 더 큰 수익을 가져왔을 땐 무언가에 머리를 한 대 맞은 듯한 기분이었다. 그때 결심했다. 내가 버는 현금도 중요하지만 그렇게 번 돈을 그냥 가지고 있기보다 부동산이라는 자산으로 바꾸자고 말이다. 그렇게 관련 유튜브를 보다가 얼음공장 님을 알게 되었고, 여러 강의를 수강하면서 부동산 지식을 쌓아가기 시작했다. 그러다 보니 나의 현금들은 자연스럽게 하나둘씩 부동산 등기로 바뀌었다.

내가 첫 투자를 한 2019년은 모두가 '인천과 경기도'를 외칠 때였다. 나는 스스로 준비가 되지 않았다고 판단했기 때문에 내가 잘 아는 지역을 바탕으로 부동산 시장을 공부해 나가는 게 맞다고 생각했다. 장기적 관점에서 투자자들이 좋아하는 단지보다 실거주자들이 선호하는 단지들 위주로 교통, 학군, 인프라 등 여러 가지를 비교하며 좋아하는 이유를 찾고자 노력했다. 내가 가장 잘 아는 동네를 공부하다 보니 저렴한 것들이 눈에 보이기 시작했다. 그렇게 춘천에서 매수를 시작했고, 더 이상 명의가 없는 시점에 법인을 설립해서 투

123

자자들이 좋아하는 공시지가 1억 원 이하들을 매수했다. 흐름이 수도권 외곽으로 퍼져나가면서 춘천까지 투자자들이 들어올 때 욕심 부리지 않고 적당한 가격에 매도하면서 수익을 창출했다. 현재까지도 춘천 투자 물건들은 지금처럼 힘든 시기에도 나에게 가장 큰 힘이 되고 있다.

투자에 흥미가 점점 커질 때쯤 전업 투자자를 꿈꾸었다. 그러나 현실은 매일 치킨집으로 휴무 없이 출근하는 자영업자의 삶이어서 타 지역으로 임장을 다닌다는 것은 불가능했다. 장사가 잘되고 있었기 때문에 전업 투자자로 즉시 전향하는 것에 두려움이 있었던 것도 사실이다. 하지만 더 많은 돈을 벌기 위해 '도전하자'라는 생각 하나로 가게를 양도했고, 실패에 대한 방어를 준비하기 위해 다음 창업을 준비하는 과도기에 전업 투자자로서의 준비도 동시에 했다. 더 많은 시간을 확보해서 부동산 투자에 할애하기 위해 현금 흐름이 적더라도 시간을 낼 수 있는 업종을 선택하고, 장사가 잘되면 상가의 가치를 끌어올려 좋은 가격에 매도할 수 있도록 내 상가에서 장사를 해보기로 했다.

상가 주택을 매입해 피자집을 오픈했다. 오픈 전까지 전국 임장을 다니면서 공부했던 것들을 활용해 타 지역을 볼 때도 춘천을 기준으로 생각을 정리하며 법인으로 투자를 하기 시작했다. 당시 치킨집을 운영하면서 매수했던 서울 집의 비과세 기간이 1년 정도 남아서 개인 명의는 사용할 수가 없었다. 1년 안에 법인 단타로 수익을 내서 2022년에 비과세를 받고 상급지로 갈아타기를 한 후 개인으로 다주택자 포지션을 계획하고 준비했다. 그렇게 광주광역시를 시작으로 투자를 시작했다. 지방 임장을 다니며 강의를 듣다 보니 강의에서 나올 지역들이 예상되기 시작했다. 이땐 과감하게 먼저 선점을 하고 유동성을 기다리곤 했다. 여러 지역으로 임장을 다니며 매수하고, 틈틈이 강의를 병행하면서 투자에 대한 확신을 키워나갔다. 매수한 지역들의 매매가가 상승하는 것을 보며 자신감이 붙었다. 상대적으로 아직 저렴하고 투자자들의 유동성이 들어올 수 있다고 생각한 울산에 적극적 투자를 진행했지만, 예상과는 반대로 지금까지 너무 긴 시간 동안 전세 수요가 없다. 중간중간 추가적으로 투자자들이 진입하면서 전세 물량들이 더 늘어나 경쟁 물건들이 많아진 것도 이유다. 수요를 예측해서 투자한다는 것이 오만이었고, 생각보다 매출이 저조한 피자집은 현금 흐름을 감소시켜 전체적인 투자 활동을 위축시키고 말았다.

나의 투자에서 가장 중요한 것은 현금 흐름이다. 따라서 저조한 피자집 매출은 장기적으로 봤을 때 시간 대비 효율이 나오지 않을 것 같았다. 때마침 서울 임차인이 이사를 가게 되어 내가 입주해야 하는 상황이었다. 그래서 거주 중이던 상가 주택의 주택 부분도 월세로 전환하여 현금 흐름을 보충했다. 더 큰 현금 흐름을 마련하기 위해 피자집을 양도해 회수한 금액으로 이번에는 수요가 많은 서울에서 다시 한번 도전하고자 1호점과 2호점을 오픈하여 운영 중이다.

다소 많은 투자금이 필요했기 때문에 법인의 물건들을 정리하면서 버티기 모드에 돌입한 상황이다.

부동산에 관심을 가지고 유튜브를 보다가 얼굴 없는 얼음공장 님을 알게 되었는데, 많은 부동산 관련 유튜브들을 보았지만, 얼음공장 님 영상에서 묘한 끌림을 느꼈다. 단 2개의 영상만으로 자신의 생각을 소신 있게 표현하는 얼음공장 님의 모습이 당시에는 정말 인상 깊었다. '말에 힘이 있다'라는 표현이 가장 적절할 것 같다. 생각하고 그 생각을 실천하는 모습이 내 모습과 비슷해서 유독 다른 부동산 유튜버보다 끌렸던 것 같다. 이후 영상들이 계속 업로드될 때마다 살펴보면서 마치 가까운 지인이 옆에서 응원해주는 것 같아 지금도 가장 따르고 응원하는 부동산 유튜버다. 부동산 투자에 대한 지식을 얻는 것도 좋았지만 그냥 '얼음공장'이라는 사람이 전하는 말의 힘이 내게는 좋은 영향력을 주었다.

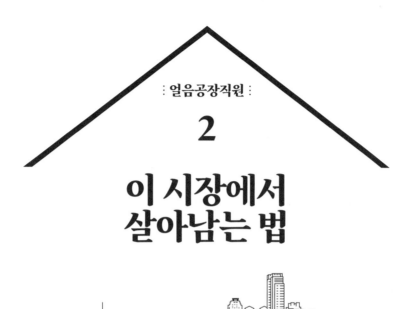

2

: 얼음공장직원 :

이 시장에서
살아남는 법

   '앞으로의 부동산 시장은 어떻게 될 것인가'라는 주제는 투자자라면 누구나 하는 고민이다. 과연 시장을 예측할 수 있을까? 적어도 경제적, 정치적인 영향이 어느 정도 시장에 반영은 될 거라고 생각하지만, 그 시기를 정확히 예측하기란 불가능하다. 경제적 논리로만 따졌을 때는 공급이 없는데 가격이 떨어진다는 건 말이 되지 않는다. 하지만 지금 말도 안 되게 호가가 떨어지고 있다. 즉 현재 수요가 공급보다 더 심하게 꺾여 있다는 것이다. 지금 꺾여 있는 수요 심리가 언제 다시 살아날지를 맞추겠다는 것은 어불성설이다. 거기에 세계 곳곳에서 일어난 전쟁으로 금리 인상과 불안한 경제 상황들이 겹쳐 투자를 할 수 있는 분위기가 아니다. 누가 전쟁을 예상했겠는가. 금리가 올라도 이렇게까지 올라갈 거라고 예상했던 사람은 없을 것이다.

이 시장에서 살아남는 방법은 결국 지금까지 해온 투자 중에서 잘한 것과 못한 것을 구분하여 잘한 것엔 더 집중하고, 못한 것은 반성해서 다시 적용하는 것이다. 나는 주택 투자와 상가 투자를 모두 해봤는데 주택은 실거주와 다주택자로 개인 명의와 법인 명의를 활용해보았고, 상가 투자는 임차로도 해보고 내 상가에서도 해봤다. 나는 주택 투자의 관점으로 시장을 바라보고 있고, 앞으로의 상승 시장이 왔을 때 투자를 하기 위해서는 결국 현금 흐름을 담당하고 있는 상가가 더 매력적이라는 결론에 다다랐다.

내가 성공했던 주택 투자는 사실 간단하다. 싸게 사서 싸게 파는 것이다. 어떻게 하면 싸게 살 수 있을까? 물론 급매와 경매라는 매매수단이 있지만, 내 과거 경험을 되돌아보면 천안, 춘천, 광주 등 공시지가 1억 원 이하에 투자했을 때 성과가 있었다. 물론 저금리에 유동성이 풍부했던 시기여서 가능했다. 취득세 규제, 양도세 규제 등으로 투자 메리트가 적었던 공시지가 1억 원 초과 물건 대비 유동성이 들어올 수 있는 조건이 갖추어졌기 때문에 돈이 흘러 들어와서 매매가를 올린 것도 있다. 아직까지 오르지 않은 지역과 물건의 사실상 가장 큰 리스크는 그만큼 수요의 선택을 받지 못한 지역 또는 아파트였다. 다시 말해, 매수할 만한 메리트가 없는 지역과 단지였다. 결과적으로 지금처럼 유동성이 마르면서 현금이 귀해지는 시기에는 저평가가 아니라 그저 저렴한 것일 뿐 투자 가치는 떨어진다. 그럼에도 불구하고 내가 생각했던 투자의 기준에서 다음의 두 가지 조건을 만족한다면 앞으로도 나는 투자해볼 가치가 있다고 생각한다.

- 실수요자들이 좋아할 만한 단지와 지역일 것
- 아직 다른 지역과 단지에 비해 오르지 않은 곳일 것

천안, 춘천, 광주 등에 투자할 때는 수요의 선택을 받을 만한 유동적인 메리트가 있었던 것도 사실이고, 향후 투자 관점에서 유동성이 마르는 시기라면 수요의 외면을 받을 수 있는 지역이라는 것도 맞다. 다만, 아직까지 다른 지역에 비해 오르지 않았다는 것은 명백한 사실이다. 경기도 외곽, 인천 등 주요 지역이 오를 때 춘천이 오르지 않던 것처럼, 여기보다 좋은 지역이 오를 때 내가 보고 있는 지역이 오르지 않았다면, 혹은 내가 보고 있는 지역 내에서 선호하는 아파트가 오를 때 조금 선호도가 떨어지는 아파트가 오른다면 결국 중점적으로 바라봐야 할 것은 '갭 메우기'라는 사실을 알게 되었다.

나에게는 높은 전세가율로 인한 전세 수요의 매매 전환이 중요한 투자 포인트였다. 전세가와 매매가의 가격 차이가 얼마 나지 않는다면 투자자들은 적은 투자금으로 전세를 이용해 매매를 할 수 있다.

하지만 전세 가격이 매매 가격에 가까워질 만큼 전세를 선호하고 있다면 어떤 이유에서든 매수를 할 수 있는 대기 매수자들은 모두 전세를 선택하고 있다는 뜻이다. 결과적으로 매매 가격을 넘는 전세도 거래할 만큼 매매를 하기 싫어한다. 결과적으로 전세 선호 현상에 의해 매매 가격의 90% 또는 100%에 이르는 전세 거래가 이루어지면서 투자자들은 높은 전세 가격을 활용해 또다시 매수할 수 있다. 결국 이 과정이 반복되다 보면 전세 가격이 매매 가격을 올리는 형태가 된다.

갭 메우기는 지역 간 갭 메우기가 있고, 지역 내에서 단지 간 갭 메우기가 있다. 지역 간 갭 메우기가 발생하려면 지역 내 갭 메우기가 먼저 발생해야 한다. 예를 들어, 경기도가 전반적으로 오른 상황일 때는 경기도 인근에 있는 강원도와 충청도로 수요가 넘어가는 것이다. 보통 이런 수요의 이동이 지역 내에서는 실수요자들의 움직임일 경우가 높고, 지역 간은 투자자들이 움직이는 경우가 많다. 경기도가 오를 때 춘천이 오르지 않았고, 춘천 자체적으로도 전세가율이 높은 상황이라 지역 간 갭 메우기에 의한 투자자의 유동성이 들어오기에 좋은 상황이었다. 또한 전세가율이 높아 실수요들도 이 전세 가격이면 매매를 선택하겠다고 생각하는 실수요의 매매 전환도 모두 투자를 하기에 좋은 상황으로 판단되었다.

하지만 지금 시장은 과거와 다르다. 수도권은 2014년부터 2019년까지 약 5년간의 1차 상승 이후 1년의 조정이 있고 다시 한번 2021년까지 2차 상승을 했다. 무려 8년이라는 긴 시간 동안 상승을 했고, 그

사이 춘천은 물론 다른 기타 지역 모두 한 차례 이상 상승을 기록했다. 그리고 그 과정에서 전세 대신 매매를 많이 선택했던 지역의 경우, 적은 곳은 60%까지 전세가율이 올라왔고, 그 이후 매매로의 전환이 많이 일어났다. 전세를 선호하는 투자자가 좋아하는 지역은 90%, 심하게는 100%까지 올라갔다. 모두 상승을 한 이후 지금은 매매와 전세 모두 하락하는 중이다. 하락이 장기화되고 있는 상황에선 전세가를 이용한 갭투자가 어려운 상황이다.

추가적으로 내가 법인으로 울산에 투자했을 때는 1차 상승이 있었지만, 아직 다른 광역시에 비해 상승률이 다소 저조했기 때문에 부족한 부분만큼 유동성이 유입되면서 상승할 수 있을 것으로 봤다. 그러나 급격한 금리 상승으로 인해 그 유동성이 말라가면서 투자 수요가 흘러들어오지 않아 어쩔 수 없이 하락을 경험하고 있다. 결국 저평가로 인한 갭 메우기와 전세가율을 활용한 매매로의 전환 또는 투자 수요 유입을 중점으로 투자 시장을 살펴보고 있다.

이제 시장은 상승 이후 하락을 지속하고 있다. 그렇다면 더 이상 투자할 수 있는 시장이 없다고 생각할 수도 있다. 나는 지금 결과적으로 유동성이 마르는 바람에 잘못한 투자가 되었지만, 그럼에도 불구하고 언젠간 유동성은 다시 흐를 것이라 본다. 시간이 지나 지역 간 갭 메우기, 단지 간 갭 메우기가 발생하는 상황은 또 생길 수 있다. 그렇기 때문에 지금은 버텨내야 한다. 그래서 내가 가진 상가에서의 월세 흐름보다 더 큰 현금 흐름, 즉 사업 소득에 집착할 수밖에 없다.

앞으로 생길 수 있는 최악의 역전세 시나리오도 결국은 돈이 있으면 버틸 수 있다. 물론 잘못된 투자가 아니었다면 새롭게 발생하는 현금 흐름을 확보해서 더 큰 시세 차익을 만들 수 있을 것이다. 하지만 지금은 버텨내면서 내가 추가로 할 수 있는 것은 없는지, 추가로 할 수 있는 것으로 마이너스를 메울 수 있는 방법은 없는지를 고민할 때라고 생각한다.

사람들의 니즈는 변하지 않는다

내가 주택 투자에서 중점으로 보고 있는 것은 갭 메우기와 전세가율을 활용한 투자다. 하지만 말한 대로 지금은 파티가 끝났다. 다음 파티까지 시간이 얼마나 걸릴지는 아무도 모른다. 대외 여건, 경제 상황, 수급 지수… 사실 난 전혀 모르겠다. 성향상 직접 부딪히면서 경험하고 배우는 편이기 때문이다. 물론 지금 와서 생각해보면 그렇게 모든 것들을 직접 부딪치고 실수를 해야만 배울 수 있었을까 하는 아쉬움은 남는다. 다만, 지금까지 그렇게 실수하고 사실상 보지 않아도 되는 손해를 보면서 시장을 배웠기 때문에 지금의 내가 있다고 생각한다. 나는 인터넷 부동산 사이트에서 전출과 전입을 통한 지역 간 상관관계와 해당 지역의 적정 수요 대비 적정 공급 정도밖에 볼 줄 모른다. 하지만 그 정도만 해도 충분하다고 생각한다. 결국 사람들의 니즈는 시간이 지나도 변하지 않을 것이기 때문이다.

상승장이냐 하락장이냐에 따라서 적정 수요와 공급도 때로는 상승장에선 적정 수요가 늘어나기도 하고, 적정 공급이 부족 공급이 되기도 한다. 하락장에서는 또 반대로 적정 수요에 맞는 공급이라 할지라도 심리가 죽으면서 초과 공급이 되기도 한다. 그래서 데이터를 가지고 투자하는 것은 어렵다. 다만, 내가 가진 능력이라면 현장성을 중요시한다는 것이다. 결국엔 하락의 힘이 다하면 떨어지는 지역 중 더 떨어지는 지역이 있고 덜 떨어지는 지역이 생긴다. 그렇다면 내가 중요하게 보는 전세가율이 중요한 지표가 될 것이다. 예를 들어, 어떤 지역의 전세가율이 80%가 맥스라면 대부분 전세에서 매매로 갈아타거나 투자자들이 유입된다. 춘천의 경우는 80~90%까지 차오를 때 앞에서 얘기한 전세가가 매매가를 밀어 올리는 상황이 연출될 수 있다. 그렇다면 하락도 마찬가지다. 결국 하락하다 보면 수도권의 주요 입지는 전세가율이 다시금 60%까지 되는 날이 올 것이고, 외곽 지역은 다시 80~90%가 될 것이다. 그러는 과정에 또다시 춘천이라는 지방 지역은 다시 한번 전세가율이 80~90%가 될 것이다. 같은 가격은 아닐지라도 전세가율에 따른 투자금은 비슷해지거나 1,000만 원 정도의 차이가 발생하는 순간이 올 것이다. 그때 투자자들이 진입할 수 있는 상황이 되느냐 아니냐에 따라 유동성이 흘러들어갈 곳이 어디인지를 파악해볼 수 있을 것이다.

만약 다주택자 규제와 상관없이 2주택까지는 취득세 1%를 적용

받을 수 있는 상황이고, 공시지가 1억 원 이하가 취득세 1%를 받을 수 있는 상황이라면 지방보다는 수도권에 투자자들이 먼저 들어갈 확률이 높다. 나는 과거부터 수도권에 진입하지 못했던 아쉬움이 있다. 개인 명의로 아직 비과세 갈아타기가 가능하다는 점을 고려했을 때 수도권의 전세가율이 80~90%까지 차오르고 실수요자들이 매매보다 전세를 선택하는 시기가 오면 나는 투자를 할 것이다. 명의별로 1~2개 정도까지는 투자 용도로 매수할 계획이다.

언젠가는 전세자금대출도 금리가 내려가면서 월세 대비 가성비가 좋아지는 시기가 올 것이다. 우리나라는 과거부터 월세보다는 전세를 선호해왔다. 다만, 과거에는 자기 자본이 많은 전세를 선호했다면 지금은 대출을 활용한 전세를 선호한다는 차이가 있다. 결국 월세는 임금에서 제외하고, 대출도 이자를 임금에서 제외하는 것은 같은 상황이지만, 뿌리 깊게 박혀 있는 전세 선호 현상은 바뀌지 않을 것이다. 그렇다면 언젠가 전세 가격이 하락을 멈추고 바닥을 다지거나 혹은 바닥을 다지고 올라간다면 전세 가격의 하락으로 인한 매매 가격이 따라서 내려오는 현상도 사라질 것이다. 거래량을 살리는 정책에 의해 매매 가격이 더 이상 떨어지지 않는 지지선이 형성될 것이다. 그리고 전세 역시 같은 맥락으로 하락을 멈출 것이다. 하지만 실수요자들은 매매 가격을 들어올릴 만큼의 매수로 전환되지는 않을 것이다. 무섭기 때문이다. 그러면 전세를 선호하면서 다시금 전세가율이 차오를 수 있다. 그랬을 때 상승폭이 어마어마했던 서울 중심과 경기도 중심지는 하락폭도 크고 전세가도 많이 상승해서 결국 전세가율이 다시 70%까지 차오르는 데 시간이 많이 걸릴 것으로 생각된다. 오히려 경기도 외곽이나 인천 외곽 등 그나마 실수요자가 좋아하는 지역은 실수요에 의한 매수세보다는 투자자들에 의한 매수세가 먼저 살아날 것이다. 왜냐하면 지금처럼 하락이 강한 시기에 시장의 반등을 이끌어 내는 사람은 결국 투자자들이기 때문이다. 지금의 투자자들은 투자금을 많이 넣고 시장을 지켜보기보다, 투자금을 적게 넣으면서 1개 정도 시험 삼아 도전해보는 선택을 할 거라 생각한다. 외곽 지역 중에서도 그동안 매매가와 전세가가 붙어있었던 지역이자 매매가와 전세가가 절대적으로 저렴한 지역 내에서는 지금처럼 금리가 부담이 되는 시기에 전세를 선호하는 사람들이 그나마 낮은 금리로 저렴하게 살 수 있는 전세를 찾아 들어올 것이고, 그로 인해 붙어있는 전세가율에 따라 매매가가 밀려 올라갈 수 있을 것이다. 이러한 상황에서 밑에서부터 밀어 올리는 현상으로 또 다른 갭 메우기가 발생할 수 있다.

예를 들어, 좋은 지역의 단지가 비싸지고 안 좋은 지역의 단지가 따라가는 게 아니라 안 좋은 지역의 단지가 먼저 높은 전세가율로 인해 올라가면 더 좋은 지역이 "쟤가 이 정도 올랐으면 나는 이렇게 가만히 있으면 안 되는데?" 하는 생각을 하는 시기가 올 때 비과세 갈아타기 전략으로 실거주 집을 매도할 생각이다. 물론 갈아탈 때는 더 큰 대출을 일으키고 사업자 대출을 갚아야 하는 단점이 있지만 그럼에도 불구하고 비과세는 한 번 받고 수익을 실현해서 비슷한 레벨의 단지로 갈아타 대출을 줄이는 효과를 볼 수 있다. 그리고 내가 하고 있는 자영업으로 많은 돈을 벌어냈다면 현금을 보태 상위 지역으로 갈아타기를 시도해볼 수도 있다.

결국 싸게 사야 한다

주택 투자에서의 실력은 결국 싸게 사는 것이다. 상가도 마찬가지다. 하지만 상가와 다른 점은 사이클이 존재한다는 것이다. 사이클 진폭의 높낮이와 파동의 기간을 알 수 없다는 것이 변수일 뿐 결국엔 무엇이 되었든 사이클이 존재하는 것 같다. 화폐 가치의 하락에 따른 자산 가치의 상승 관점에서 봤을 땐 상가도 마찬가지지만 좀 다르다고 느껴진다. 상가는 사이클보다는 실물 경제와 소득의 관점에서 영향을 많이 받는다. 물론 금리에 따른 상가 수익률이 달라지기에 이 또한 영향을 미치지만 주택의 사이클과는 확연히 다르다. 그렇다는 것은 결국 다시 싸지는 순간이 와야만 내가 생각하는 투자가 가능하다는 것이다. 상승이 일어나고 있을 때 상대적으로 더 좋은 지역이 비싸져서 내 지역이 싸지는 효과를 볼 수는 없다. 그 시장을 기다리면서 투자하려 했다면 사실 2022년도 시장에서 투자하지 않고 기다려야만 했다.

고기도 먹어본 놈이 먹는다고 투자도 해본 놈이 하고, 손해를 봐본 놈이 좀 더 조심할 수 있다고 생각한다. 나는 투자를 하면서 수익도 내보고 손해도 봤다. 데이터를 기반으로 해서 더욱더 면밀하게 검토하는 투자를 하지 못했지만 어쨌거나 시장에서의 반응 및 수요의 행동에 기반한 투자를 했다. 절제를 했더라면 수익의 일정 부분을 손해로 까먹지 않았겠지만 그럼에도 나의 대답은 항상 "해봐야 안다"는 것이다. 상대적으로 저렴했던 지역이 다른 지역이 상승함에 따라 상대적 저평가가 될 때까지 기다리는 투자를 하기보다는 반대로 상대적으로 좋은 지역이 상대적으로 안 좋은 지역 대비 많이 떨어진 것을 판단해서 투자를 하면 되는 것이다. 지역 간 갭이 메워질 때 반대로 갭이 벌어질 것을 기대하고 투자를 하기로 했다.

　　물론 과거처럼 공격적으로 확장적 투자를 할 수 없다는 것은 아쉬움이 남는다. 내가 보유하고 있는 매물들은 상대적으로 C급 지역의 B~C급 물건들이다. 다음 상승장이 올 때는 A~B급 지역의 물건들이 올라주고 난 뒤에야 또 오를 수 있다. 그럼 그때까지 자영업으로 돈만 벌면서 기다릴 것이냐? 그건 아니다. 법인이든 개인이든 활용하여 1개 내지는 2개라도 투자를 하면서 돈을 벌어내야 내가 본 손해를 메꿀 수 있다. 예를 들어, 내가 가지고 있는 물건의 전세가율이 90%이고 투자금이 1,000만 원일 때, 다음으로 투자할 곳이 내가 지금 보유한 지역의 매물보다 더 좋은 지역이라면 상대적으로 그 지역의 투자금 대비 투자 가치가 높아지는 것이다.

경기도 외곽은 2019~2020년 초반까지 투자금 1,000~2,000만 원으로 세팅이 가능했다. 그때 광주광역시의 아파트도 1,000만 원으로 투자가 가능했다. 물론 매수하는 기술에 따라서 광주의 아파트는 무피도 가능했겠지만 이러한 기술적인 부분을 제외하고서도 1,000만 원만 놓고 봤을 때 둘 다 투자가 가능했던 지역이다. 광역시와 경기도라는 큰 규모의 도시라는 점에서는 비슷하지만, 실거주 수요 및 투자 수요는 수도권이 더 많은 것을 감안하면 투자 가치는 경기도가 더 좋다고 볼 수 있다. 나는 이 시기를 기다렸다가 가지고 있는 지역 대비 더 좋은 지역의 투자금이 같거나 비슷해지는 순간이 오면 더 좋은 지역을 같은 투자금으로 사놓는 전략을 실행할 것이고 이때 기준이 되는 것은 투자금과 전세가율이 될 것이다.

물론 이런 과정에서 정책적으로 다주택자를 얼마나 양성할지, 경제적으로 금리의 영향은 얼마나 있는지도 봐야 할 것이다. 수요의 심리가 반전되는 순간이 와야 하기 때문이다. 나는 시장을 면밀히 분석하는 성향을 가지고 있지도 않고, 그럴 시간도 능력도 부족하다. 때문에 자영업으로 버텨내는 체력을 길러내면서 시장의 큰 흐름을 바라보는 투자를 하려고 한다. 결국 버텨내는 정신력은 돈에서 나오기 때문이다.

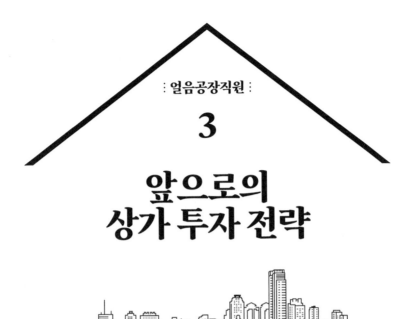

: 얼음공장직원 :

3

앞으로의
상가 투자 전략

　　내가 상가에서 중점적으로 보고 있는 것은 사람들의 소비다. 상가
는 에너지를 발산하는 주택과는 달리 주거형 건물에서 발산되는 에
너지를 빨아들이는 역할을 한다. 다시 말해, 사람들이 집에서 나와
소비를 하는 에너지를 흡수하는 것이다. 그렇게 되면 상가 투자에서
가장 중요한 것은 사람들의 소비 심리다. 경제에 대해 많이 알지는
못하지만 결국 경제 여건과도 맞닿아 있을 것이다. 경제가 잘 돌아가
면 내수 경기가 좋아지고, 좋아진 내수 경기는 돈을 돌게 한다. 돈이

돌면 사람들은 소비를 하게 된다는 걸 나 같은 자영업자는 피부로 바로 느낄 수 있다. 실제로 매출이 올라가기 때문이다. 특수하게 경기의 영향을 안 받는 것들도 있을 수는 있지만, 대부분의 자영업은 경기가 좋으면 돈을 많이 벌고, 경기가 나쁘면 돈을 적게 벌 수밖에 없다. 내수 경기에 영향을 주는 것은 기업의 실적 고용률과 실업률 등 여러 가지 지표가 있다. 나는 사실상 그런 지표들을 보면서 내수 경기의 활성화를 판단하지는 못한다. 그리고 통계청에서 제공하는 지표들은 더더욱 활용하지 못한다. 내가 활용할 수 있으면서도 조금만 검색해도 얻을 수 있는 유용한 자료가 바로 주택 가격의 흐름이다.

전반적으로 주택 가격이 오를 때는 소비가 늘어나고, 주택 가격이 떨어질 때는 소비가 줄어든다. 이는 간단한 원리이기 때문에 수치를 가지고 논리적으로 증명하지 않아도 알 수 있다. 이익에는 실현된 이익과 실현 예정 이익이 있다. 사람들은 가지고 있는 자산의 가치가 올라가면 직접 팔아서 이익을 실현시키지 않더라도 돈이 많아진 기분을 느낄 수 있다. 결국 주택 경기가 좋아지면 사람들의 소비 심리도 증가하면서 자영업의 매출도 증가하는 기본 바탕이 마련되는 것이다. 상가와 주택은 다른 투자 상품이지만 큰 틀에서는 비슷한 모습을 가지고 있다. 내가 중점으로 바라보는 소비 심리는 사실 후행적인 요인이다. 왜냐하면 경기가 좋아져서 소비 심리가 늘어나 내가 매출로서 느끼는 부분이기 때문이다. 다시 얘기하면, 매출이 줄어들었을 때, 즉 소비 심리가 안 좋을 때는 매출이 줄어들어 자영업을 하는 것이 어려운 시기가 올 것이다. 그럼 그때가 오히려 나에게는 투자의 기회가 생기는 것이라고 볼 수 있다.

소비 심리가 위축되고, 위축된 소비 심리로 소비가 줄어들면 매출이 줄어들고, 매출이 줄어들면 상가에서 장사하고 있는 임차인들이 제대로 된 임대료를 지불할 수 없기 때문에 이는 곧 임차인들이 가지고 있는 상가의 권리금이 낮아질 수 있다는 뜻이다. 그렇게 낮아진 권리금은 다음 소비가 살아났을 때 영업을 확장할 수 있는 기회가 된다. 여기에 제대로 된 영업이 어려운 임차인을 끼고 있는 상가 임대인이라면 불확실한 임대료로 인해 불안함이 생기고 또 좋은 매수 기회가 생길 수도 있다. 사람들의 소비 심리는 주택의 가격처럼 어느 정도 사이클이 있다. 기업 경기, 주택 경기 등 여러 가지의 요인으로 인해 소비가 위축된다면 결국 위축된 심리를 살리기 위한 여러 가지 국가 차원의 정책들이 실행될 것이다.

코로나가 처음 발생했을 때를 떠올려 보자. 사람들의 불안과 국가적 통제로 인해 사람들이 돌아다니지 않았다. 기업 경기, 주택 경기 등 다양한 부분에서 쇼크가 발생했고 이는 즉각적으로 상가의 매출이 수직 하락하는 결과를 가져왔다. 이렇게 사람들의 소비 심리가 위축되어 나타난 결과는 내가 하고 있던 자영업에도 영향을 미쳤다. 다행히 나는 코로나 이전에 운영 중이던 치킨집을 권리금까지 모두 인정받고 팔 수 있어서 운이 좋았지만, 그 이후에 창업했던 피자집은 전체적인 매출이 감소한 상황이라 운영에 어려움이 있었다. 물론 코로나 이후에 배달이 증가하면서 전체적인 소비 심리가 줄어들어 있었던 것에 비하면 괜찮은 영업이익을 기록했지만 만족할 만한 수준은 아니었다. 그리고 주택 경기도 점차 안 좋아지면서 가격의 상승세가 점차 둔화되고, 심리가 위축되고, 대출이 안 되면서 자금 경색이 일어나는 상황을 알 수 있었다. 이후 엔데믹으로 통제가 점차 줄어들기 시작하면서 그나마 버틸 수 있었던 배달의 수요 또한 감소한다는 것을 느끼기 시작했다.

소비 심리는 경기의 영향을 받는다

임차인이 장사가 안 되면 임대인도 불안해질 수 있다는 것을 알았고, 코로나로 인해 경기가 안 좋아서 주택도 상가도 힘을 못 쓸 때 매수해서 다시 좋아지는 시기를 겪어낸다면 그게 제대로 된 투자라고 생각했다. 나는 거주하고 장사해왔던 지역에서 상가 주택을 매입했고 그 안에 임차하고 있던 상가 임차인을 명도하면서 내 영업을 시작했다. 결국 치킨집에서 피자집으로, 다시 피자집에서 배달 없는 술집으로 업종을 변경했다. 피자집을 넘기고 술집을 오픈하게 된 것은 소비 심리에 지대한 영향을 받고 싶지 않았기 때문이다. 술은 경기가 좋으면 소비가 늘어나는 것에 맞춰 즐기기 위해 마시고, 반대로 경기가 안 좋으면 안 좋은 대로 한탄하는 심정으로 마신다. 내 판단으로는 술이 경기의 흐름을 가장 적게 타는 업종이라고 생각했다. 다만 지금처럼 경제 위기 정도의 침체기에는 전체적인 소비의 심각한 감소가 있기에 아무리 술집이라도 예외 없이 타격을 입을 것이다. 그럼에도 불구하고 소비 심리에 영향을 덜 받는다고는 생각하고 있다.

소비 심리의 변화를 예측하기 위해서 나는 내가 하고 있는 장사의 매출을 기준으로 삼았다. 물론 개인의 역량으로 장사가 잘되게 할 수도 있다. 맛있는 요리 실력, 시기 적절한 브랜드 등으로 말이다. 하지만 그렇다고 해서 전반적인 소비 심리를 역행할 수 있다고 생각하진 않는다. 결국엔 소비 심리의 영향을 받지 않으면서 꾸준히 높은 매출을 기록하는 것이 목표지만 지금으로서는 전반적인 소비 심리의 대세적 흐름을 거스를 수는 없다는 생각이다. 그런 관점이라면 소비 심리의 변화를 예측할 수 있는 것은 첫째, 내 가게의 매출이 늘어나는 것이고, 둘째는 주택 경기의 활성화이다.

앞서 말한 대로 소비 심리는 경기의 영향을 받는다. 특히 기업 경기의 영향보다는 주택 경기의 영향을 많이 받는 것 같다. 왜냐하면 기업 경기의 활성화는 그 기업에 다니는 직원들에게만 국한되기 때문이다. 물론 기업 경기 활성화는 임금의 상승으로 이어져서 소비 심리를 진작시킬 수 있겠으나 이에 해당하는 사람들은 제한적이다. 오히려 기업 경기의 활성화는 법인세의 증가로 나라의 살림이 풍성해지는 효과가 더 크다. 반면 주택은 소유하고 있는 주체가 기관보다 개인인 경우가 많다. 따라서 주택 경기가 좋아지면 자산의 가치가 상승하는 것은 개인이다. 즉 해당되는 범위가 넓어지기 때문에 주택 경기 활성화가 소비 심리에 더 큰 영향을 줄 것이다. 주로 나는 두 가지의 방법으로 소비 심리를 체감할 수 있다. 직접적인 체감 방법은 내 사업장의 매출 증가이고, 간접적인 체감 방법은 투자해놓은 주택 경기의 활성화이다. 현재 내 사업장과 인근 사업장을 모두 비교해봤을 때 확실히 소비 심리가 위축된 상황인 것은 맞는 것 같다. 소비 심리가 살아나서 매출이 늘어나는 순환 고리의 활성화는 아직이기 때문에 지금부터 상가에서는 내 개인의 역량을 활용해 매출을 늘리는 노력이 중요하다고 판단된다.

현재 내가 영업하고 있는 상가는 권리금이 시세 대비 30% 저렴했다. 물론 코로나로 인해 매출이 하락하는 상황의 한가운데에 있던 2020년 하반기에는 기존 권리금의 50% 이상 저렴한 매물들이 속출하던 시기도 있었다. 물론 그때는 다른 지역에서 배달을 주로 하는 피자집을 운영했기 때문에 매수하지 못했다. 손님이 아예 없는 상황에서 권리금이 아무리 저렴하다고 해도 상가를 살릴 수 있는 능력과 방법이 없는 상황이었기 때문에 무권리로 나오는 상가들을 눈뜨고 쳐다볼 수밖에 없긴 했다. 어쨌든 나는 권리금이 시세 대비 30% 저렴하게 나와 있었던 상가를 매입했다. 상가는 입지가 가장 중요하다. 주택은 수요를 발산하는 곳이기 때문에 그 자체로도 에너지가 있지만, 상가는 발산된 에너지를 흡수하는 곳이기 때문에 사람들의 접근성이 좋은 입지의 상가는 아무리 경기가 좋지 않아도 매출이 크게 줄지 않는다. 물론 코로나와 같은 위기 시에는 영향을 받을 수밖에 없다. 내가 매입한 상가가 권리금이 저렴하다는 것은 주요 입지에 비해 서브 입지라는 것이고, 결국 주요 입지의 상가 매출에 비해서는 더 큰 타격을 입을 수밖에 없었다. 하지만 주택에서처럼 상승 흐름이 퍼져나가면 비선호 지역의 단지까지 올라가는 것처럼 상권에서도 전체적인 소비 심리가 증가하면 서브 입지의 매출도 자연스럽게 상승하기 마련이라고 판단했다.

지금은 주택 경기와 기업 경기 그 어떤 것도 좋은 상황이 아니다. 왜냐하면 돈의 흐름에 악영향이 발생했기 때문이다. 금리의 급격한 상승으로 돈의 가치가 상승했고 돈을 가지고 흐름을 만들어 내는 경기는 당연히 안 좋을 수밖에 없다. 그래서 지금 내가 하고 있는 상가에서의 자영업도 상황은 좋지 않다. 거기에 더불어 주택 사업도 좋지 않다. 그럼에도 사람들의 소비 심리가 살아난다면 상가에서의 영업은 활성화될 거라고 믿는다. 이 소비 심리의 활성화는 매출을 기준으로 보면 되고, 지금으로서는 급격한 금리 상승으로 인한 악화 상황이니 금리의 추이도 살펴볼 필요가 있을 것이다. 내가 당장 취할 수 있는 액션은 없는 상황이기 때문에 민첩하게 파악하고 대응할 필요는 없다. 하지만 여러 가지 요인에 관심을 가지고 매출이 증가하는 것을 살펴볼 것이다. 사람들의 소비 심리가 상승하는 추세를 보인다면 상가 영업과 더불어 주택 투자까지 다시 도전해볼 수 있을 것으로 기대한다.

: 얼음공장직원 :

4

상가 투자를 위해
준비해야 할 것

　기회가 왔을 때 투자하기 위해서는 현금 확보가 우선이다. 그래서 나는 현금 확보를 목표로 자금을 회수해 새로운 사업을 진행하고 있다. 잘될지 안 될지 또 어떤 변화가 일어날지는 모르겠다. 이렇게까지 거래 자체가 없을 거라는 생각은 한 번도 해본 적이 없어서 막상 이런 상황에 놓이게 되니 정말 무섭다는 생각이 든다. 하지만 내가 선택한 일이고 내가 한 투자이기 때문에 무조건 끝까지 해보자는 생각으로 매일 아침마다 스스로 다짐하곤 한다. 각자의 상황이 다 다르겠지만 가장 중요한 것은 자신의 상황을 알고 제대로 준비하며 대비해야 한다는 것이다.

　예측하기 어려운 시장임에도 불구하고 투자에 대한 자신의 기준을 세우고 전략을 세워야 하는 것은 분명하기에 다시금 수요자들의 소비와 심리에 대해 집중하게 된다. 특히 상가에서의 자영업은 소비와 심리에 더욱 민감하다. 금리 인상으로 갑자기 시중에 풀린 돈들이 은행으로 다시 돌아가는 상황이라 시장에 현금이 없다. 당장 나갈 대출 이자들이 늘어나는데 서민의 입장에서 심리가 위축되는 것은 당연한 결과다. 이러한 심리를 몸소 깨달을 수밖에 없는 자영업에 종사하다 보니, 사람들의 소비를 좀 더 민감하게 읽을 수 있는 것 같다. 특히 배달 전문점을 운영했었기 때문에 더 그렇다. 배달 음식은 누군가에게는 주식이 될 수 있지만, 대부분의 가족 단위의 가구에서는 간식이다. 즉 먹어도 그만, 안 먹어도 그만인 것이다. 코로나 시대에 흥했던 배달 매출들은 상상 이상으로 급감했고 폐업한 곳들도 많다.

　현재 사람들의 소비는 다른 방향으로 흘러가는 것 같다. 소비에 위축되는 심리도 존재하지만, 코로나 규제 완화 이후 억눌려 있던 수요가 폭발하면서 외식 문화가 활성화되고 있다. 사람들의 모임과 외식 문화가 늘어나면서 배달 수요는 급감했다. 부동산이든 사업이든 대중의 심리에 엄청난 영향을 받는다. 즉 수요가 가장 큰 포인트인 것 같다. 2022년 이태원 사고로 인해 나는 더 확신할 수 있었다.

지금까지 코로나 팬데믹으로 억눌려 있던 수요가 갑자기 폭발하면서 그 많은 인파가 몰렸던 것이다. 원래 핼러윈에 이태원은 항상 사람이 많은 곳이었다. 그런데 2022년 핼러윈은 코로나 팬데믹 이후 맞은 첫 핼러윈이다 보니 더 많은 인파가 몰렸다. 그래서 안타까운 사고까지 발생하게 되었다.

지금은 갑작스러운 경기 침체로 인해 소비 심리가 많이 줄어있다. 하지만 과거부터 지금까지 장사를 하면서 느낀 것은 경기는 좋고 나쁘고를 반복해왔다는 것이다. 물론 내가 장사를 하는 시기에는 부동산이 꾸준히 상승하면서 지출도 증가하던 시기였기 때문에 지금처럼 얼어있는 시장까지는 경험해본 적이 없지만 중간중간 조금씩이라도 안 좋은 상황을 경험했던 적은 있었다. 시장에서의 소비는 언제나 줄었다 늘었다 하는 것을 경험했다. 특히나 배달업은 더 민감하게 반응함을 깨닫고 지금은 오히려 배달보다는 직접 나와서 먹고 마시는 시장의 소비에 집중하기로 했다. 하지만 이 또한 고금리 고물가 시대에 엄청난 리스크를 동반한다. 그래도 과감하게 피자집 배달 사업을 포기하고 서울에서 술집을 운영하기로 결심했다. 배달 사업에 투자금이 많이 들어가서 아쉬운 마음도 컸지만, 시간 대비 효율이 떨어졌고 길게 끌고 가봐야 성공하는 시간이 더 느려진다고 생각했다. 손해 본 돈으로 시간과 나의 젊음을 산 것이다. 이런 결정을 할 수 있었던 것은 그동안의 경험 덕분이다.

상가 투자를 위해 준비해야 할 것

현금 흐름이 중요하다

2021년 말 사업 확장을 위해 상가를 알아보던 중 권리금이 저렴한 상가들이 많이 나와서 계약 직전까지 갔었지만, 영업시간 제한에 코로나가 언제 끝날지 예측할 수가 없어 끝내 포기했었다. 그 당시 바닥 권리금 1억짜리 물건이 있었다. 그래도 쉽게 거래가 되지 않았다. 시간이 지난 지금도 매물이 나와 있어 확인해보니 지금은 권리금을 다시 회복해서 3억이 되어 있었다. 왜 그때 과감하게 선택하지 못했을까 후회를 많이 했다. 하지만 다시 돌아간다 해도 과연 베팅할 수 있었을까 의문이긴 하다. 게다가 당시 지방 공시지가 1억 원 이하 아파트 물건들의 잔금들이 남아 있는 상황이라 쉽게 추가적인 지출을 늘릴 수가 없었다. 전세가 안 빠졌을 때 잔금을 납부할 수 있는 여력이 없었기 때문이다. 투자로 돈을 만졌다는 착각 속에 돈이 있다고 생각했고, 그러다 보니 현금에 대한 준비가 미흡했다. 결국 현금 흐름이 부족해서 기회를 날렸다고 생각한다. 사업과 투자 둘 다 흔들리다 보니 생각보다 감당하기가 매우 힘들었다. 하지만 부동산 투자를 하면서 대출에는 도가 텄기 때문에 대출에 대출을 받으면서 버텼다. 이런 리스크를 언제까지 혼자 감당할 수 있을까 하는 생각을 하게 되었다.

사업을 운영하다 보면 직원들이 매출에 크게 연연하지 않는 모습을 볼 수 있다. 아니, 오히려 매출이 저조한 날을 더 좋아한다. 자기 사업도 아니고 급여는 똑같으니 바쁜 것보다는 한가한 것이 더 이득이기 때문이다. 그래서 나는 투자금을 받아 투자금 대비 지분을 나눠 매출이 증가하면 지분 대비 비율로 보너스를 주는 방식을 적용하면 개인이 가져가는 돈이 더 많아질 테니 사업에 큰 시너지가 날 거라 생각했다. 그러나 지분을 공평하게 나눈다기보다는 계획하고 실행하는 것이 있어서 내 몫이 가장 크기 때문에 항상 내가 가장 많은 지분을 가지고 있을 계획이다. 그렇게 나를 믿고 따라와 주는 직원들을 하나둘 모아 사업을 크게 확장해 나갈 생각이다. 이렇게 되면 경기가 나쁠 때도 나에게는 리스크가 줄게 된다. 즉 체계적인 사업화를 통해서 직장인과 같은 안정적인 현금 흐름을 확보하고자 한다.

이런 방식으로 2호점이 성공적으로 자리 잡으면 3호점은 나만의 브랜드를 만들어 프랜차이즈로 키워 볼 계획도 품고 있다. 그래서 지금도 꾸준히 트렌드의 변화에 뒤처지지 않기 위해 노력 중이다. 아마 3개의 가게에서 나오는 현금 흐름에 만족하면서 투자에 대한 도전을 포기할 수도 있다. 분명 시간도 많이 걸리고 나이도 들 것이기에 도전하는 데 두려움을 느끼게 될지도 모른다. 그때 이 글을 보면서 도전하는 마음을 잃지 말자고 스스로를 채찍질하고 싶다.

내가 프랜차이즈 사업을 시작하게 된다면 직영점은 내 상가에서 직접 해보고 싶다. 그래서 현재 추가적인 현금 흐름을 마련하기 위해 2호점을 오픈했다. 비록 이런 불경기 속에서 사업을 확장하는 것이 독이 될 수 있지만, 누구보다 간절하기 때문에 실행하게 되었다.

그나마 최소한의 리스크라도 줄이기 위해 누구나 쉽게 부담 없이 즐길 수 있는 메뉴에 초점을 맞췄다. 앞으로도 나는 자영업자의 삶을 바탕으로 사람들의 소비 패턴을 분석하고 공부해 나갈 것이다. 우선 그 시작은 탄탄한 현금 흐름이 바탕이 되어야 한다는 생각이다. 그래서 현재 광진구에서 2개의 가게를 운영 중이다. 지금은 한 푼이라도 더 벌고자 직접 발로 뛰지만, 나중에는 오토 체계로 내가 일을 하지 않아도 현금이 들어오는 구조를 만들 계획이다. 그래서 1호점과 2호점을 기반으로 3호점, 4호점을 추가적으로 계획하고 있다. 2호점은 자영업을 하면서 몸소 느낀 것을 바탕으로 손님의 니즈와 1호점 근처 상가를 분석해 괜찮은 물건과 거기에 맞는 업종을 선정하여 운영하고 있다. 이렇게 투 트랙으로 사업을 확장해 현금을 이중으로 들어오게 만들고, 1호점이 안 되더라도 2호점에서 나오는 현금으로 생활을 유지할 수 있도록 할 생각이다. 물론 둘 다 사업이 안 될 수도 있지만, 그 또한 내가 감당해야 할 몫이다. 더 꼼꼼히 상권 분석을 하고 시대의 트렌드에 앞장서면서 꾸준히 공부해 나갈 것이다.

지금으로서는 내 브랜드를 가지고 프랜차이즈화하는 것이 시기상조일 수 있다. 그럼에도 꾸준히 목표를 가지고 자영업을 해야 하기 때문에 나름대로 브랜드화를 고민하는 것에는 게을리하지 않을 것이다. 다만, 아직은 3호점까지 타 프랜차이즈를 활용하고 현금 흐름 확보에 최대로 집중하는 것을 목표로 하고 있다. 앞서 말한 공동투자와 지분화는 직원들의 좀 더 적극적인 경영 개입에 따른 매출 증

151

대도 맞지만 사실상 리스크 분산의 효과도 있다.

프랜차이즈의 장점은 빠른 창업을 도와주고 시대에 맞게 소비자의 니즈를 충족시켜준다는 것이지만 반대로 소비자의 니즈는 언제나 변화한다는 리스크도 잠재되어 있다. 시대에 맞게 치고 빠져야 하는 것이다. 내가 가진 장사의 센스와 능력을 발휘해 해당 프랜차이즈의 장점을 최대한 활용하고 상대적으로 저렴한 가격으로 상가를 잡아 높은 매출을 일으켜서 높은 권리금을 받는 방식도 실천해보려고 한다.

장사는 주택과 달리 일정 사이클에 따른 수익을 창출하는 것보다 운영자의 능력에 따라 매출이 바뀌는 경우도 많다. 주택은 사이클을 크게 거슬러서 투자자의 능력만으로 수익을 내는 것이 상당히 어려운 반면 상가는 가능하다. 물론 주택도 경매라는 기술을 활용하여 수익을 낼 수 있지만 자영업자의 장사 실력과는 다른 개념이다.

지금까지 오게 된 과정을 되돌아보면 치킨집을 양도한 것은 참 잘했다는 생각이 든다. 양도하지 않았다면 나는 지금까지의 이 많은 경험을 하지 못했을 테니까 말이다. 젊어서 고생은 사서도 한다는 말이 있다. 물론 고생을 안 할 수 있으면 좋겠지만 고생을 해봐야 더 크게 성장할 수 있다는 뜻일지도 모르겠다. 안정적인 치킨집의 현금 흐름을 포기했기에 지금과 같은 내공을 쌓을 수 있었다고 생각한다. 지금까지의 나의 투자는 '도전'이라는 관점에서 크게 만족한다. 현재 홍보도 덜 된 상태에서 이 정도의 매출이라면 앞으로도 충분히 기대

상가 투자를 위해 준비해야 할 것

해볼 만하다고 생각한다. 물론 양도가 됐을 때는 높은 매출이 바탕이 되었기 때문이고, 권리금으로 4년 동안 세팅한 모든 비용을 돌려받았으니 본전을 뽑고도 더 많은 이익을 얻은 것이나 다름없다. 결국 초기 투자 비용에 더해 더 많은 수익을 냈을 시점이면서 매출이 잘 찍히는 시점이 바로 적절한 양도 타이밍이다. 하지만 아쉬운 부분도 있다. 호기롭게 내 상가에서의 장사를 도전해본 것도 좋은 경험이었지만, 과거 치킨집에서 믿을 만한 직원을 두고 영업 이익의 일부를 나누어 지분화시키면서 남은 시간을 활용해 상가를 매수하고 피자집을 개업했더라면 리스크에 대비할 수는 있었을 것이다.

지금 운영하는 1호점은 적당한 시점에 직원의 지분화를 통해 시간을 만들어 내고 그 시간으로 2호점, 3호점이 1호점에 버금가는 매출을 일으키도록 만들어보고 싶다. 그렇게 2호점, 3호점이 수익이 나는 시점에 1호점을 매각하면 2호점이 1호점이 되고 3호점이 2호점이 될 것이다. 1호점을 양도하면서 회수한 투자금이 새로운 3호점과 4호점을 만드는 동력이 될 수도 있고, 양도하면서 회수되는 투자금으로 주택 투자에 활용할 수도 있을 것이다. 반대로 주택 시장이 아직 내 생각만큼 활성화되지 않아서 더 많은 투자금이나 세금을 내야 하는 경우라면 이를 방어할 수 있는 수단으로도 활용할 수 있다. 잘못된 투자에 대한 회의와 후회보다는 버텨내는 것을 고민하고 실행해야 할 때다. 그 모든 과정이 나에게는 자산이 될 것이라 생각한다.

그래서 과거의 반성을 바탕으로 새로운 시도를 하는 중이다. 현재는 과거 치킨집을 운영했을 때 믿고 맡길 수 있다고 판단했던 직원과 함께 가게를 운영하고 있다. 다음 시장에서 기회가 왔을 때 주택 투자를 하기 위해서는 현금 흐름이 바탕이 되어야 하고, 그 현금 흐름은 안정적이면서도 여러 라인으로 구축되어 있어야 한다. 2호점까지는 사실상 내 몸이 하나인지라 같은 지역 내에서 영업해야 한다. 성격상 하나부터 열까지 모든 일을 알고 있어야 하기 때문이다. 지금은 건대 상권으로 상당히 큰 권역으로 이루어져 있다. 따라서 현재 1호점에서 장사를 하면서 이곳의 상권 분석을 더욱더 면밀히 해야 한다. 내가 과거 경기도와 인천에서의 주택 투자를 시도하지 않고 춘천에서 투자를 확장했던 것과도 같은 맥락이다. 더 많은 수익을 낼 수 있는 지역이 있다 해도 내가 잘 모르는 곳이라면 더 큰 리스크로 작용할 수 있다. 더 많은 것을 먹으려고 더 큰 리스크를 가져가기보다는 아는 곳을 더 면밀히 파악해서 투자하는 것이 중요한 것 같다. 지금도 과거 춘천의 투자 물건들이 상승 중이며 버틸 수 있는 큰 힘이 되고 있기 때문이다.

상권의 파악과 분석

나는 서울 건대 상권을 더욱 확실히 파악해서 업종에 따라 살아날 수 있는 자리를 꾸준히 모색하려고 한다. 예를 들어, 과거 치킨집을 입점시킨 지역에서 내가 생각했던 것보다 더 많은 수요가 존재했던 것처럼 더 많은 상권 분석을 통해 장사가 안 되는 자리, 경기와 상관없이 낮은 권리금으로 인수할 수 있는 자리들을 항상 리스트업 할 예정이다. 또 팔려 나갔을 때 다른 업종이 들어오면서 장사가 잘되는 경우와 해볼 수 있는 업종을 꾸준히 모니터링하고 공부하며 안목을 키울 것이다. 현재 2호점을 오픈하여 운영하고 있고, 3호점도 건대 내에서 오픈을 진행하고 있다.

권리금이 시세보다 저렴하다는 것은 위치가 좋지 않거나 해당 업종이 그 자리에서 매출이 적게 나온다는 것이다. 해당 입지에서의 업종 선택이 잘못된 것일 수 있다. 이런 곳을 찾아 생기를 불어넣으려면 상권 분석을 제대로 해야 하는데 그 지역에 대해 잘 알고 있어야 한다. 예를 들어, 상권으로 인식할 수 있는 범위를 선택하고 그 안에 존재하는 모든 가게를 파악하는 것이다. 전체 지역의 지도에 시간의 흐름에 따라 어떤 영업점들이 생기고 나가는지를 기록한다. 상가 내에서 빠르면 몇 개월 사이에도 매장이 사라지기도 하고 새로 생겨나기도 한다. 이런 디테일한 변화들의 정보를 파악하고 있다면, 어떤 상가에 어떤 업종이 들어왔을 때 흥망하는지 알 수 있다. 이론적인 상가 입지 분석보다 더 실제적인 효과를 기대할 수 있을 것이다. 추가적으로 해당 지역에서 활동하는 상가 중개 부동산 소장님들의 정보력으로 히스토리를 보충할 수도 있다. 내가 지도를 가지고 실제적인 역사를 기록하고 있다 해도 매출이 잘 나오는지 안 나오는지는 오히려 부동산 사장님들이 더 많은 정보력을 가지고 있기도 하기 때문에 상권 분석에 부족한 부분들을 많이 채울 수 있을 것이다. 부동산 사장님들의 라인을 많이 구축해놓으면 주택에서처럼 좋은 입지의 물건이 저렴한 권리로 나왔을 때 기회를 잡을 수 있다. 주택 시장에서 급매는 중개사 사장님 손님들 내에서 대부분 해결이 되는 것처럼 상가도 좋은 자리의 저렴한 권리금이 나온다면 급매와 다를 게 없다. 기회는 사람을 통해서도 오는 법이니 부동산 소장님들과 좋은 관계를 만드는 것도 중요하다. 그리고 기회가 왔을 때 사업 역량이 있고, 해당 자리에 무엇을 했을 때 잘될 수 있다는 것이 빠르게 판단이 되어야 할 것이다.

주택에서는 지역은 다르지만 비슷한 흐름을 보이는 지역들 간의 그룹이 있다. 얼음공장 님이 말씀해주신 강북구 상계/중계/하계 단지와 강서구의 등촌/가양 단지, 그리고 광명시의 하안/철산 주공 단지다. 주택만큼은 아니지만 상가 쪽에도 비슷한 상황이 연출된다. 예를 들어, 메인 상권으로 보면 지하철역 입구에 따른 입지, 지하철 역과의 거리, 거리의 폭 등이 있고, 서브 상권으로 보면 메인 상권과의 거리, 골목 위치 등 주택보다는 좀 더 세분화되어 있지만, 대략적으로 비슷한 조건들을 가지고 있는 경우가 있다.

A라는 입지에 a라는 상가가 권리금이 저렴하게 나왔다. 그런데 a라는 상가의 매출은 저조한 상황이다. 그런데 A와 비슷한 입지라고 판단하는 B 입지가 있고 그 B 입지에는 b라는 상가가 있다. 이때 b라는 상가는 매출이 좋은 상황이다. 이런 경우가 생길 수 있다. 그럼 나는 A라는 입지에 있는 a보다 b를 차린다면 상가에 생기를 불어넣을 수 있다. 이러한 판단을 빠르게 하기 위해 여러 작업을 반복하고자 하는 것이다. 물론 어떤 장사를 하느냐에 따라서 입지는 달라지고 매출 차이가 날 수 있다. 하지만 이런 흐름을 파악한다면 적어도 리스크를 최대한 줄일 수 있다고 생각한다.

사업을 확장해 여러 개의 현금 파이프라인을 구축하고, 기존 투자 물건들에 대한 대비를 진행하면서 실거주 비과세 갈아타기도 시도할 생각이다. 올해 태어난 아이도 있기에 안정적인 실거주가 우선이라고 생각해서다. 또한 얼마 전에 발표된 신생아 특례 대출을 활용해 이자를 낮추면서 실거주를 갈아탈 생각이다. 인생에 정답은 없다. 지금 생각하는 것이 나중에 맞으리라는 보장도 없다. 특히나 지금처럼 변동성이 많은 시장은 더더욱 그렇다. 따라서 나 역시 여러 가지의 방안을 놓고 투자 계획을 세우고 있다.

투자자가 움직여야
시장이 살아난다

　지금은 많은 투자자들이 비슷한 상황에 놓여 있다. 투자자라면 리스크를 감수하고서 수익을 위해 투자한다. 얼마큼 리스크를 예상하고 투자했는지 정도의 차이만 있을 뿐이다. 나는 나름 전투적으로 투자를 했었기 때문에 지금의 경직되어 있는 시장에서 손해가 큰 상황이다. 이렇게까지 경직된 상황을 예측하지는 못했고, 어쩔 수 없이 버티는 것만이 방법이라 매물 정리가 필수인 상황이다. 힘들지만 투자금에 따라, 지역의 특성에 따라 손절할 건 손절하고, 전세가 만기되었을 때 내게 큰 리스크로 다가올 만한 물건들은 역으로 돈을 돌려주면서까지 정리하고 있다. 지금 정리하는 것이 시장을 탈출하는 것이라고 생각하진 않는다. 기존에 내가 이익을 보려 했던 금액을 점수로 환산해 10점 만점에 7~8점이라면 지금은 2~3점으로 그 기준이 대폭 낮아졌을 뿐이다. 결국 총점으로 따졌을 때 플러스 구간에 있으려고 노력 중이다. 그래서 임장을 다녀볼 만한 지역에 관심을 두고, 세팅이 잘되어 있는 물건들은 최대한 가져가려고 한다. 물론 역으로 말하면 그런 물건이 매도가 잘될 것이다. 최대한 그런 물건을 팔면서 가져갈 수 있는 물건을 가져가야 나중에 마이너스 구간을 탈출할 수 있을 거라고 생각한다.

나는 시장을 떠나는 것이 아니라 더 높이 날기 위해 더 많이 웅크리는 중이라고 여기기로 했다. 전체적으로는 지금 시장에서 버티기 모드일 수밖에 없지만, 버티고 난 이후의 시장을 다시 맞이하려면 포트폴리오 재조정 및 자금 압박에서의 탈출과 세금 리스크 회피가 필요한 시점이라고 생각한다. 상가에서 장사로 현금 흐름을 꾸준히 만들어 향후 반전을 보이는 시점에 1주택인 나의 명의를 활용한 갈아타기도 준비하려고 한다. 하지만 여기서의 갈아타기는 다운그레이드다. 집을 매도해 일정의 현금을 손에 쥐고 역전세와 세금에 대비하는 것이다. 그러기 위해 주택 시장에서 중점으로 바라보고 있는 것은 내가 갈아타기를 하고 싶은 지역의 앞단 지역 흐름이다. 그것을 기반으로 전체 물건을 흔들지 않을 포트폴리오 조정과 현금 흐름을 확보해 갈아타려는 전략이다.

그때는 맞고 지금은 틀리다

지금은 과거 대비 투자 수요가 급감했고, 금리 인상으로 인해 전세를 찾는 사람들이 없다. 내가 투자를 공격적으로 했던 2020~2022년에는 전세가가 상승할 수 있는 상황들이 갖추어져 있었다. 저금리, 전세 자금 특판 상품, 공급 부족 등 지금처럼 전세가가 하락할 것이라고는 예측하기 어려웠다. 지금 와서 생각해보면 금리 상승 압박도 예상해볼 수 있었고, 임대차 3법으로 인한 전세가 전체 레벨 상승의 압박 등 많은 요소가 있었다. 사실 지나고 나서 보니 그런 것이지 그때는 예상하기가 어려웠다. 그래서 많은 투자자들이 '리스크 대비'를 외쳤던 것 같다.

전세가 상승을 예측하고 잔금을 10개월 이상 길게 뺐던 물건들이 전세가 하락 시기와 겹치면서 오히려 독이 되었다. 상승장에서는 잔금을 길게 빼면 계약금을 넣고 잔금까지의 기간 동안 가격이 상승하여 매도자의 표정이 좋지 않았다. 이후 추가적으로 투자자들이 유입되면서 매물만 더 늘어나는 상황이었다. 결국 나는 현금으로 잔금을 치르게 되었다. 그렇게 가진 모든 현금이 부동산에 묶이기 시작했고, 울산의 한 아파트는 1월에 샀는데 11월에 전세를 맞췄다. 10개월 넘게 기다리면서 이자를 감당해야 했다. 부동산 시장도 좋지 않고, 현금 흐름도 넉넉하지 못하다 보니 버티기 위해서라도 내가 현금 흐름을 잡고 가야겠다는 생각을 하게 되었다. 그래서 자금 회수를 목표로 물건들을 급매로 내놓았다. 여기서 포인트는 급매보다도 급급매 가격으로 팔았다는 것이다. 사업을 하기 위해서 필요한 최소한의 원금만 회수하면 된다고 판단했기 때문이다. 그리고 회수한 돈만으로도 종부세를 낼 수 있다고 생각했다. 시장에서 버티기 위해 손해가 나더라도 과감하게 매도를 진행했다. 다행히 저렴하게 매물을 샀기 때문에 가능했다. 또한 처음 매수할 때 기존에 나와 있는 전세 매물과 비교하여 그 물건들과 차별화된 집으로 바꾸겠다는 생각으로 인테리어에 힘을 준 덕분에 그나마 매도를 할 수 있었다. 물건의 컨디션이 좋아서인지 부동산 소장님들도 자신 있게 소개했다. 그렇게 자금을 회수하고 나서 어떤 사업을 할 것인가에 대해서 많은 고민을 했다. 일단 기존의 사업 실패와 지방 아파트 갭투자 손절을 하면서 이미 마이너스였다. 그리고 내년에 돌아올 전세 만기들을 대비하기 위해 돈을 더 벌어야 했다. 사업이든 부동산이든 대중의 심리에 많은 영향을 받는 것 같아 더욱 신중해졌다. 그래도 내가 더 잘할 수 있는 사업을 선택하는 것이 맞다는 생각이 들었다.

자신의 포트폴리오를 보고 상황에 맞게 대비해야 한다. 얼음공장 님께서 위축된 심리는 그렇게 오래가지 않는다고 말씀하셨지만, 이번에는 위축 심리가 생각보다 더 오래갈 수도 있겠다는 생각이 든다. 전세 만기가 다가오는 임차인들이 벌써부터 나가겠다는 연락을 해왔다. 임차인들의 입장은 '전세 갈아타기', 즉 같은 단지여도 가격이 더 저렴한 곳으로 이동할 거라는 생각이다. 이 심리는 생각보다 오래 갈 것이고, 빠르면 2025년 하반기 정도는 되어야 회복하지 않을까 판단했다.

유례없는 부동산 가격 폭등으로 아이부터 어른까지 나이 불문, 카페에서 술집까지 장소 불문하고 부동산 이야기가 판을 치던 시절이 2021년이었다. 너도나도 아파트 갭투자하고 실거주로 서울에 집을 사겠다고 영끌하면서 자가를 마련했다. 그때까지만 해도 시장에 돈이 많았고 한 주가 다르게 가격이 치솟았다. 저금리 대출도 한몫을 했다. 값싼 이자로 누구나 대출을 받았고, 그걸로 투자를 하면서 당연히 아파트 가격이 상승하니까 돈이 되기 때문에 수요가 폭등했다. 부동산뿐만 아니라 주식도 마찬가지다. 여기에 코로나라는 팬데믹으로 인해서 사회 활동이 제한되면서 집에 있는 시간들이 늘다 보니 보고 듣는 정보가 많아지면서 주식과 부동산 투자 열풍이 불기 시작했다. 저금리에 부동산과 주식 호황까지 겹치며 주식과 부동산을 안 하면 대화 자체가 안 되던 시절이었다. 주식을 하는 사람들은 '8만 전자'를 외치고, 부동산 투자를 하는 사람들은 '수도권'을 외쳤던 기억이 난다. 하지만 지금은 이런 이야기를 하는 모습을 찾아볼 수 없다. 오히려 그때 하지 않은 걸 영웅담처럼 얘기하는 사람들도 많아 보인다. 기회가 왔을 때 잡기 위해서는 이 어려운 시장에서도 버텨서 머물러 있어야 한다. 머물러 있는 사람이 떠나간 사람보다 더 큰 수익을 손에 쥘 수 있을 거라고 생각한다. 못 버틴 사람들이 나중에 기회가 왔을 때 투자를 할 수 있을까? 나는 할 수 없을 거라고 본다. 기회가 왔을 때 투자를 하는 사람도 시장에 머물러 있는 사람이다. 나도 시장에 머물러 있는 사람이 되고 싶다. 비록 기회를 놓칠지라도 다음 기회를 다시 잡으면 된다. 부동산 시장도 나름의 사이클이 존재하기 때문에 분명히 버티는 자에게는 기회가 올 것이다.

나는 현재 새로운 사업을 하고 있다. 이 글을 쓰고 있는 지금도 하루에 4시간도 못 자면서 일을 하고 있다. 그러면서 틈틈이 시간 날 때마다 독자와 나누고 싶은 이야기를 휴대폰에 적고 다시 컴퓨터로 옮기면서 글을 쓰고 있다. 이렇게 부동산 투자에 대한 끈을 놓지 않는 것이 내가 선택한 버티는 일 중의 하나이기 때문이다. 가게를 오픈한 지 일주일도 안 된 상황이라서 아직 몸에 익숙하지도 않고 신경 쓸 것들이 많지만, 그래도 내가 무언가를 하면서 부동산 시장에 남아 있으려 하는 모습에 가치를 두고 있다.

시급한 규제 완화

2022년 말부터 시작된 규제 완화는 2023년도 초에도 계속해서 이어지고 있다. 기존에 남아 있던 규제 지역은 이제 강남 3구와 용산을 제외하고 모두 해제되었다. 세법이 바뀌어야 하는 취득세와 양도세 부분은 아직 입법 발의가 되어 있는 상태는 아니지만, 소급 적용을 해주겠다며 적극적으로 규제를 완화하고 있다. 규제 정상화의 관점에서의 완화이지 완화가 부양책으로까지 이어지고 있지는 않은 실정이다.

거래량을 살릴 수 있는 규제 완화 정책으로 매매 가격의 하락은 막아야 한다. 다만 거래량이 급격하게 살아난다면 매매 가격이 바닥을 다지고 회복하는 정도가 아니라 급격히 상승하는 상황이 생길 수 있다. 그렇다면 앞으로 나올 수 있는 부동산 완화 정책은 실수요자들만을 위해 급격한 상승은 하지 않으면서 바닥을 다질 수 있는 정도로만 지속될 것이다. 그리고 무주택자를 위해서는 전세 제도를 지원해주는 것이다. 현재 전세 정책을 파격적으로 지원해줄 수 없는 것은 전세가 대부분 전세자금대출로 구성되어 있기에 금융적 지원은 한계가 있고, 이를 너무 내세우기에도 전세가 매매가를 자극할 수 있기 때문이다. 결국 매매와 전세 모두 아주 적은 거래량만을 증가시켜 시장이 바닥으로 떨어지지 않는 정도의 완화 정책만 지속될 것이다. 정책은 입법 과정을 거쳐야 하는데 지금처럼 여소야대인 상황에선 쉽사리 정책을 발표하고 입법까지 이어나가기는 힘들 것이다.

지금 상황에서 거래량이 애매하게 살아나 정부가 만족한다면 더 이상 규제 완화는 없을 것이다. 반대로 내가 그 시간을 버틸 수 없다면 오히려 폭등이 왔을 때 먹고 나갈 수 있는 상황이 안 될 것이다.

그래서 지금 시장에서 어느 정도의 거래량이 살아난다면 가지고 있는 물건들을 과감하게 정리하려고 한다. 언제 다시 대중 심리의 판도가 상승 기조로 바뀔지 알 수 없는 상황이고, 시장에서 수익을 극대화하는 것보다 살아남는 게 더 중요하기 때문이다. 지금 개인 명의는 1~2주택 상태이고 그중에서도 1주택은 실거주하는 집이기 때문에 지금 같은 상황에서 역전세의 리스크는 없다. 심지어 내가 준전세 가격은 역전세를 고민하지 않아도 되는 가격이기도 하다. 이런 상황에서 법인의 물건들은 거래량이 살아나는 시점에 전세가 끼어 있는지 아닌지에 따라 실거주 매도 또는 투자자 매도를 진행해보려고 한다.

전체적으로 지금 시장의 판도는 투자자가 움직여줘야 시장이 살아날 것이다. 투자자들이 살아나려면 취득세의 대폭 완화가 가장 시급하다. 하지만 주택 수에 차등을 두지 않고 일률적으로 취득세를 적용하기 시작한다면 그게 바로 다주택자를 양성을 하겠다는 정부 의지를 강력하게 표명하는 것이라고 볼 수 있다. 정치적으로 쉬운 선택은 아닐 것이다. 빠르게 규제를 완화해서 시장이 오히려 급등하는 것도 원치 않는다. 아주 조금씩 긴 호흡으로 거래량의 회복을 지켜보면서 정책을 펼쳐나갈 거라고 본다. 지금 야당도 실물 경제 악화라는 차원에서 어느 정도 경기 회복을 위한 규제 완화에는 동참하겠지만 자신들의 과거 정책에 완벽히 반하는 정책을 펼치는 현재 여당을 가만두지는 않을 것이다. 지금 야당이 과거 여당일 때의 정치적

165

관점은 다주택자를 사회악으로 바라보았기 때문에 여당은 지금의 야당에게 공격을 받을 수 있는 다주택자 양성을 적극적으로 하기 어려울 것이다.

다음의 리스크에 대비하라

지금 주택 시장의 가격 레벨은 과거 상승장 대비 많게는 30% 이상 빠진 지역들이 많다. 그렇다면 다주택자를 양성하기 위한 정책을 통해 시장의 바닥을 다지고 상승으로 이어지게 하는 것보다 오히려 레벨적으로 누가 보아도 충분히 가격이 빠져 있다고 생각할 정도는 되고 있다. 다만 지금 시장에 선제적으로 움직이지 못하는 이유는 급격한 금리 상승으로 인한 가계 대출 부담 때문이다. 그래서 정부도 특례보금자리론을 활용해 금리 압박을 덜어주려 노력하고 있고, 언론을 통해서도 특례보금자리론의 긍정적 효과를 내비치고 있다. 구축 시장은 천천히 거래량을 상승시키면서 시장의 바닥을 만들어가고 분양 시장은 전매 제한, 대출 완화 등을 통해 투자자들 또는 실수요자들이 조금씩 시장에 들어오게 하고 있는 것으로 판단된다. 따라서 나는 시장이 살아남에 따라 2023년 6월 전으로 종부세를 회피할 수 있는 최적의 상황을 만들어놓고 종부세를 내면서라도 가져갈 수 있는 물건들을 최소한으로 세팅하려 했지만, 생각보다 매수 심리가 살아나지 않았다. 그래도 일부분은 매도를 진행한 상황이다. 일단 지금의 대책은 손해 금액을 확정 짓는 것이다. 물론 시장을 긍정적으로 평가한다면 버티고 난 이후 내가 본 손해를 수익으로 바꿀 수 있다고 생각하지만, 과거의 나는 리스크 대비보다는 리스크가 있는 만큼 수익을 좇았다. 다음 시장이 왔을 때 똑같이 실수하지 않기 위해서는 내가 했던 행동에서 하나씩만 반성해서 수정해도 발전이 있다고 생각한다. 그러니 지금은 다음의 리스크에 대비해야 한다. 그래서 나중에 물건 하나 때문에 잘못되는 상황을 막고 내가 투자해놓은 투자금을 손해 금액으로 확정 지으려는 것이다. 내가 투자해놓은 투자금과 더해 내야 할 종부세 금액까지 합산해서 매도가에서 빼 매도하려고 한다. 전체 포트폴리오를 내 현금 흐름 수준에서 감당할 수 있는 만큼 조정해야 한다.

법인의 물건들은 지방에 많이 분포하고 있기 때문에 투자자들의 시장이다. 물론 실거주자들이 매수하는 경우도 있지만 비율을 보면 투자자들이 더 많았다. 지금은 가급적 투자자들이 매력적으로 느낄 수 있게 만들어놓고 매도를 통해 리스크에 대비하고자 한다. 궁극적인 목표는 향후 실거주 갈아타기를 위한 자금을 확보하는 것이다. 지금은 1주택이라도 사업을 위해 근저당을 많이 깔고 있다. 갈아타기 실수요까지는 대출 여력이 많이 살아나 있는 상태지만, 섣불리 움직일 수 없는 이유는 법인 물건의 리스크 압박 때문이다. 그래도 이 압박이 해소되는 시점에는 실거주 갈아타기를 시도해볼 수 있을 것으

167

3. 얼음공장직원 - 상가 투자자로 살아가는 법

로 예상한다. 일단 법인의 리스크를 제거하고 난 뒤 실거주 갈아타기를 하는 것이 논리적으로 맞을 것 같다. 일부 법인 물건들을 매도하면 빠르게 실거주 갈아타기를 통해서 대출을 줄이고자 한다.

데이터보다는 현장을 봐라

나는 과거에도 그렇고 현재도 그렇지만, 데이터보다는 현장 분위기를 더 중요시하는 편이다. 데이터는 시장 반응의 결과물이다. 지금껏 현장에 있으면서 '이런 분위기일 때는 이런 결과로 연결되더라' 하는 나만의 경험들이 생겨났다. 나는 시장에 특례보금자리론이 나왔을 때 그 결과가 긍정적일 거라고 본다. 왜냐하면 지금의 수급 상황은 과거 대비 절대로 공급이 많지 않기 때문이다. 다만, 서울은 경기도와 인천을 모두 합한 수요와 공급으로 봐야 하기 때문에 지금의 수급 상황은 인천의 많은 물량으로 서울의 외곽 수요를 분산시키고 있다. 이러한 수요의 분산은 도미노처럼 서울의 중심지까지 어느 정도 영향을 미치고 있고, 금융 상황이 악화됨에 따라 분양 시장도 위축되면서 그 여파가 커지고 있다. 경기도 외곽인 남양주, 수원 등이 서울의 강북과 강남 쪽의 수요들을 조금씩 이탈시키고 있는 것도 비슷한 상황이다. 하지만 지금은 절대적으로 수요가 눌려 있는 상태라 조금의 공급만으로도 시장에 부정적인 영향을 줄 수 있다. 하지만

투자자가 움직여야 시장이 살아난다

반대로 수요가 상승할 수 있는 상황이 된다면 언제 그랬냐는 듯 다시 시장은 수급으로 돌아갈 것이다. 늘 수요와 공급은 각각의 요소들이 어떻게 움직이느냐에 따라 상대적으로 평가되기 때문이다. 특례보금자리론처럼 실수요든 다주택자든 수요의 불안 심리를 낮추어 주면서 움직일 수 있는 상황을 만들어준다면 천천히 움직이긴 하겠지만 수요의 증가를 가져올 것이다.

나는 출근 전 1~2시간씩 이사를 가고 싶은 단지 TOP 10을 만들어서 전체 매물 수, 매물의 호가 범위, 실거래, 실제 거래 가능 매물과 그 이유 등을 세분화해 꾸준히 데이터와 현장 분위기를 모니터링하고 있다. 아직은 DSR 규제로 대출의 총량도 신경 써야 한다. 물론 2주택 물건을 갭을 끼고 사서 나중에 실입주할 수도 있겠지만 이것도 결국에는 리스크다. 지금은 상황이 좋지 않기 때문에 수비적으로 접근해야 한다.

투자를 하며 나름의 산전수전을 겪으면서 점차 나의 투자 스타일이 확립되어 가고 있다. 지금은 그런 과정이라고 생각한다. 내가 지금 리스크에 예민한 이유는 무엇보다 앞으로의 상황이 예측 불가능하고, 현재 하고 있는 사업에도 영향을 줄 수 있기 때문이다. 현금 흐름이 확보가 되고 예측 가능해져야 법인을 활용한 주택 투자도, 개인 명의를 활용한 실거주 집도 모두 컨트롤이 가능해질 것이다. 따라서 일시적 1가구 2주택 비과세를 활용한 갈아타기보다는 가급적 내 집을 팔고 넘어가는 갈아타기를 시도하려는 것이다. 그 과정에서 가장 합리적인 선택은 실거주 집을 최대한 비싸게 매도하고 갈아타기 집을 싸게 매수하는 것이다. 과거에는 갈아탈 집을 경매로 싸게 잡고 내 집은 일반 매매로 하면 됐지만 지금처럼 거래가 없는 상황에서는 내 집도 팔기 힘드니 그런 가정은 어려워졌다. 과감하게 내 집도 싸게 팔고 그보다 더 싸게 매수하는 방법이라면 가능할 수도 있겠다. 따라서 내 집을 적정가보다 조금은 저렴한 상태로 내놓고 시장의 추이를 살펴보며 이사 가고 싶은 집의 리스트를 업데이트하고, 법인의 매물 정리까지 진행하면서 시장의 변화에 대응하려고 했다. 하지만 현재 역전세 물건들이 늘어나고 대출 이자를 감당하기가 어려워지면서 실거주 집을 매도하기로 결심했다. 문득 실거주 집을 내놓는 단계에서 이런 생각이 들었다.

'과연 내가 매매가를 내린다고 했을 때 매수자들이 싸다고 생각을 할까?'

그래서 나는 당시 시세에 맞춰 물건을 내놓았다. 아니, 오히려 신혼집으로 인테리어를 했기 때문에 더 비싸게 내놓았다. 소비자들은 물건의 가치를 가격으로 판단한다. 가격이 비싸면 비싼 이유를 찾고, 저렴하면 저렴한 이유를 찾는다. 나는 내 물건에 대한 가치를 떨어트리고 싶지 않았다. 덕분에 2023년 연말에 집을 신고가에 매도할 수 있었다. 요즘 같은 시기에 정말 운이 좋은 일이었다. 아파트 매도를 통해서 비과세로 수익 실현을 했고, 이제는 추가적으로 싸게 아파트를 매수해야 한다는 생각이 들었다. 이사 갈 단지들을 모니터링하고 미친 듯이 임장을 다녔다. 임장하는 지역의 부동산마다 손님이 없었기 때문에 어느 부동산을 가나 환대를 받았다. 마치 명품 매장에 가서 대우받는 느낌이 들었다. 나와 있는 급매 물건들을 보면서 내 모습과 비슷한 것 같아 매도자들의 마음을 알 수 있었다.

그렇게 부동산을 통해 물건 하나하나의 히스토리를 알게 되면서 매도자와의 줄다리기가 시작되었다. 이미 매도자가 일시적 1가구 2주택이고, 매수 후 이사까지 간 상황이었다. 비과세를 받기 위해서는 무조건 팔아야 하는 물건이었다.

결국 한 달간의 줄다리기 끝에 원하는 가격에 저렴하게 매수할 수 있었다. 두 단지가 비슷한 급지였기 때문에 2019년에 서울 아파트를 매수하고 2023년에 신고가로 매도해 1차적으로 수익이 나버린 상황인데, 추가적으로 매수한 단지가 2019년도 가격이었으니 이중으로 수익 실현을 한 셈이다. 아니, 추가적으로 시간까지 더 산 셈이라고 생각한다. 심지어 잔금 날짜와 중도금 등 모든 것들을 내가 원하는 대로 완벽하게 진행할 수 있었다. 그렇게 순식간에 지방에서의 손실들을 방어할 수 있었다. 나는 현재도 계속 법인 지방 투자에 대한 손실, 즉 역전세나 전세금 반환금 등을 마련할 계획을 가지고 버티기 모드를 취하고 있다.

6

: 얼음공장직원 :

변곡점이 될 2024년

　2024년은 변곡점이 많이 발생할 수 있는 시기다. 2022년부터 시작된 완화 정책이 2024년엔 얼마나 더 많이 실행되고, 또 어떻게 시장에 영향을 미칠지 결과가 나오기 시작할 것이다. 2023년 상반기부터 거래량이 반등하면서 하반기부터는 변곡점이 생겨났다. 적은 거래량의 상승이지만 실수요자들 위주의 완화 정책은 시장의 급매물들을 거래로 이끌었고, 매매 가격의 하락은 멈추고 바닥을 다졌으며 선호하는 지역의 경우 반등을 만들어 내는 정도의 변화를 가져왔다. 다만, 2016년 이후 부동산 시장이 상승했던 것처럼 전반적인 상승이 나타나기는 어려울 것 같다. 현재 완화 정책은 실수요자들 위주의 완화 정책이기 때문에 두드러지게 거래량을 증가시키기는 어려울 것이다. 그렇다면 부동산의 전반적인 상승의 분위기를 연출하기에는 다소 시간이 필요할 것으로 본다.

2024년 상반기까지는 시장을 긍정적으로 평가하기보다는 어느 정도 바닥 다지기가 이어지면서 거래량이 회복되는 수준으로 보는 게 지나친 희망 회로를 돌려가며 합리화하는 것보다는 나은 판단이 될 거라고 생각한다. 나는 2024년까지 어려운 시기가 지속될 수 있기 때문에 최소 2년은 지금의 장사를 충실히 하면서 현금 흐름을 최대화하고자 한다. 만기가 돌아오는 전세의 역전세에 대비하고, 투자금도 마련하는 시기로 삼으려고 한다. 현재는 계획보다 빠르게 3호점까지 오픈해 사업을 운영하면서 상가 영업에 대한 안목을 꾸준히 기르고 있다. 주변에서는 일단 현재 자금으로 법인 물건들을 해결하고 사업을 확장하는 게 어떻겠냐고 만류했지만 내 생각은 달랐다. 정말 버티기 힘든 시기이지만, 아무것도 하지 않으면 아무런 일도 일어나지 않기 때문에 전세가 나가면 일정 금액을 회수하고 빠르게 사업에 재투자하고 있다. 이런 시기에도 기회는 항상 존재한다고 믿기 때문이다.

부동산은 내가 할 수 있는 것들이 아무것도 없지만, 사업은 내가 어떻게 하느냐에 따라서 성과가 달라진다. 비록 자금들이 많이 묶여서 대출의 대출로 꼬리를 물고 있고, 경기가 좋지 못하다 보니 사업으로 번 돈은 이자 내기 바쁜 상황이다. 여기에 부동산 시장도 함께 흔들려 하루하루 몸과 마음이 힘들다. 내가 선택한 일이기 때문에 끝까지 포기하지 않고 이겨 내려고 노력 중이다.

처음 투자는 돈 때문에 시작했지만, 이제는 가족의 행복을 위해 투자를 하는 것 같다. 가족이 행복해하는 모습을 보고 싶어서 투자와 사업을 한다. 바빠서 잠도 못 자고, 머리가 터질 것 같아도 가족을 생각하면 이렇게 하는 게 맞다는 생각이다. 이미 이런 노력으로 부모님이 행복하게 사시는 모습을 보았기 때문이다. 부동산 시장이 이렇게 침체되기 전 행복 회로를 돌리면서 가족들과 즐거운 앞날을 그리며 살고 싶은 곳의 아파트 단지들을 돌아다니던 기억이 난다. 아이가 태어나니 가족들에게 걱정이 아닌 안정적인 삶을 선물해주고 싶다는 생각이 더 강해졌다. 이번에 갈아타기를 진행하면서 아내가 원하는 대로 인테리어를 해주고 싶었지만, 자금이 부족해서 아무것도 해주지 못하는 내 자신을 자책했다. 묵묵히 응원해주는 아내를 위해서 더 열심히 사업과 투자를 해야겠다고 다시 한번 결심했다.

많은 분들이 투자를 하는 이유도 비슷할 거라고 생각한다. 부동산 투자를 통해서 자산을 차곡차곡 쌓아가고, 가족들의 행복한 모습을 보고 싶기 때문이다. 나 역시 밖에서 고생을 좀 하더라도 가족들이 마음 편하게, 행복하게 지낼 집만큼은 만들어주고 싶은 마음이다. 이렇게 힘든 하락장을 겪으면서 정말 많은 생각을 하게 되었다.

'앞으로 내가 투자를 계속할 수 있을까? 아이도 있는데 안정적으로 해야 하는 건가?' 하지만 나는 이런 일이 또 발생하더라도 성공할 때까지 끝까지 포기하지 않고 투자를 계속해 나갈 것이다. 여기서 포기하면 그저 실패자나 도망자일 뿐이지만, 이 역경을 이겨 낸다면 나는 언젠가 하락장에서도 성공한 사업가가 될 것이라 확신하기 때문이다. 지금의 감정을 절대 잊지 않을 것이다. 역경은 있으나 실패는 없다.

4

투자의 황제

경매는 실전이다

"'언제 월급 모아서 부자 될까요?'라고 떠드는 전문가가
당신의 돈과 미래를 책임져주지 않는다.
진짜 투자는 본인만의 공부와 배짱을 가지고 해야만
성공할 가능성이 있다."

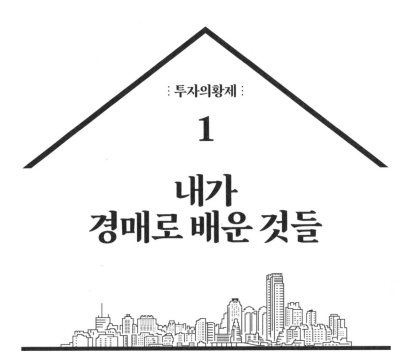

: 투자의황제 :

1

내가
경매로 배운 것들

나는 2020년 내 집 마련을 위한 경매에 도전하고자 부동산 공부를 시작했다. 미친 듯이 집값이 폭등하던 시기에 아파트 하나는 사야겠는데 불과 1~2년 사이에 수억씩 뛰어서 경매를 공부해 낙찰받아야겠다는 생각을 했다. 그리고 6개월간 유튜브와 100여 권의 책을 보며 새벽 공부를 하고 서울 강서구에 30평대 아파트를 낙찰받게 됐다.

그 후 1년 만에 그 아파트가 실거래가 기준 3억 원 이상 뛰는 걸

소재지	서울특별시 강서구		도로명검색	지도	지도			
새주소	서울특별시 강서구							
물건종별	아파트	감정가	797,000,000원	오늘조회: 1 2주누적: 2 2주평균: 0 조회동향				
대지권	42.986㎡(13.003평)	최저가	(100%) 797,000,000원	구분	입찰기일	최저매각가격		결과
건물면적	80.64㎡(24.394평)	보증금	(10%) 79,700,000원	1차	2020-10-06	797,000,000원		
매각물건	토지·건물 일괄매각	소유자		낙찰: 838,080,000원 (105.15%)				
개시결정	2020-02-06	채무자		(입찰5명,낙찰:구로구 이 / 차순위금액 837,888,888원)				
사건명	임의경매	채권자		매각결정기일 : 2020.10.13 - 매각허가결정				
				대금지급기한 : 2020.11.23				
				대금납부 2020.11.17 / 배당기일 2020.12.16				
				배당종결 2020.12.16				

출처 : 옥션원(굿옥션)

보면서 부동산이 큰돈이 될 수 있겠다는 것을 처음 알게 되었고 그후 1억 원짜리 남양주 아파트 경매를 또 우연히 낙찰받게 되며 불과 4개월 만에 매도하면서 약 4,000만 원의 수익을 만들어 냈다. 나는 투자의 신세계를 맛본 후 정말 열심히 경매를 공부하면서 부동산투자에 적극적으로 뛰어들었다. 얼음공장 님을 유튜브로 우연히 알게 된 것도 2020년도였다. 그때 첫 강의에서 왜 부동산 투자를 해야만 하는지와 '인플레이션으로 인한 돈의 가치 하락과 직장생활로는 답이 안 나온다'는 얼음공장 님의 말을 듣고 내가 생각해보지 못했던 것을 깊게 생각할 수 있는 계기가 되었다.

나는 20여 년 전 공대 대학원 졸업 후 때마침 불던 21세기 벤처 붐과 주식붐으로 소액 투자를 했다. 주식이 폭등하면서 약 7억 정도의 수익을 20대 후반에 벌었고 그 돈의 유혹으로 자동차 회사 실험실이 아닌 증권사에 취직했다가 버블닷컴 몰락으로 모든 돈을 잃었다. 오히려 1억 원의 빚을 진 상태에서 스트레스로 인한 폐렴으로 3주간 병원 신세까지 지고 증권사를 그만두었다. 그때 호구지책으로 학원 일을 하게 되었는데 생각보다 반응이 좋고 수입도 꽤 괜찮아서 18년간 학원가에서 고3 대학 입시 수학을 강의하며 빚도 갚고 돈도 좀 모았다. 학원 일이 너무 바빠서 부동산 투자는 생각도 못했고 저축만 하다가 문득 은퇴하면 상가를 사서 월세 받으며 지내면 괜찮겠다는 생각에 벌어놓은 돈에 대출을 끼고 상가를 하나둘 사 모았다.

세 개까지 소유했을 때 월세 들어오는 돈으로 혼자 먹고살면 부족하지 않겠다는 생각이 들었다. 2019년쯤 혹시라도 결혼을 하게 되면 신혼집으로 살 아파트를 사야겠다는 생각을 했고, 그때가 서울 아파트 가격이 폭등하던 시기였다. 조금이라도 싸게 사보려고 혼자서 미친 듯이 경매 책을 읽고 유튜브 방송을 수도 없이 봤다. 법원 입찰과 낙찰 그리고 명도까지 모든 과정을 누구의 도움 없이 혼자서 다 해봤다. 성격이 긍정적인 편이라 뭐 어떻게든 되겠지 하는 마음으로 법원 입찰을 계속했고 첫 낙찰을 받은 후 채무자와 첫 면담에서 긴장도 했지만 비교적 수월하게 명도를 완료해 첫 아파트를 마련하게 됐다. 그 후 유튜브 알고리즘 추천으로 우연히 "월급 모아서 인생이 바뀔까요? 안 바뀝니다!"라고 말하던 얼음공장 님의 영상을 보게 됐는데 아주 틀린 말도 아니라서 끝까지 방송을 봤다. 매일같이 방송을 보다 보니 '이 사람의 분석과 평가는 믿을 만하다'는 판단이 들었다.

전업 투자자가 되다

지금도 마찬가지지만 유튜브에는 수많은 자칭 전문가들이 넘쳤고 대다수는 사기꾼처럼 보이기도 했다. 얼음공장 님이 초창기 투자에 돈이 많지 않아서 경매를 시작했다는 얘기를 듣고 또 내가 경매 낙찰을 통해 1년 만에 수익이 오르는 것을 경험하면서 경매를 주축으로 부동산 투자를 해야겠다고 결심했다. 얼음공장 님의 강의를 수강하고 유망 지역에 투자하면서 부동산의 급상승을 경험했는데(비록 지금은 하락장이라 상승한 만큼 하락했지만) 아직 상승할 지역을 예측할 만큼 실력이 있지 않아서 시간은 걸리지만 안전 마진을 갖고 시작하는 경매를 중심으로 투자를 시작했다. 가족 명의로 낙찰받아서 단기매매도 해보고 전세를 주며 플피로 투자도 해왔고 얼음공장 님 강의를 들으며 셀프로 투자 법인을 만들어서 본격적으로 전국의 법원을 다니며 경매 투자를 했다. 투자 수익률이 꽤 높아서 혼자 운영하던 수학학원은 정리하고 본격적인 전업 투자자로 지난 1년 6개월간 바쁘면 일주일에 3~4번씩 국내선 비행기를 타고 전국 각지의 법원을 다니며 경매 입찰을 했다.

내가 물건을 고르는 방법은 매우 단순했다. 거래가 잘되는 공시가 1억 원 이하 아파트라면 지역을 불문하고 무조건 응찰하는 것이다. 지난 1년간은 정말 전국을 정신없이 바쁘게 다녔다. 아직 많이 부족하지만 전국의 아파트 단지를 보면서 어디가 살기 좋고 어디가 별로인지 어렴풋이나마 알게 되고, 어느 지역을 입찰해야 좋을지도 직접 경험하고 배우게 된 소중한 시간이었다. 비록 2023년에 집이 생각만큼 팔리지 않아서 종부세와 법인세, 재산세 등등 합치면 거의 1억 원에 육박하는 세금을 내게 됐지만, 또 그만큼의 수익을 내기도 했기에 하락기를 온몸으로 맞으면서 버텨내고 있다.

내 집 마련을 시작으로 혼자서 공부했던 경매가 얼음공장 님 강의를 접하게 되면서 전업 투자자로 발돋움하는 계기가 되어 후회는 없다. 이제 내가 예측하고 행동한 만큼 성공의 달콤한 열매 또는 실패의 쓰디쓴 대가를 치르는 부동산 시장에서 성공의 기회를 노려보며 성장해가고 있고 또 꾸준히 투자해 더 큰 부자가 되고 싶다. 해외여행 갈 때 최소한 가족들과 비즈니스석은 타고 갈 정도는 될 수 있게 성공하고 싶고, 더 나아가 일등석을 타고 여행 다니는 것이 이루어질 때까지 부동산 투자로 성공하고 싶다. 지금은 자금이 묶여서 이 하락기에 더 싸게 살 수 있는 기회가 널렸는데 아무것도 못하고 있어서 너무 아쉽다.

진짜 투자는 누구나 하락을 예측할 시기에 리스크를 감수하고 투자를 해야 성공의 열매를 얻을 수 있는데 내 주변 지인들부터 친척까지 모두 부동산 하락기라 투자에는 관심이 없는 모습이다. 부동산 투자로 성공하려면 제일 중요한 것이 인식의 전환인 것 같다. 마인드 리셋이 되지 않고는 아무리 기회가 오더라도 투자를 하지 못한다. 그만큼 리스크를 진다는 것에 부담을 느끼는 것이고 그렇기에 부자들이 소수일 수밖에 없는 것이다.

현재는 새 현금 흐름을 만들기 위해 서울에 고시원을 인수했다. 매일 청소와 입주자 관리를 해야 하지만 다양한 사람을 상대하는 일도 경험이 되고 수익률도 나쁘지 않다. 항상 새로운 현금 흐름을 만들어야 부동산 침체기에 대응할 수 있는 자금이 만들어지고 힘이 될 수 있다고 생각하기에 올해 상반기부터 공부하고 혼자 준비해서 고시원을 운영하기 시작했다.

나의 투자 원칙은 '반드시 본인 스스로 공부하고 노력해서 경험을 만들어야지 절대 남에게 의존하거나 컨설팅만 믿고 투자를 해선 안 된다'는 것이다. 적절한 투자 상담은 필요하지만 본인이 아무것도 모르면서 남이 대신 투자를 해서 돈을 벌어준다고 믿는 것은 마치 감나무 아래서 감이 입안으로 저절로 떨어지길 기다리는 것과 마찬가지다. 반드시 스스로 공부하고 고민하고 또 행동해야지만 성공의 길로 갈 수 있다. 그래서 나 역시 얼음공장 님이 강의에서 알려주는 투자 유망지에 투자하는 것보다는 큰 흐름을 읽고 스스로 투자해서 성공하는 것에 더 큰 의미를 두고 있다.

지금까지 부동산 경매 낙찰은 20여 건을 받았고 일반 매매로 10여 건을 거래했다. 지금 시세 하락으로 걱정이 많고 리스크의 대가를 치르고 있는 중이지만 반등을 기대하며 열심히 투자 공부 중이다. 앞으로도 경매를 중심으로 한 부동산 투자에 집중할 계획이고 장기적으로 계속 투자를 이어갈 예정이다. 목표는 10년 이내 순자산 100억 원을 만드는 것이다.

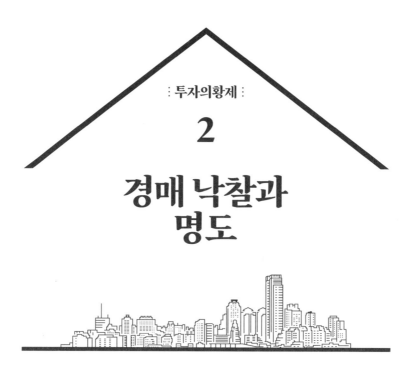

투자의황제

2

경매 낙찰과
명도

나는 경매를 독학한 지 6개월 만인 2020년 여름부터 서울에 경
매로 나온 아파트를 입찰하러 다녔다. 한참 아파트가 상승하던 시기
라 수많은 사람이 법원 입찰장에 몰렸다. 정말 아무 경험도 없는 상
태에서 부모님과 함께 입찰 서류를 작성하고 입찰가를 실수 없이 적
어 제출한 후 낙찰받길 기다렸다. 하지만 첫 입찰 물건이 목동 부근
의 핫한 아파트에다 입찰자 수만 30여 명에 이르러 어려울 것 같다
는 생각이 들었다. 낙찰가도 거의 매매 시세에 근접한 분이 낙찰받

았고 내가 쓴 입찰 가격은 거의 20등 정도 수준이었다. 간혹 입찰 시 긴장해서 가격을 잘못 쓰는 경우가 있는데 자릿수를 위로 올려 쓰면 10배 이상 가격으로 낙찰받는 것이기에 특히 조심해야 한다. 물론 이런 실수는 극히 드물고 입찰만 200여 번 해봤지만 그런 경우는 딱 한 번 본 것 같다.

서울남부지방법원에 여러 번 입찰을 갔는데 갈 때마다 경매 학원 수강생들 수십 명이 와서 입찰 서류 작성하는 방법을 배우며 견학을 할 정도로 서울 아파트 가격은 날마다 뛰던 시절이었다. 패찰을 반복 하며 뭔가 서둘러야 한다는 느낌이 들었다. 한번은 강서구와 마포구 에 경매로 나온 아파트에 입찰하기 전 임장을 가야 했다. 바쁘다 보 니 강서구에 있는 아파트만 봤는데 조용하고 역도 가까워서 마음에 들었다. 나는 마포구 아파트는 가보지도 않고 강서구에 있는 아파트 를 입찰했다. 하지만 나중에 마포구 아파트도 가봐야 했던 것을 뼈 저리게 후회했다. 왜냐면 강서구 아파트를 낙찰받았을 때 쓴 금액으 로 마포구 아파트도 낙찰이 가능했다는 것을 나중에 결과를 보고 알 았기 때문이다. '설마 마포구 핫플레이스 부근 아파트가 내가 생각한 가격에 될까?'라며 마포구는 가보지도 않았던 것이 패착이었다. 어찌 됐든 우여곡절 끝에 강서구 등촌동에 있는 30평대 아파트를 처음 낙 찰받았다.

첫 낙찰의 기쁨도 잠시 그다음 더 중요한 명도를 어떻게 해야 할 지 막막했다. 그래서 또 명도 방법에 대해 도서관에서 관련 서적을

▲등기필정보 및 등기완료통지서
법원에서 등기 신청이 완료됐음을 알려주는 서류(출처: 법원)

다 빌려다 보고 유튜브를 다 찾아보며 낙찰 대금 납부 기일인 한 달 동안 열심히 공부했다. 낙찰 대금 납부 후 등기까지 마치고 바로 전 집주인(채무자)에게 찾아갔지만 아무도 없어서 메모를 써서 남겼더니 며칠 후 연락이 왔다. 며칠 후 만나기로 약속하고 강서구 아파트 단지 내 벤치에서 처음 채무자를 만나 명도 협상을 했다. 내가 첫 낙찰 받은 아파트는 부부 공동명의의 아파트였고 실제로 대출을 받은 사람은 남편이었다. 부인은 채무가 없기에 낙찰받은 금액의 경매 비용 등을 제외한 약 절반 가까운 금액을 부인이 배당받는 경우였다.

채무자가 배당받는 금액이 있다면 명도에 유리하다고 배워서 대충 알기는 했지만, 실무상으로는 첫 명도라 협상할 방법에 대해 미리 할 말을 글로 써서 준비하고 예상 대책을 메모해서 연습도 하며 긴장을 많이 했던 기억이 난다. 남편은 사업 실패로 집에 안 살고 부인만 두 아이를 데리고 살고 있었다. 절반 가까이 배당을 받아가는 상태라 이사비 지원 요구는 거부했다. 이사 기간은 한 달을 주겠다고 했고 모든 공과금과 관리비는 정산하셔야 한다고 말했다. 중간에 여러 번 협상에 줄다리기가 있었지만, 칼자루는 내가 쥔 상태이고 상대방은 배당까지 받아가기에 내가 제시한 명도 조건에 동의하지 않을 이유가 없었다. 나는 부동의 시 배당금에 가압류를 진행하고 강제 집행 신청 후 모든 비용을 압류 비용에 청구하겠다는 강력한 법적 대응을 적시한 내용 증명을 보냈다. 그리고 바로 법원에 낙찰자의 권리로 강제 집행을 신청했다. 강제 집행 계고일에 법원 직원 2명과 함께 나가서 개문하고 법원 직원이 내부 사진을 찍고 강제 집행 안내문을 전해주고 나니 협상이 수월했다. 그래서 이사비 지원 없이 이사 기간 한 달만 주는 선에서 명도를 완료할 수 있었다. 배당을 받는 채무자여서 명도가 쉬운 편이었다.

낙찰받은 후 나중에 매각 허가를 받고 낙찰 대금을 납부하는 날 꼭 명도 신청서를 법원에 같이 제출하시는 걸 무조건 추천한다. 명도 신청서가 법원에서 인용이 되면 채무자와의 협상이 어려울 경우 강제 집행을 신청하고 강제 집행 비용과 명의 이전일 이후부터 집행

일까지 임대료를 계산해서 청구하겠다는 내용 증명을 보내거나 채무자의 연락처로 자세히 문자로 써서 보내면 협상에서 유리한 고지를 점유할 수 있다. 그리고 강제 집행을 신청해도 강제 집행 계고(지방 법원마다 다른데 낙찰 관계자와 증인 2명을 요구하기도 한다. 원칙은 낙찰 관계자 외에 증인 2명이 필수 참석이다.)라 해서 집행 전에 법원 직원 2명이 낙찰자와 같이 소재지 물건에 방문해서 강제 개문을 하고 인적 사항이 될 만한 자료(고지서나 영수증 등)를 찾아서 확인하고 잘 보이는 곳에 강제 집행 안내문을 붙이고 온다. 강제 집행 계고는 명도 과정에서 대략 60~70% 정도 신청하게 됐고 강제 개문 시 들어가보면 경매까지 나온 집이라 내부 관리가 엉망인 경우가 많았다.

경매 초보 시절에 2번째로 낙찰받았던 파주시 금촌동의 아파트는 강제 집행 시 개문하고 들어갔더니 채무자 등 아무도 살지 않은 지 1년이 넘었고 집 내부에는 온갖 잡동사니와 쓰레기가 가득했다. 처음 겪는 일이라 맨 처음엔 당황스럽고 낙찰 취소 신청을 해야 할지 잠시 고민했지만 자세히 아파트 내부를 살펴보니 쓰레기와 잡동사니가 많을 뿐이었다. 벽이 깨지거나 샷시가 부서지지는 않아서 여러 군데 청소 업체를 수소문해서 일당을 지급하고 쓰레기 정리를 맡겼더니 100만 원 이내에 깨끗이 정리할 수 있었다. 쓰레기 정리 업체도 워낙 많아서 열심히 잘 찾다 보면 그 지역에서 일을 깔끔하게 잘 해주는 분을 찾을 수 있다. 시간의 문제일 뿐이지 모든 일은 반드시 해결할 수 있다는 걸 배웠다. 대다수 명도 과정에서 강제 집행 계

출처 : 옥션원(굿옥션)

고일에 법원 직원과 가서 강제 개문(강제 개문 비용은 낙찰자가 부담) 후 법원 집행문 안내장을 붙여놓고 오면 거의 대다수 채무자는 협상에서 꼬리를 내린다.

그럼에도 불구하고 무리한 요구를 한다면 강제 집행을 하는 것이 맞지만(예를 들어, 강제 집행 비용보다 더 많은 이사비와 이사 기간을 요구하는 경우) 집행 신청 시(지방 법원마다 다르다.) 빨라도 한 달 정도는 기다려야 한다. 강제 집행 비용도 평당 10~15만 원 정도 예상하는데 이 금액도 예상일 뿐 실제 강제 집행 시 추가 비용이 나올 수 있다. 따라서 강제 집행을 시행하는 것보다는 강제 집행 계고로 압박을 하며 채무자와 적정선에서 협상을 하고 이사 나가게 하는 것이 제일 무난한 명도 방법이다. 그리고 명도 시 채무자에게 지급하는 이사비는 반드시 채무자가 모든 짐을 빼고 이사를 완료한 후에 지급해야 하고 되도록 계좌로 이체해서 증거 자료를 남기는 것을 추천한다.

참고로 낙찰자가 채무자에게 명도에 대한 대가로 이사비를 줄 의무는 전혀 없다. 채무자에게 이사비를 주는 것도 관례는 아니다. 다만, 명도상의 편의와 시간 절약을 위해서 소정의 이사비를 지급하는 것뿐이다. 그러니 무조건 이사비부터 달라는 채무자는 법적인 집행으로 압박을 먼저 하면서 협상하는 것이 좋다. 항상 상황에 따라 다르지만 이 방법은 내가 주로 명도할 때 사용했던 방법이다.

간단히 정리하자면 낙찰 대금 납부하는 날 꼭 명도 신청을 하고 그 후 채무자와 연락을 통해 이사 및 명도 협상을 진행한다. 채무자가 무리한 요구를 하면 강제 집행 계고로 법적인 압박과 심리적인 부담을 느끼게 하면서 소정의 이사비 지급을 약속하는 당근책을 사용하면 거의 95% 이상 명도가 큰 무리 없이 완료된다. 막무가내로 나오는 채무자 나머지 5%는 법대로 강제 집행을 하는 것이 마음 편하다.

: 투자의황제 :

3

경기도 지역을 집중적으로 공략하다

　경매로 2번째 낙찰받은 아파트는 정말 우연한 검색으로 알게 되었다. 첫 번째 아파트를 낙찰받기 위해서 경매 물건을 조사하던 중 네이버 추천으로 굿옥션(현재 옥선원)이라는 유료 경매 정보 사이트를 알게 되었다. 가입 후 강서구 아파트를 첫 낙찰받은 후 유료 기간이 많이 남아서 그냥 1억 원대 경매 물건을 전국 단위로 설정해서 검색을 하다가 우연히 경기도 파주시 금촌동에 있는 25평대 아파트를 보게 됐다. 법원 위치도 고양시에 있어서 차로 40분 정도면 갈 수 있는 거리라 입찰해봐야겠다고 생각했다. 더구나 해당 물건이 1회 유찰로 시세 대비 최소 25% 이상은 싸게 나와서 여유 자금으로 경험 삼아 한번 입찰해야겠다고 결정했다.

실제로 그 당시는 경매 부동산 투자를 전업으로 할 생각은 전혀 없었고 고등부 수학학원을 10년 넘게 운영하던 시절이라 서울을 벗어난 지방 법원 입찰은 생각도 못했었다. 그런데 서울 아파트가 너무 가파르게 상승 중이라 내가 가진 여유 자금으로 입찰하기엔 돈이 부족했다. 또 경락대출도 2주택부터는 하나도 안 나온다고 해서 1억 원 선에서 투자할 곳을 찾다가 1시간 이내 거리에 있는 의정부지법 고양지원에 나온 물건을 입찰하게 됐다. 그 당시 파주시는 경기도 북쪽 외곽이라 아직 아파트 가격 상승이 별로 오지 않았던 시기였다. 서울이 이렇게 폭등한다면 경기도 파주 역시 분명 늦더라도 상승은 할 것이라 생각했다. 또 단순하지만 시세 대비 싸게 나온 물건이라 낙찰받아도 최소 1,000만 원 이상은 남을 거라 생각했다.

입찰 당일 처음 가본 의정부지법 고양지원에 도착해서 입찰 서류를 작성하는데 고민을 많이 했다. 생각보다 사람이 너무 많이 와서 법원 안팎이 너무 붐볐기 때문이다. 모두 내가 입찰할 아파트에 입찰하려는 사람이라 생각하니 어디까지 입찰가를 올려야 할지 고민이 깊어졌다. 그래서 최저 입찰가보다 약 1,200만 원 정도 높은 금액을 써서 입찰을 했고 1시간 후 낙찰 결과를 초조하게 기다렸는데 내가 입찰한 물건에 입찰자 수가 10명이 나와 어렵겠다고 생각했다.

경기도 지역을 집중적으로 공략하다

그런데 운 좋게도 내 입찰 가격이 1등을 했다. 2등과는 약 400만 원 차이였다. 그 당시에는 낙찰받은 후 2등과의 차이가 크게 나면 많이 아쉬워했지만 그런 금액은 나중에 단기 매도로 얻게 되는 이익에 비하면 작은 금액이니 절대 낙찰받은 후 아쉬워하면 안 된다고 생각했다. 사람은 경험을 통해서 발전해 나간다.

개인적인 성향일 수 있지만, 나는 낙찰을 받아도 아주 뛸 듯이 기쁘거나 흥분되지 않았다. 오히려 낙찰 후 아파트 내부의 상태는 어떨지 걱정이었고, 이번 채무자는 제발 진상이 아니라서 쉽게 명도가 되길 기도했고, 또 리모델링 비용을 어떻게 절약하고 어떻게 빠르게 매도할 수 있을지를 늘 고민하고 걱정하면서 낙찰받았다. 어쩌면 이런 성향 덕분에 좀 더 냉정하게 경매 입찰을 할 수 있었고 아무리 좋은 물건이라도 결코 무리하게 높은 가격으로 입찰하지 않을 수 있었다.

적정 입찰가를 정하는 법

전국 각지의 지방 법원에 다니며 입찰을 하다 보면 도저히 납득이 안 되는 가격으로 낙찰받는 경우를 자주 보게 된다. 그 물건에 특별한 이력이 있다거나 남들이 모르는 가치가 있다면 모르겠지만 부동산 급매로 나온 가격과 같은 수준으로 왜 경매 낙찰을 받는지 이해가 안 되는 가격을 너무 자주 보게 된다. 명도와 이사비 협상 등 시간과 신경 쓸 일이 많음에도 경매로 낙찰을 받는 이유는 싸게 살 수 있다는 것이 제일 큰 매력인데 그걸 포기하고 매매가와 같은 높은 금액으로 낙찰받는다는 것은 의미가 없다. 추정컨대 개인적으로 이해관계가 있는 물건이거나 남들이 모르는 호재를 가진 물건일지도 모른다. 경매가 돈이 된다는 말에 경매 브로커를 쓴다면 그런 고액 낙찰이 이해는 간다. 다만, 경매의 이점은 모두 포기하는 것이고 그런 경매를 경험한 낙찰자는 오래 가지 못해서 경매를 포기하게 된다.

내가 설정한 안전 마진이 보장되는 금액 내에서만 입찰가를 정해야지 분위기에 휩쓸려서 그저 낙찰을 목적으로 높은 가격을 써 낙찰받는 것은 매우 어리석은 일이다. 높은 가격에 누가 1등으로 낙찰받아간다면 내가 이 물건이랑은 인연이 없다고 생각해야 한다. 2등으로 떨어졌다고 분해하거나 다음엔 꼭 1등을 하겠다는 쓸데없는 오기를 부리면 안 된다. 내 경험상 1건의 낙찰을 받기 위해서는 최소 10~15건 이상의 입찰을 해야 한다. 철저하게 분석해서 안전 마진을 깔고 3단계로 정한 입찰가를 가지고 그날의 느낌과 분위기로 입찰 금액을 정해야 하는 것이다. 당일에 가서 금액을 정하면 고가 낙찰에 실익이 없게 되니 전날 미리 입찰가를 3개 정도 결정해놓고 입찰장에 가야 판단이 흔들리지 않는다.

아무튼 2번째로 낙찰받은 파주의 25평대 아파트는 채무자와의 협상은 생각보다 쉽게 마무리됐다. 옆집 아주머니와 동네 부동산 사장님을 통해 들은 얘기인데 사업을 하다 힘들어져서 부도가 나고 가

196

경기도 지역을 집중적으로 공략하다

족은 다 흩어져서 빈집으로 1년 넘게 방치된 상태라고 했다. 다행히 집주인이 자기가 살 집이어서 외부 샷시도 2~3년 전에 새로 했고 복도식 아파트인데 끝집이라 복도에 중문도 따로 설치해서 잘만 꾸미면 매수자들이 선호할 것 같았다. 다만, 집 내부가 1년 동안 방치된 상태라 엉망이었지만 청소 업자를 불러서 치우고 도배 장판을 새로 하고 나니 아주 깨끗하고 살 만한 집이 됐다. 그 과정이 대략 4달 걸렸는데 마침 서울부터 올라간 아파트 가격이 파주까지 밀려와서 시세가 팍팍 올랐고 낙찰가 대비 약 40% 정도의 수익을 낸 후 매도할 수 있었다. 물론 40%의 수익에서 세금 떼고 도배, 장판비, 등기비 등을 떼야 하지만 그래도 4달 만에 1억으로 3,000만 원 가까운 수익을 올리는 것을 직접 경험하고 나서는 이런 1억 원짜리 물건을 경기도 지역에서 집중적으로 경매 입찰을 해야겠다는 결심을 했다.

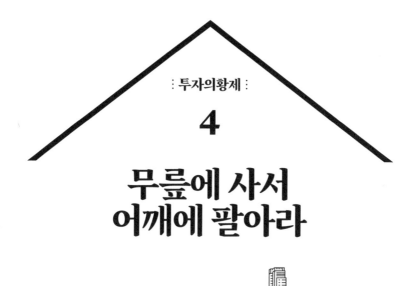

: 투자의황제 :

4

무릎에 사서
어깨에 팔아라

세 번째로 낙찰받은 아파트는 경기도 남양주의 외단지에 오래된 복도식 낡은 25평대 아파트였다. 이 아파트는 의정부지법 본원에서 응찰했는데 그 당시 의정부 지역이 한참 오르기 시작하던 시기라 정말 사람이 서 있기도 비좁을 정도로 수백 명의 입찰자가 모여들었다. 내가 입찰했던 아파트도 무려 25명이나 입찰했고 입찰자 수를 들었을 때 낙찰이 쉽지 않겠다 생각했다.

이 물건은 2회 유찰되어 3차로 경매에 나왔는데 주변 시세 대

소재지	경기도 남양주시			[도로명검색] [지도] [지도]			
새주소	경기도 남양주시						
물건종별	아파트	감정가	127,000,000원	오늘조회: 1 2주누적: 6 2주평균: 0 [조회동향]			
				구분	입찰기일	최저매각가격	결과
대지권	23.34㎡(7.06평)	최저가	(49%) 62,230,000원	1차	2020-10-14 (15:30)	127,000,000원	유찰
건물면적	59.4㎡(17.969평)	보증금	(10%) 6,223,000원		2020-11-18 (15:30)	88,900,000원	변경
매각물건	토지·건물 일괄매각	소유자		2차	2020-11-18	88,900,000원	유찰
개시결정	2020-01-14	채무자			2020-12-23	62,230,000원	변경
				3차	2021-01-27	62,230,000원	
사건명	임의경매	채권자		낙찰: 97,389,900원 (76.68%)			
				(입찰25명,낙찰:이)			
				매각결정기일 : 2021.02.03 - 매각허가결정			
				대금지급기한 : 2021.03.15			
				대금납부 2021.02.15 / 배당기일 2021.03.16			

출처 : 옥션원(굿옥션)

비 거의 절반 가격에 최저 입찰가로 나왔다. 그래서 사람들이 특히나 많이 몰렸는데 아무리 생각해도 유찰된 2차 입찰 가격보다 높은 가격에 받아도 충분히 30% 이상 이익이 날 것 같아서 유찰됐던 2차 입찰가보다 약 1,000만 원 가까이 높게 적었다. 나중에 낙찰자

권한으로 입찰 서류를 확인해 보니 2등보다 약 500만 원 가까이 높게 쓴 것이었다. 그렇지만 별로 동요하지 않았다.

아파트는 낡고 오래됐지만, 남양주라 서울 접근성도 좋고 9층 남향 언덕에 있는 아파트라 전망도 탁 트이고 좋았다. 주변에 지하철역도 있어서 매도가 어렵지 않을 것 같았다. 다만, 이 집주인은 거주는 하는데 일주일에 한 번 정도만 집에 들어오고 관리실 경비원을 통해서 들으니 집 안에 각종 고물이 방방 가득히 쌓여있다고 했다. 그러나 파주에서 쓰레기가 가득했던 아파트도 이미 깔끔히 명도하고 처리했던 경험이 있어서인지 별로 크게 걱정은 안 했다. 역시나 이 집주인은 협상에서 나름 세게 나오고 무리한 조건을 말하기에 가차없이 바로 강제 집행을 신청했다. 2주일 후 법원 직원과 함께 강제 집행 계고를 하러 와서 강제 개문하고 법원 집행 안내문을 거실 벽에 붙이고 오니 채무자가 잘 부탁한다며 문자 연락이 왔다. 좋은 쪽으로 하자며 적절한 이사비 지급과 방 안에 있는 모든 잡동사니를 다 치우는 조건으로 명도를 완료했다. 사족이지만 명도 당일에 트럭기름값으로 10만 원만 더 달라고 해서 들어가보니 나름 깔끔하게 잡동사니를 다 치워주어 10만 원을 더 주었다.

참고로 명도 이사비는 보통 100만 원을 기준으로 잡는다. 만약 명도 이사비로 300만 원 이상 달라고 하는 채무자가 있다면 법적으로 강제 집행을 하고, 강제 집행 비용은 법적으로 채무자 부담이니 추가로 가압류를 걸겠다고 하며 강경히 대응했다. 물론 모두 그렇게 강경히 대응하지는 않았지만 10명 중 1~2명은 채무자가 갑인 줄 착각하며 무리한 요구를 하는 경우가 있어서 낙찰자가 갑 오브 갑인 상황이란 걸 반드시 깨달을 수 있게 해줘야 한다. 그 핵심이 명도 신청 후 인용되면 바로 강제 집행을 신청해서 법원 직원과 함께 나가서 강제 개문하고 법원 집행 안내문을 거실에 붙여놓는 것이다. 그리고 법적인 모든 비용과 임대료에 대해 청구하겠다는 내용 증명과 같은 내용을 문자로 채무자에게 똑같이 보낸다. 그러면 채무자도 자기 사정이 나쁘다는 것을 알게 된다. 법원에 물어보라고 해도 낙찰자의 권리가 세다는 것을 알고 나면 꼬리를 내리는 경우가 대다수다.

명도를 수십 번 하면서 배우고 느낀 것은 '어떻게든 명도는 된다'는 것이다. 법원은 낙찰자의 편이고 법도 낙찰자에게 유리하게 되어 있다. 다만, 그 과정에서 채무자와 상담하는 스트레스와 심리전 그리고 시간과의 싸움을 어떻게 이겨 내느냐가 관건이다. 그런데 사회생활하면서 그 정도의 짐은 결코 무겁다는 생각이 들지 않고 또 그로 인해 얻는 수익을 생각하면 매우 쉽고 가벼운 짐이라 느껴졌다.

남양주 아파트는 명도 후 아파트 내부 도배, 장판 및 전등을 모두 교체하고 청소를 깨끗이 한 후에 근처 부동산에 매물로 내놓았다. 그리고 낙찰부터 매도까지 약 6개월 정도 걸렸고 낙찰가 대비 매도 수익률은 약 40% 정도 나왔다. 뭐 세금부터 각종 비용을 제하긴 해야 하지만 단기 수익률로는 꽤 높았다. 한참 경기권 외곽까지 아파트 상승세가 올라오던 시기라 남양주 아파트도 그렇고 두 번째로 낙찰받았던 파주 금촌동 아파트도 매도 이후에도 수천만 원이 더 올라간 실거래가 찍히는 걸 보니 좀 더 가지고 있다 팔면 더 벌었을 텐데 하는 생각도 들었다. 하지만 집값의 최고가는 누구도 알 수 없고 또 그 정도로 오를 수 있어야 내가 원하는 가격에 사줄 사람이 있는 것이다. 누구 말대로 무릎 정도의 가격에 사서 어깨 근처에서만 팔아도 꽤 괜찮은 수익률을 유지할 수 있으니 너무 욕심부리지 말고, 꾸준히 해나간다면 충분히 성공할 수 있다고 생각하게 됐다. 그러니 마음도 편하고 더 열심히 경매 일을 할 수 있었다.

매도 가능성을 살펴라

첫 번째 낙찰부터 세 번째 낙찰까지는 몇 개월의 텀이 있었는데 네 번째 낙찰 물건부터는 거의 매주 입찰하러 다니면서 정말 바빠지기 시작했던 것 같다. 네 번째 낙찰 물건은 파주시에서 북쪽으로 한참 올라간 문산읍의 낡은 20평대 아파트였다. 내가 아파트 경매 물건을 조사할 때 제일 중요하게 생각하는 것은 매도 가능성이다. 특히 거래량이 충분한 수량 이상이어야 하고, 최근 실거래 가격이 경매 낙찰을 받았을 때 가격과 비교해서 충분한 안전 마진을 포함한 가격이어야 했다. 그래서 이 아파트를 단기간에 매도하고 나올 수 있을 거라고 판단했는데 아직 초보가 놓친 부분이 있었다. 거래가

소재지	경기도 파주시				도로명검색	지도	지도	
새 주소	경기도 파주시							

물건종별	아파트	감 정 가	108,000,000원		오늘조회: 2 2주누적: 9 2주평균: 1 조회동향			
				구분	입찰기일	최저매각가격	결과	
대 지 권	15.92㎡(4.816평)	최 저 가	(70%) 75,600,000원	1차	2020-11-11	108,000,000원	유찰	
					2020-12-16	75,600,000원	변경	
건물면적	54.91㎡(16.61평)	보 증 금	(10%) 7,560,000원	2차	2021-02-03	75,600,000원		
매각물건	토지·건물 일괄매각	소 유 자		낙찰 : 97,389,999원 (90.18%)				
				(입찰7명,낙찰:구로구 이 /				
개시결정	2020-02-20	채 무 자		차순위금액 94,770,000원)				
				매각결정기일 : 2021.02.10 - 매각허가결정				
사 건 명	임의경매	채 권 자		대금지급기한 : 2021.03.24				
				대금납부 2021.02.22 / 배당기일 2021.03.17				

출처 : 옥션원(굿옥션)

잘 되는 아파트라도 외진 동네일수록 그 동네만의 특수성이 있기에 단순히 보이는 거래량이 실제 거래량이라고만 판단할 수 없다는 것이었다.

파주시 문산읍의 아파트는 입찰 전에 근처 부동산 중개소에 전화해서 요즘 매도 거래는 가능한지, 매도 시세는 어떤지 어느 정도

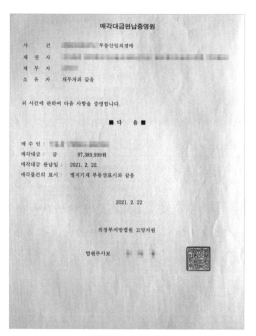

▲매각대금완납증명원
경매로 낙찰받은 대금을 법원에 완납했음을 입증하는 서류(출처: 법원)

조사하고 입찰을 했다. 낙찰 후 실제 매도 거래가 거의 안 되어서 한참 동안 빈집 상태로 놓았다가 도배, 장판 새로 싹 해서 전세를 플러스피로 맞췄다. 원래 목표는 낙찰 후 최소한의 수리와 도배, 장판 시공 후 빠른 시일 내에 매도하는 것이었다. 그런데 부동산 중개소 얘기와는 다르게 파주에서도 너무 북쪽 외곽이라 매도가 매우 어려웠다. 확실히 네이버 부동산의 실거래가와 호가만을 100% 믿어선 안 되고 실제 현장 부동산 분위기를 제대로 파악하지 못하면 매매가 거의 안 되는 난관에 빠질 수 있다. 플러스피로 전세를 맞춘 거라 투자금에 더해서 1,000만 원 넘는 추가금이 나왔지만 2022년 수천만 원의 종부세를 맞고 보니 가격을 좀 낮춰서 빨리 매도를 하는 게 낫겠다는 생각이 들었다. 그런데 부동산 매매를 6개월에서 1년 이내에 한다면 개인 명의로는 한 채 정도까지는 양도세에 크게 부담은 없다. 지금은 세법이 누더기처럼 바뀌어서 다주택자가 단기 매매 시 거의 남는 게 없는 수준까지 문재인 정권 때 세금이 폭증했다. 따라서 경매 낙찰 후 단기 매매 시에는 부동산 법인 설립이 필수인 상황이다. 문재인 정권 때 하도 부동산 규제와 세법 강화를 통해 억제책만 잔뜩 만들어서 부동산 법인도 예전만큼 실익이 없다. 특히나 전세 준 집들로 인해 수천만 원에서 억대에 달하는 종부세를 맞아보면 정말 현타가 세게 온다(이미 납부한 재산세를 제외하고 징벌적 과세를 넘어서 수탈 수준의 세금이 되어버렸다).

그나마 남은 것이 공시가 1억 원 이하 아파트 단기 매매였는데 여기도 크게 폭등한 종부세로 인해 실익이 많이 줄어든 상태라 너무 깝깝하다. 앞으로 신규로 다주택자 시장에 진입할 사람은 제정신인 이상 거의 없을 것이고 그런 상태가 몇 년 지나면 80% 이상을 차지하는 민간 임대시장은 대폭 축소되어 또 한 번 임대차 시장의 대란이 나올 수 있을지 지켜보고 있다.

나는 그 당시 아직 학원 수업을 하던 중이었고 채무자인 독거 할머니와 어렵게 연락이 됐는데 본인은 일 나갔다가 밤늦게 돌아온다고 해서 밤 9시가 넘어 차를 몰고 가서 명도 및 이사 협상을 했다. 집이 경매로까지 나온 채무자들의 재무 상태가 엉망인 것은 당연한 일이지만 방 안에서 담배를 피우며 라면 끓여서 밥 먹는다는 독거 할머니의 한숨에, 사람인지라 강하게 압박도 못하고 할머니가 요구하는 조건을 많이 들어주는 선에서 명도 협상을 완료했다. 차라리 채무자가 배 째라는 식으로 나오며 무리한 요구를 주장하면 나도 강경하게 법적인 압박으로 대응할 텐데 예상치 못한 할머니의 읍소 전략(?)에 말려서 상대적으로 할머니의 요구를 많이 들어준 명도 협상이었다.

문산 건을 경험하며 플러스피로 전세를 맞췄다 해도 결국 매도해서 이익을 내기 어려운 곳이라면 항상 주의하고 조심하게 됐다. 무조건 전세가 잘 나가고 플피로 전세를 맞추는 것이 중요한 게 아니라 반드시 매도를 쉽게 할 수 있어야 한다는 교훈을 얻었던 물건이었다. 그리고 너무 낙후된 곳의 부동산은 웬만하면 접근하지 말자는 생각도 강하게 들었다. 최소한 경기권이라면 근처에 지하철이나 전철이 접근하기 쉬운 곳까지만 입찰하자는 생각이 들었다. 특별한 호재가 있는 지역이 아니라면 전철이나 지하철역이 근처에 있는 곳까지만 접근하는 것이 맞다는 것을 경험했다.

: 투자의황제 :

4

투자에는
운도 따라야 한다

다섯 번째 경매는 한참 핫하게 달아오르기 시작했던 평택 지역이었다. 당시 수원지방법원 평택지원에 입찰하러 가면 정말 많은 사람이 몰렸었고, 특히나 평택이 삼성전자 대규모 생산 단지 건설과 완공 후 유입될 수많은 근로자들을 예상해서인지 평택 지역 아파트 경매 물건은 조금만 괜찮다 싶으면 20대 1은 그냥 넘길 정도로 꽤 경쟁이 치열했다. 내가 낙찰받았던 아파트는 평택시 포승읍에 있는 외단지 아파트로 진입로도 외진 곳이고 평수도 15평으로 단일평수

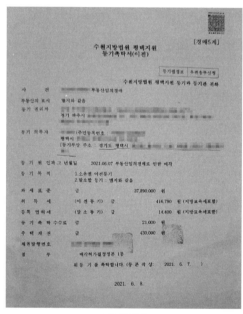

소재지	경기도 평택시 ▨▨▨▨ ▨▨▨ ▨▨▨ ▨▨▨▨▨▨▨				도로명검색	🄳지도	🄳지도	
새주소	경기도 평택시 ▨▨▨▨▨ ▨▨▨ ▨▨▨▨▨▨▨							

물건종별	아파트	감 정 가	51,000,000원		오늘조회: 1 2주누적: 35 2주평균: 3		조회동향	
대 지 권	40.09㎡(12.127평)	최 저 가	(70%) 35,700,000원	구분	매각기일	최저매각가격	결과	
건물면적	49.94㎡(15.107평)	보 증 금	(20%) 7,140,000원	1차	2021-03-15	51,000,000원	유찰	
매각물건	토지·건물 일괄매각	소 유 자	▨▨▨	2차	2021-04-19	35,700,000원		
개시결정	2020-07-09	채 무 자	▨▨▨	매각 : 37,890,000원 (74.29%)				
사 건 명	임의경매	채 권 자	▨▨▨ ▨▨▨▨▨	(차순위금액 36,800,000원)				
				매각결정기일 : 2021.04.26 - 매각허가결정				
				대금지급기한 : 2021.06.04 - 기한후납부				
				배당기일 : 2021.07.14				

출처 : 옥션원(굿옥션)

▲등기촉탁서
낙찰받은 아파트의 대금을 완납하고 법원에 등기 신청을 하는 서류(출처: 법원)

투자에는 운도 따라야 한다

인, 예전에 근로자들 사택으로 쓰던 아파트 단지였다. 지도상의 위치로도 꽤 외진 곳이었고 아파트 단지까지는 걸어서 10분 이상 후미진 길을 걸어가야 했다. 그런데 이 아파트가 평택 지역에 불어온 아파트값 상승 열풍에 힘입어 나의 경매 수익률 중 거의 100%에 가까운 수익을 얻었던 아파트다. 그때 느꼈던 것은 입지도 중요하지만 상승 시기를 잘 타면 비인기 아파트도 좋은 값에 매도할 수 있다는 것이었다.

평택에 15평 1.5룸형 아파트는 세입자가 70% 정도 배당을 받아가는 것이라 명도 확인증이 꼭 필요했던 상황이어서 추가 비용 없이 수월하게 명도를 완료했다. 아파트를 명도받고 내부를 확인해 보니 거실 벽면에 검은 곰팡이가 잔뜩 끼었는데 세입자(남성)도 방치한 채로 그 위에 두꺼운 스티커 벽지를 덧대 사용 중이었다.

명도받은 아파트 내부에 들어가 보면 십중팔구는 상태가 안 좋다. 심한 경우는 방마다 쓰레기 천지에 벽지는 뜯어져 있고, 전등도 제대로 안 들어오는 경우가 많다. 그렇지만 아파트의 벽골조나 배관, 샷시 등 아파트의 기본적인 구조물들이 손상된 경우는 거의 없다. 쓰레기나 벽지 썩은 것 따위는 큰 문젯거리가 아니다. 그런 쓰레기는 청소 업체를 수소문하거나 숨고 앱에 견적을 올려서 업체를 선정해 일을 시키다 보면 그중에 일을 깔끔하고 정직하게 처리하는 곳을 만나게 된다. 그러면 단골로 만들어서 계속 일을 주다 보면 웬만한 부탁은 다 들어주는 사이로 발전한다. 매번 업체를 새로 선정하는 것도 일이고 단골 업체를 만들면 웬만해선 눈탱이 치는 가격으로 시공비를 받지 않는다. 다만, 단골이 될 때까지 시공비 조정에 대한 밀당은 필요하다. 무조건 믿고 맡기기보다는 내가 자세히 알고 있고 어느 정도 견적이 나올지 알아야 시공비 협상이 수월하다. 이런 과정을 다 거치고 단골 시공 업체가 지역마다 한두 개씩 생기면 아파트 시공이 아주 쉬워진다.

도배, 장판 시공하는 분들이 천장 도배할 때 전등을 모두 제거하고 도배를 하게 되니 쿠팡에서 LED 방 등, 거실 등을 주문해서 도배 시 새 LED 등으로 교체해서 달아달라고 하면 웬만하면 추가 비용 없이 교체해서 달아준다. 그러면 나중에 따로 방 등, 거실 등을 달아야 하는 인건비와 비용을 절약할 수 있다. 쿠팡에서 LED 방 등을 사면 2만 원 내외로 1개를 살 수 있고 시공할 아파트 주소로 배달해 놓으면 도배업자가 받아서 달아준다. 추후에 따로 등을 달려고 하면 기본 인건비와 등 하나에 5~7만 원을 부른다. 그러니 도배 시공 때 LED 방 등을 주문해서 교체해 달라고 하면 비용 절약도 되고 또 새 조명 덕분에 도배 시공한 게 더 예쁘게 보인다.

평택에서 다섯 번째 아파트를 낙찰받고 도배, 장판 시공 및 청소 후 4달 만에 거의 100% 가까운 수익을 냈다. 이 경험으로 거의 매주 수원지방법원 평택지원으로 경매 입찰을 갔지만 아파트 낙찰받기가 매우 어려웠다. 기본적으로 평택 아파트 경매 입찰 경쟁률은 대략 평균적으로 20대 1이 나왔던 것 같다. 그래도 평택 지역 경매 검색

소 재 지	경기도 안성시 [가림]				도로명검색	🖪 지도	🖪 지도		
새 주 소	경기도 안성시 [가림]								

					오늘조회: 1 2주누적: 7 2주평균: 1		조회동향		
물건종별	아파트	감 정 가	160,000,000원	구분	매각기일	최저매각가격	결과		
대 지 권	61.86㎡(18.713평)	최 저 가	(49%) 78,400,000원	1차	2020-09-21	160,000,000원	유찰		
					2020-11-02	112,000,000원	변경		
건물면적	84.971㎡(25.704평)	보 증 금	(20%) 15,680,000원	2차	2020-12-07	112,000,000원	매각		
				매각 113,000,000원(70.63%) / 1명 / 미납					
매각물건	토지·건물 일괄매각	소 유 자	[가림]	3차	2021-03-22	112,000,000원	유찰		
개시결정	2020-03-03	채 무 자	[가림]	4차	2021-04-26	**78,400,000원**			
				매각 : 113,899,999원 (71.19%)					
사 건 명	강제경매	채 권 자	[가림]	(입찰14명,매수인: [가림]) 차순위금액 113,010,000원)					
				매각결정기일 : 2021.05.03 - 매각허가결정					
관련사건	[가림]			대금지급기한 : 2021.06.09					
				대금납부 2021.06.07					

출처 : 옥션원(굿옥션)

▲등기필정보 및 등기완료통지서(출처: 법원)

▲등기촉탁서(출처: 법원)

을 매일같이 하던 중 눈에 띄던 아파트 물건을 찾았다.

채무자와 소통하는 법

여섯 번째로 낙찰받게 된 물건은 수원지방법원 평택지원에서 입찰했던 안성시 공도읍의 아파트였다. 3회나 유찰되었던 물건이었고 2회차 경매에서 누군가 단독 낙찰 후 미납된 물건이었다. 초보 시절이라 '미납 물건이 재경매에 나온다면 분명 문제가 있지 않을까?' 하는 생각에 입찰할지 말지 고민을 했는데 평택 지역 아파트 낙찰과 단기 매매로 큰 수익률을 맛본 후라 약간의 위험은 감수하고 입찰하자고 생각했다. 낙찰가는 2차 낙찰가보다 약 100만 원 정도 더 써서 낙찰받았고 2등은 2차 낙찰가보다 딱 1만 원을 더 썼다. 경쟁률은 14대 1에 1회 미납 경력이 있는데도 꽤 많은 사람이 입찰에 참여했다. 이제 남은 것은 명도였다. 낙찰받고 일주일 후 매각 허가가 나서 수원지방법원 평택지원으로 낙찰 때 받은 입찰 보증금 영수증과 신분증을 가지고 법원 경매 서류를 뒤져서 채무자 연락처를 찾아낸 후 문자로 첫 연락을 했다.

채무자와는 되도록 전화보다는 문자로 대화를 주고받는 것이 좋다. 아무래도 채무자와 명도, 이사 지원비 등 돈 얘기가 나오다 보면 서로 감정이 격해져서 목소리가 커지게 될 수 있고 그럴 경우 오히려 감정싸움으로 이어지면 명도 과정이 더 꼬일 수 있으니 차분하고 정중한 표현으로 문자를 보내는 것이 좋은 대화 방법이다. 그렇다고 전화를 하지 말라는 것은 아니다. 되도록 첫 대화는 문자로 시작해서 서로 소통에 큰 문제가 되지 않으면 어느 정도 협상이 이루어진 후에 대면 상담하는 것이 좋다. 문자로 어느 정도의 이사비 지원을 얘기해놓은 게 있다면 대면 협상에서 무리한 요구를 하기가 어렵기 때문이다.

안성 공도읍 아파트의 채무자는 독거 할머니였다. 첫 대면 협상에 이사비 400만 원을 달라기에 강제 집행을 신청하고 채무자에게 가압류 및 임차 비용을 일할 계산해서 신청하겠다고 말하고 그냥 돌아왔다. 상담하면서 집 안 내부를 살펴보니 남향에 계단식 로얄층인 13층을 단독으로 쓰는 집이었고 채무자 할머니는 자기가 살 집이라 맨 처음 돈을 많이 들여 리모델링을 잘 했다고 했다. 그래서인지 다른 집보다 구조가 넓게 잘 빠져있고 평수도 더 커 보이게 리모델링이 잘 되어 있는 상태였다. 비록 리모델링한 지 오래됐지만 새로 도배, 장판에 전등을 모두 LED 등으로 교체하면 집 안 상태가 새집같이 바뀔 것 같았다.

그 이후 지루한 명도 협상에 이사비 협상까지 마무리되었는데 집 안 상태가 좋고 로얄층에 전망도 좋아서 평소보다 이사비는 많이 준 편이었지만 강제 집행보다는 적게 들었다. 아무래도 집의 구조와 상태에 따라 수익이 더 발생할 것 같으면 이사비 지원에서 약간은 더 줄 여력이 생기는 것 같다. 예상대로 명도 완료 후 도배, 장판 및 전등을 모두 교체하고 청소까지 마치니 정말 새 아파트 같고 남향에 뻥 뚫린 전망이라 살기에 너무 좋은 집이 되었다. 서울과 가까우면 내가 들어가 살고 싶을 정도였다. 좋은 구조에 로열층, 리모델링도 잘 된 집이라 전세도 최고가로 금세 맞췄고 전세로만 약 40% 플러스피를 얻었다. 매도 시 추가로 20% 정도의 수익을 기대하고 보유 중인데 종부세를 직접 맞고 보니 생각이 복잡해졌다.

그리고 다섯 번째 낙찰받은 아파트부터는 법인을 설립해서 본격적으로 아파트 낙찰 후 수리해서 단기 매매로 수익을 올리는 경매 일을 시작했다. 그때까지 수학학원을 같이 운영 중이었는데, 고등부 수학이라 저녁에 시작해서 오후 5까지는 경매 법원에 다녀오며, 일을 병행할 수 있어서 행운이었다고 생각한다.

리스크를 줄이는 법

경매를 배우고 수익을 한두 번 냈다고 해서 바로 전업으로 경매 투자에 올인하는 것은 위험하다. 일상적으로 들어가는 생활비와 각종 비용들을 경매 수익으로 충당하고자 한다면 제대로 된 투자와 판단을 하기 어렵기 때문이다. 최소한의 고정 수입이 있든지 월세 수입이 있어야 전업을 해도 조바심 없이 제대로 판단하고 투자할 수 있다. 무조건 직장을 때려치우고 전업 투자를 한다면 절대 반대한다.

반드시 월급이든 임대료 수입이든 최소한의 생활비가 나오는 현금 흐름을 만들어 놓고 나서 전업으로 투자를 해도 늦지 않다. 아무런 수입도 없이 투자 수익으로만 먹고살 수 있다는 생각은 매우 위험하다. 나도 학원을 운영하며 사 놓은 상가 3채에서 나오는 월세가 기본 생활비로 어느 정도 충당이 가능해서 2022년부터 전업으로 투자를 시작했다. 그나마 지금 금리가 갑자기 폭등해서 이자 부담이 정말 6개월 만에 2배로 치솟고 부동산 심리도 갑자기 냉각돼서 매매자체가 안 되니 자금 사정이 쉽지는 않지만 그나마 고정으로 들어오는 임대 수입 덕분에 이 힘든 시기를 버티며 넘어가고 있다.

그리고 2022년 하반기를 넘어서면서 진짜 부동산 거래가 꽁꽁 얼어붙은 느낌을 체감할 수 있었다. 매도로 내놓은 물건에 대해 문의 전화가 한 통도 없는 걸 보고 그냥 넋 놓고 있다가는 큰일이 날 것 같은 생각에 또 다른 현금 흐름을 만들려고 5개월 정도 공부하고 준비하면서 고시원을 인수해 운영을 시작했다. 그냥 법인 운영비만이라도 벌어보자는 생각이었는데 수십 개의 고시원을 임장하고 다니면서 운 좋게 수익률이 나쁘지 않은 고시원을 인수받아 운영하면서 작지만 또 다른 수입원을 마련하게 되었다.

돈을 벌 수 있고 현금 흐름을 만들 수 있는 갖가지 일들을 찾아보고 돌아다니면서 임장을 하다 보니 무언가 하나씩 깨달아 가는 것이 있다. 누군가 말했듯이 세상에 돈은 엄청 많이 있고, 그 돈의 흐름을 알면 돈은 자연히 몰려든다는 것이다. 진짜 돈은 고여있지 않고 물이 흐르듯 분명히 세상 곳곳에서 흐르고 있다. 그 돈의 흐름을 깨닫고 반드시 그 돈이 내게 모일 수 있도록 만들고 노력하는 것이 투자와 사업의 성공으로 가는 길이라 확신한다. 물론 그 흐름을 쉽게 찾을 수는 없고 누군가 알려줄 수도 없다. 그러나 그런 공부가 성공의 공부이고 매우 중요한 공부다.

투자에 리스크가 있듯이 모든 사업에도 투자보다 더 큰 리스크가 있다. 그러나 자전거가 두 바퀴로 굴러가듯 사업이나 근로 소득 또는 임대 소득으로 일정하게 들어오는 현금과 추가로 투자 소득을 만든다면 부자의 길로 가는 과정이 더 빠르고 안전할 것이다. 무조건 전업 투자자로 생활하겠다는 생각보다는 직업이나 사업을 병행하며 투자하길 바란다. 진짜 돈이 넘쳐서 더 이상 직장생활을 할 필요가 없을 때까지 열심히 일도 병행하며 투자하는 것이 리스크를 줄이는 가장 확실한 방법이다.

투자에는 운도 따라야 한다

: 투자의황제 :

5

부자가 되는
지름길은 없다

2022년 여름부터 부동산 침체기가 시작되면서 거래가 뚝 끊겼다. 그게 벌써 2년 넘게 지속되고 있다. 경매로 싸게 낙찰받아서 매도하려던 공시가 1억 원 이하 아파트도 거래가 사라졌다. 그동안 이자는 2배나 올랐고 문재인 정권의 법인 종부세 공시가 7.7%, 징벌적 과세라는 말도 안 되는 악법으로 법인 대표는 정말 아무 수익이 없어도 직장인 1년 연봉을 종부세로 수탈당해왔다. 그나마 다른 사업소득과 임대 소득이 있어서 2년을 버텨왔는데 2023년 가을에 역전세를 여러 번 당하니 진짜 한계 상황까지 몰리는 기분이다.

돌이켜 생각해보니 부동산 호황기에 나름 보수적으로 투자했는데도 나도 모르게 여러 채를 전세 갭으로 매수했던 것이 독으로 작용했다. 특히나 초보자들끼리 모인 투자방에서 "어느 지역이 덜 올라서 유망하다" 등 잡소리에 현혹되어 투자한 지방 아파트에서 나온 종부세와 손실이 어마어마한 상황이다. 또 전문가가 찍어준 곳에 투자한 것도 지금 역전세가 일시에 몰리고 공실로 1년 넘게 이자와 종부세를 때려 맞으며 버티고 있다. 결국 투자는 초보자들끼리 모인 곳은 위험하고 전문가라고 자칭하는 사람들의 투자방도 본인의 이익을 위한 것이지 누구나 돈을 벌 수 있게 해준다는 말은 사기다.

"언제 월급 모아서 부자 될까요?"라고 떠드는 전문가가 당신의 돈과 미래를 책임져주지 않는다. 진짜 투자는 본인만의 공부와 배짱을 가지고 해야만 성공할 가능성이 있다. 그렇다고 다 성공하는 것도 아니다. 운도 따라야 하는데 그 운이 어떻게 올지 알 수가 없으니 어렵다. 매도로만 버티던 빈 공시가 1억 원 아파트를 이젠 월세로 돌려서 이자 부담과 공실 관리비 부담을 줄이려고 영업 중이고, 또 6월 전에 안 팔린 법인 아파트는 꼭 개인 명의로 돌려서 종부세 폭탄을 피하기 위한 대비를 하려고 한다.

부동산 하락기를 겪으면서 뼈저리게 느낀 것은 리스크 관리의 중요성이다. 어떻게든 세금을 줄이려는 작업을 해야 하고 반드시 대비하지 않으면 큰 손실과 낭패를 겪게 된다. 그리고 부자가 되는 지름길은 없다. 대출 잔뜩 끌어와서 소액 갭으로 집을 샀던 무모한 투자자들이 요즘 뉴스에 나오는 전세 보증금 떼어먹은 갭 사기 투기꾼이 되는 것이다.

투자의 길은 쉬운 방법도 없고 전문가가 시키는 대로 한다고 되는 것도 아니다. 철저히 본인의 노력과 배짱, 또 운이 따라야 한다. 초보자 투자방 따위 결코 도움이 안 된다. 또 전문가라고 하는 사람들의 투자 강의도 믿지 말길 바란다. 반드시 본인이 공부해서 성공의 길을 찾아내야 한다. 물론 그 길은 찾기 어렵고 찾는 데에 오랜 시간이 걸릴지도 모른다. 빠르게 부자가 되는 법이란 없다.

5

오공삼

정책과 매물을 분석하라

"내가 부동산 투자에서 가장 중요하다고 생각하는 부분은
부동산 가격 흐름의 역사다. 그 흐름이 발생하게 된 배경과 원인,
그에 따른 결과를 조사하다 보면 이 지역은 어떤 흐름으로 움직였고,
왜 그랬는지, 그때 상황은 어땠는지,
지금과 얼마나 유사점이 있는지 등을 판단해볼 수 있다."

: 오공삼 :

1

부동산 투자에서
중요한 두 가지 기준점

　나는 아파트 투자를 중점으로 했다. 시작은 보유 중인 주택을 비과세 받고 높은 가격에 파는 것이었다. 그러나 공부를 하면서 '비과세는 정부가 만들어 놓은 달콤한 덫'이라는 생각이 들었고, 일시적 1가구 2주택, 나아가 3주택도 비과세를 받을 수 있는 전략이 존재한다는 것을 알게 되면서 다주택자로 방향을 변경했다. 처음에는 싸게 살 수 있는 경매로 접근했지만, 직장인이었던 터라 입찰이 자유롭지 못해 급매 위주로 투자를 진행했다. 하지만 경매를 공부하면서 배웠던 권리 분석, 물건 중심의 지역(단지) 임장은 급매 투자에도 많은 도움이 됐다. 다주택으로 진행하면서 가족의 명의를 활용하는 것에도 한계를 느껴 2021년에는 법인을 설립해서 투자를 확장했다.

2018년 비과세 전략과 2019~2020년 3주택 비과세 전략으로 3채까지 주택을 늘려가던 와중에 2020년에는 정책 공부에 집중하게 됐다. 조정 대상 지역 확장에 따른 풍선 효과 재현을 예상해 경기도 외곽(의정부, 동두천, 여주)에 투자를 진행했다. 임대차 3법이 통과되면서 과거의 임대차 기간이 2년으로 연장된 것에 대한 부작용을 예상해 외곽 지역에 공시지가 1억 원 이하로 투자를 결심했다. 다만, 이때 투자 경험의 부족으로 확신이 서지 않았는데 얼음공장 님과의 많은 대화를 통해 확신을 채우고 그동안 모니터링해오던 지역(의정부, 시흥시, 인천시, 오산시, 천안시)에 10개를 매수하는 도전을 감행했다.

생각보다 매수한 지역들의 아파트들이 단기간에 수익을 내면서 자신감을 얻을 수 있었다. 이미 세팅할 때부터 무피~1,500만 원 정도의 소액으로 투자를 했고, 2020~2021년 전세 만기 시점의 전세가 상승만으로도 투자금의 상당 부분을 회수할 수 있었다. 이때부터 단기간 상승하는 아파트에 대한 출구 전략으로 법인 단타를 고려했다. 회수한 전세 금액 및 대출을 레버리지로 울산, 광주, 대구, 순천 등에 법인으로 투자했다. 2021~2022년에 19개를 매수했고 그중 10개를 매도하면서 수익을 냈지만 2022년 시장이 하락하면서 포트폴리오의 순환이 막히고, 역전세로 인한 자금 압박으로 상황이 급변했다.

사실 지금 생각해보면 레버리지가 얼마나 무서운 것인지 몰랐고, 단기간 수익으로 생긴 자만심으로 한 투자들을 떠올려보면 아찔하기만 하다. 시장이 좋아서 돈을 번 것도 모르고 내가 시장을 맞췄다며 자만한 것이 화근이 되어 현 하락 시장에서 종부세, 재산세, 역전세 등으로 대가를 치르는 중이라고 생각한다. 한 번 더 겸손해지고 리스크 관리라는 것이 무엇인지 깨닫고 있는 요즘이다.

내 법인 투자의 기반이 되어준 개인 투자 물건들의 전세금 레버리지는 지금처럼 매매와 전세 시장이 동반 하락하는 시장에선 오히려 독이 되었다. 다행인 것은 보유 주택이 매수했던 가격 대비 2배 이상 올라준 상황이라 마음만 먹는다면 처분해서 역전세를 매울 수 있다는 것이다. 물론 거래가 없으니 쉽지는 않지만 지금 내가 할 수 있는 선택은 버티기뿐이다. 2025년까지 보유 가능한 수준으로 매도를 진행하고, 많은 손해가 있었지만 최대한 버티기를 선택했다. 물건별로 적게는 500만 원에서 많게는 2,500만 원까지 손절했고, 지금은 대출로 현금을 확보해 역전세를 막아가며 버틸 수 있는 포트폴리오를 만들고 있다.

나는 기본적으로 전세가를 활용한 갭투자를 했다. 일반 매매(급매)와 경매를 활용해 매수하는 방법이다. 내가 바라보는 시장의 기준점은 크게 두 가지가 있었다. 첫째는 경제와 부동산 정책이고, 둘째는 나만의 투자 원칙과 모니터링, 보고서이다. 먼저 경제와 부동산 정책에 대해 하나의 마인드맵을 소개한다.

■ 부동산 투자 공부를 위한 기본 개요도

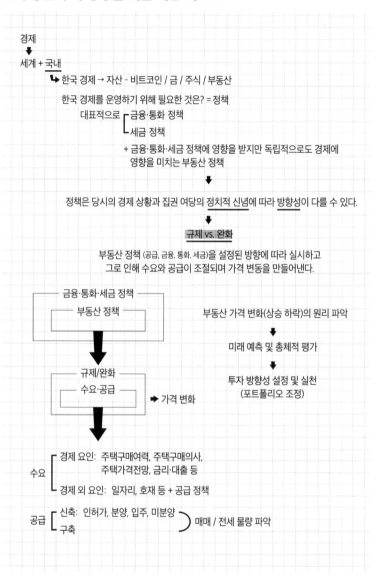

경제
↓
세계 + 국내

　　↳ 한국 경제 → 자산 - 비트코인 / 금 / 주식 / 부동산

　　한국 경제를 운영하기 위해 필요한 것은? = 정책

　　　　대표적으로 ┌ 금융·통화 정책
　　　　　　　　　└ 세금 정책

　　　　　　　+ 금융·통화·세금 정책에 영향을 받지만 독립적으로도 경제에
　　　　　　　　영향을 미치는 부동산 정책
　　　　　　　　　　　　　　↓

　　　　정책은 당시의 경제 상황과 집권 여당의 정치적 신념에 따라 방향성이 다를 수 있다.
　　　　　　　　　　　　　　↓

　　　　　　　　　　　규제 vs. 완화

　　　　부동산 정책 (공급, 금융, 통화, 세금)을 설정된 방향에 따라 실시하고
　　　　그로 인해 수요와 공급이 조절되며 가격 변동을 만들어낸다.

┌─ 금융·통화·세금 정책 ─┐
│　┌─ 부동산 정책 ─┐　│
│　└──────────┘　│　　　　　　　부동산 가격 변화(상승 하락)의 원리 파악
└───────┬────────┘　　　　　　　　　　↓
　　　　　↓　　　　　　　　　　　　　　미래 예측 및 총체적 평가
┌─ 규제/완화 ─────┐　　　　　　　　　　　↓
│　┌─ 수요·공급 ─┐│ → 가격 변화　　　투자 방향성 설정 및 실천
│　└─────────┘│　　　　　　　　　（포트폴리오 조정）
└───────┬──────┘
　　　　　↓

　　　┌ 경제 요인:　주택구매여력, 주택구매의사,
　수요 ┤　　　　　　주택가격전망, 금리·대출 등
　　　└ 경제 외 요인:　일자리, 호재 등 + 공급 정책

　　　┌ 신축:　인허가, 분양, 입주, 미분양 ┐ 매매 / 전세 물량 파악
　공급 ┤ 구축　　　　　　　　　　　　　　┘
　　　└

부동산은 경제라는 큰 분류 속에 포함된 종속 변수이다. 다만, 부동산은 경제라는 큰 틀 안에서도 '공급'이라는 측면에서 시간적 차이를 두고 움직일 수 있다. 그리고 무엇보다 부동산은 정치적으로 민감해서 정치의 결과물인 정책에 따른 변수가 존재하고, 그 변수가 경제라는 큰 틀을 때로는 역행해 상승과 하락의 결과물을 만들어 내기도 한다는 것이다. 결론적으로 내가 부동산 시장을 바라보는 중점 요소는 부동산 시장의 수요와 공급을 조절하는 부동산 정책이고, 정책을 만들어 내는 집권 여당 또는 입법 기관인 국회 다수당의 정치이다. 큰 틀에서는 거시 경제를 알아야 분명히 도움이 되겠지만 공급의 큰 틀을 결정짓는 부동산 정책이 가장 중요하고, 금융, 통화, 세금 등이 그다음 중요 요인이다. 수요와 공급을 모두 파악하려고 애쓰고 있지만 공급에 의한 구조를 먼저 잡고 공급에 의해 영향을 받는 수요의 움직임 그리고 심리를 통해 살을 채워나가는 것이다. 2017년에 부동산 공부를 시작하고 과거 부동산 정책의 역사와 시장의 가격 흐름을 살펴본 결과 그게 가장 논리적이고 합당하다. 2021년 말부터 2022년 말까지 이어지는 조정에서 하락의 과정을 경험한 지금도 생각은 변함이 없다. 다만, 수요는 공급으로 짜여진 구조 내에서 변화한다는 생각이 조금은 달라졌다. 공급의 구조로 짜여진 판에서 수요가 따라오는 것은 맞지만 수요의 심리로 인해 그 속도가 생각보다 더 빠를 수도, 더 느릴 수도 있다. 시장의 구성 요소인 수요의 비이성적인 매수와 임대가 있다면 반대로 비이성적인 매도와 임대도 있다는 것을 느끼고 있기 때문이다. 그럼에도 불구하고 시장을 바라보는 내 관점에 큰 틀의 변화는 없다. 정책에는 부동산에 영향을 주는 간접적 정책인 금융, 통화, 세금 정책이 있고 직접적으로 영향을 주는 부동산 정책이 있다. 이러한 정책은 구조를 만들어 내고 수요에 영향을 주는 여러 직간접적인 요인들로 인해 속도가 달라진다고 생각한다.

공급과 수요로 큰 틀이 정해지면 이는 방향성으로 인식할 수 있다. 예를 들어, 여러 정책을 요인별로 묶었을 때 상승할 가능성이 높다고 판단되면 방향성은 상승으로 큰 틀을 잡고 지역적으로 공급을 따져본 후 전세와 매매의 시장 상황을 모니터링하면서 가장 싸게 사면서도 전세를 활용해 투자금을 적게 들일 수 있는 때를 보고 들어가는 것이다. 2017~2020년까지는 전세를 활용한 투자를 하더라도 수요가 전세로 들어왔다가 상승장에 추격 매수를 하든, 하락장에 저점 매수를 하든 실수요가 받쳐주는 시장을 기반으로 투자를 해왔다. 2021년에는 실수요가 매매로 전환될 수 있는 시장보다는 말 그대로 전세를 레버리지 삼아 투자자들이 전세와 매매를 쌓아 올라가는 유동성 시장 투자를 했다. 따라서 수요와 공급을 기반으로 투자를 할지라도 성격은 두 가지로 나뉜다. 실수요를 기반으로 한 사용 가치 대비 소유 가치로 전환될 수 있는 시장의 투자와 소유의 가치보다 사용의 가치가 현저히 높은 유동성 시장으로의 투자다. 그럼에도 불구하고 모두 전세를 기반으로 한 투자 시장이었다는 점에서는 대동

소이하다.

　세부적으로는 아무리 크고 작은 파도가 있다 해도 밀물과 썰물이라는 큰 틀은 거스를 수 없다. 물론 나 스스로 원칙을 지키지 못하고, 큰 흐름을 거스르면서 투자한 것은 자만이었다. 내가 아는 것은 한주먹의 크기도 안 되는데 양팔 벌려 동그라미를 그린 것만큼 안다고 착각했던 것이다. 이런 실수들이 모여 지금은 감당하기 벅찬 상황까지 왔고, 투자하는 과정에서의 크고 작은 실수들이 아쉽기만 하다. 다음 시장까지 내가 버텨낸다면 다시는 그런 실수를 반복하지 않아야겠다는 생각을 하지만, 그럼에도 불구하고 그동안 투자했던 순간의 판단을 후회하진 않는다. 잘 몰라도 저질러보고 지금처럼 견뎌내는 경험의 과정이 결국 내가 두 팔로 벌린 동그라미만큼 안다고 착각했던 부분들을 채워주는 시간의 역사를 만들어 낸 거라 생각하기 때문이다. 나는 다음 시장이 도래한다면 내가 생각한 투자 원칙과 보고서를 최우선으로 지키고, 과거부터 지금까지 투자하면서 기록해왔던 많은 것들을 활용해서 시장의 중점 요소를 파악해 전략을 구상하고 투자를 해 나갈 것이다.

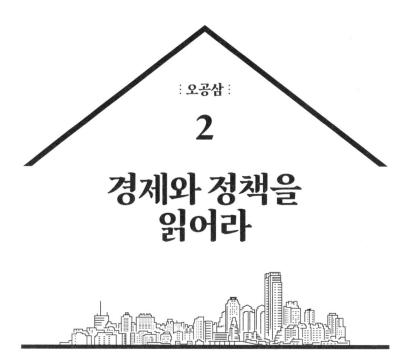

: 오공삼 :

2

경제와 정책을 읽어라

나는 경제를 제대로 배워본 적이 없다. 경제를 전공하는 대학 수업을 들어본 적도 없고, 심지어 고등학생 때 문과를 나왔는데 사회탐구로 경제를 공부해본 적도 없다. 정치도 마찬가지다. 하지만 학습의 시작은 모방이고, 천재적인 사람이 새로운 분야를 개척하지 않는 한 많은 사람들은 개척되어 있는 분야의 기초부터 모방을 통해 학습해나가는 것이라고 생각한다. 즉 경제에 대해 아는 것도, 인사이트도 없는 내가 부동산 투자를 하기 위해서는 시중에 나와 있는 경제 서적을 읽는 수밖에 없었다. 다양한 책을 읽고 강의를 들으면서 우리나라의 경제 구조, 경제의 흐름, 나아가 거시 경제까지 받아들이고 실제로 내 생각인 것처럼 여러 번 반복하고, 여러 사람의 말에서 교집합을 찾으려고 애썼다. 그렇게 방향성을 잡은 후에는 금융, 통화, 세금 등 부동산에 간접적으로 영향을 주는 정책들을 살펴보고, 지금 경제 상황이 어떻게 돌아가는지 확인했다. 다음은 내가 2019~2021년에 생각했던 부동산과 관련 있는 경제 상황의 생각들을 정리한 것이다.

- 정부가 국채를 발행하면 시장 금리가 올라간다. 정부까지 돈을 빌리는 경쟁에 합류하면서 돈을 융통하는 데 따른 대가로 금리가 상승하는 것이다.

- 정부가 경기를 부양할 목적으로 대규모로 재정 지출을 늘리는 과정에서 발생한 재정 적자는 국채의 발행으로 이어진다. 국채 발행은 채권 시장에서 금리의 상승을 유발하는데, 금리의 상승으로 인해 민간에 존재하던 수요와 투자가 위축되는 일이 벌어진다. 결국 경기를 살리기 위한 정부의 재정 지출의 효과가 기대에 못 미치고 희석된다.

- 문 정부는 가계 소득의 증대를 통해 아래로부터 경제 활성화를 하는 소득 주도 성장을 목적으로 하는데 이는 부동산 경기를 직접적으로 부양

하기보다는 가격을 인위적으로 끌어올림으로써 실질적 소득 수준 향상보다 심리적 향상을 가져오게 하여 지출을 늘리게 하는 것이다.

- 누가 대통령이 되고, 집권당이 되어 어떤 정책을 하든 국가의 운영을 위해서는 돈이 필요하다. 세금을 인위적으로 많이 걷든 지출을 늘려서 세금을 많이 걷든 통화량 증가는 필연적이다. 가계의 지출을 담보로 세금을 걷을 확률이 높다. 세금의 재원은 아파트 가격과 연동되는 것이 많은 만큼 부동산의 완만한 상승이 꾸준히 필요하다.

- 이자율이 인플레이션보다 영향이 더 클 것이다. 즉 인플레이션을 잡기 위해 이자율을 올리는 방법은 시장에 먹힐 가능성이 크고, 인플레이션은 잡힐 것이라고 본다(하락 신호). → 이자율 증가, 수도권 제외 대도시/중소도시 인구 감소, 공급 물량 증가로 하락 가능성 높음

- 결국 경제 여건은 하방 압력이 강해지는 추세로 변화할 수 있다. 그동안의 유동성을 흡수하기 위한 테이퍼링이 점차 가까워지고 있고, 그 흐름은 미국에서부터 시작되지만 신흥국 범주에 포함되는 한국은 미리 준비해야 하기 때문에 기준금리 인상은 불가피할 것이다. 더군다나 인플레이션 시대에서 경제 성장이 뚜렷한 국가가 아니라면 스테그플레이션을 걱정해야 하기 때문에라도 인플레 안정을 위해서 경제 정책을 통해 인플레 안정을 가져오려고 할 것이다. 결국 지금 부동산 시장의 상승 추세는

수급 여건 하나만 가지고 상승 추세를 이끌어가야 하기 때문에 견고한 상황은 아니다.

• 돈의 가치의 움직임을 봐야 한다(금리, 테이퍼링, 통화 정책, 시중 금리 등). 금리란 돈의 가치이고 물가란 물건의 가치다. 안 오른 부동산이 없다는 것은 모든 실물 자산의 가치가 올랐다는 것이고 반대로 모든 실물 자산이 안 올랐다고 표현할 수도 있는 것이다. 그 말은 결국 실제로 화폐의 가치가 하락했다고 봐도 무방하다. 결국 어디가 오르는지를 보는 것보다 앞으로 돈의 가치가 어떻게 변화하는지가 중요하다는 것이다.

경제 공부한 것을 부동산 시장에 적용해서 해석하려고 부단히 노력했다. 경제와 관련해서는 아직도 아는 것이 너무나 부족하고 많은 사람의 책과 강의를 들으면서 한국의 경제 상황의 역사 그리고 한국의 거시 경제와 세계 경제의 흐름을 따라가기 위해 조금씩이지만 꾸준히 노력 중이다. 지금 같은 상황에서는 더더욱 미국에서 시작된 기준금리 상승이 결과적으로는 한국의 기준금리에도 영향을 미치게 되었고, 금리의 상승은 결국 세계 경제의 흐름 속에서 어쩔 수 없는 선택이다. 결국 그 과정도 크게 보면 '정치'라는 것을 알게 되었다.

내가 이러한 상황을 예측할 수 없다면 앞으로도 이런 상황이 발생할 수 있다는 전제하에 리스크를 관리하며 투자해야겠다는 다짐도 했다. 결국 내가 하는 투자는 전세를 기반으로 한 갭투자라는 것은 변함없다. 우리나라에 뿌리 깊게 박혀있는 전세 제도는 사라지지 않을 것이라고 믿기 때문에 결국 전세를 활용한 갭투자에서 금리가 차지하는 부분은 무시할 수 없다고 생각한다. 금리는 부동산을 움직이는 절대 요소는 아니지만, 매매를 지지하는 전세는 목돈의 개념이고 목돈은 현금이기에 현금의 가치를 평가할 수 있는 금리는 지금으로서는 중요한 요소로 판단된다. 경제를 논할 때 금리는 빼놓을 수 없다. 통화량과도 상관관계가 깊고 나라의 재정 운영에도 관련이 깊다. 어쨌거나 금리 하나만 놓고 경제를 논할 수는 없지만 큰 틀에서의 경제 여건은 부동산에 영향을 줄 수 있기 때문이다. 앞으로도 경제에 대해서는 한국 경제와 세계 경제 모두에 관심을 가지고 부동산 시장의 상위 범주인 경제를 파악해가야 할 것이다.

부동산 시장에 직접 영향을 주는 정책

부동산 시장에 간접적으로 영향을 줄 수 있는 경제 요소가 있는가 하면, 부동산 시장에 직접적으로 영향을 주는 정책 요인도 있다. 4개의 예를 들어보겠다.

첫째, 전세자금대출 금리 인하 및 활성화 대책이 있다면 이는 금융(경제) 정책과 부동산 정책 중 어디에 속할 것 같은가? 면밀하게 살

퍼보면 금융 정책이라고 생각할 수 있다. 하지만 전세는 부동산 매매 시장의 사용 가치를 만들어주는 중요 요소다. 그래서 나는 부동산 정책이라고 본다. 둘째, 대출 규제는 부동산 정책일까, 금융 정책일까? 마찬가지로 면밀하게 보자면 금융 정책이지만 부동산을 매입하는 데 LTV, DSR 등 대출의 총액을 좌지우지하는 규제가 있다면 이 또한 부동산 매수와 관련된 규제가 되어 거래가 비활성화되고 결과적으로는 부동산 가격에 영향을 줄 테니 부동산 정책이라고 보는 것이다. 셋째, 양도세 중과 정책이 있다. 이는 단순히 세금과 관련된 정책일까? 양도세 중과는 거래 가능한 매물의 총량에 영향을 주기 때문에 결과적으로는 이 또한 부동산 정책이다. 넷째, 비과세 기준의 상향 조정은 세금 정책이지만 그동안 세금으로 인해 매도하지 못했던 물건들 중에서 비과세 기준의 상향 조정으로 인해 양도세에서 자유로운 1주택자의 매물들이 시장에서 활발하게 거래될 수 있는 가능성을 열어주게 되었으니 이 또한 부동산 정책이다.

이렇게 따지면 대놓고 금리를 상승, 인하하는 금융 정책을 제외하고는 대부분 부동산 정책이다. 사실 금리 상승, 인하 정책도 결국 부동산 안으로 끌고 들어오면 이 또한 부동산 정책이다. 결론적으로 대부분의 정책, 즉 경제의 큰 분류 안에 들어오는 정책은 부동산에 직·간접적으로 영향을 준다. 다만, 부동산의 상승 요인인지 하락 요인인지를 분류하여 총체적으로 상황을 파악하려고 했다.

아무리 금리가 부동산 가격에 직접적인 연관이 없더라도 금리를 인하하면 구매 여력이 상승하기 때문에 부동산 시장에 긍정 요인으로 작용할 것이고, 금리가 상승하면 구매 여력의 축소로 인해 부정적인 영향을 줄 수 있다. 부동산이 상승하고 있는 추세에서는 금리가 상승해도 매수 심리에 부정적인 영향을 즉각적으로는 줄 수 없으나 매수할 수 있는 총수요의 양을 줄이는 데에는 역할을 할 것이기 때문이다. 이러한 관점에서 하나의 표를 제시한다. 내가 부동산 시

■ 정책으로 인한 시장 영향

분류	정책					
	매수		보유		매도	
	장려	억제	장려	억제	장려	억제
효과	현재 수요 증가	미래 수요 증가 (임대 공급 감소)	임차 시장 안정 (임대 공급 증가)	임차 시장 불안 (임대 공급 감소)	매매 시장 안정	매매 시장 자극
정책	기준금리 하락 담보대출 완화 전세대출 규제 취득세 감소 규제 지역 해제	기준금리 상승 담보대출 규제 전세대출 완화 재건축 안전진단 강화 재건축 초과이 익환수제 실행 취득세 증가 분양가 상한제 실행 규제 지역 지정 사전청약	기준금리 하락 재산세 감소 장특공혜택 확대 종부세 감소 임대사업자 혜택 증가	기준금리 상승 재산세 증가 장특공혜택축소 종부세 증가 임대사업자 혜택 감소	기준금리 상승 양도세 감소 비과세 혜택 확대 실거주 요건 완화	기준금리 하락 양도세 증가 조합원 지위 양도 제한 실거주 요건 강화
2022	미래 수요 증가		임차 시장 불안		매매 시장 안정	
2023	미래 수요 증가		임차 시장 안정		매매 시장 안정	
2024	현재 수요 증가		임차 시장 안정		매매 시장 안정	

장을 바라볼 때 중점으로 보는 항목이다.

부동산 시장에서의 거래는 결국 매수, 매도, 임대 중 하나다. 사실 크게 보면 매수와 매도 둘밖에 없는 것이지만 누군가는 매도를 해야 누군가는 매수를 하고, 매수를 한 사람이 실거주를 할 수도 있지만 임대를 줄 수도 있다. 그런 관점에서 보면 결국 투자를 하는 당시에 부동산 정책이 매수, 매도, 임대 셋 중에서 무엇을 장려하고 무엇을 억제하려고 하느냐가 시장의 방향성을 결정하게 된다. 임대 정책은 결국 보유를 장려하는 정책이 될 것이다. 보유를 장려하면 1주택자가 보유를 확대하게 되는 장기보유특별공제라는 제도와 비과세 요건 강화도 있을 수 있지만, 1주택자를 제외한 다주택자가 임대를 주는 물량에 영향을 주는 보유세 감소 정책도 있을 수 있다.

그러나 여러 가지 정책들을 살펴보면 무조건 한 방향으로만 이루어지지 않는다. 예를 들어, 이명박 대통령이 당선된 2008년에는 노무현 대통령 시절부터 존재해왔던 여러 가지 규제가 중첩되어 실시되고 있었는데 이명박 대통령이 당선되면서 매수를 촉진하기 위해 여러 가지 세금 제도와 공급 제도를 개편했다. 특히 지방의 미분양이 심각하던 2008년도에 '2008.06.11. 지방 미분양 대책 추진'을 발표하면서 미분양 주택에 대해서는 LTV를 상향 조정해주고 취·등록세를 50% 감면해주면서 일시적 2주택 인정 기간을 기존 1년으로 축소했던 것을 2년으로 늘려주는 등 지방의 미분양 아파트 매수 수요 촉진을 위한 주택 경기 부양 정책을 실시했다. 하지만 아직까지도 여러 가지 규제들은 남아있어 모든 정책이 매수를 촉진하던 때는 아니었다. 그렇다면 부동산 시장을 판단할 때 매수 장려인가 아닌가를 판단함에 있어서 아리송할 수 있다.

여기서 중요한 것은 정부 정책의 방향성이다. 자동차 운전에 비유하자면 속도를 내는 것은 언제나 코너 부분이 아니라 직선 부분이다. 우리가 방향성을 바꿔야 할 때는 핸들을 돌리면서 속도를 조절하고, 핸들을 돌리고 난 이후 방향성이 잡히고 나면 그때부터는 속도를 조절하면서 나아가는 것처럼 정부의 정책도 이와 비슷하다. 언제나 정부에 따라 정책의 상황은 시시각각 변한다. 진보 정당이라고 언제나 부동산 정책을 규제 일변도로 하지도 않고, 보수 정당이라고 언제나 부동산 정책을 완화하는 것도 아니다. 당시의 경제 상황에 맞추어 부동산을 통해 경기를 부양해야 하는 상황이라면 정책을 완화할 것이고, 이와 반대인 경제 상황이라면 정책을 통해 부동산 시장을 규제하려고 할 것이다. 그렇다면 당시의 부동산 정책이 어떤 방향을 추구하고 있느냐에 따라 앞으로 규제가 하나씩 사라질지 규제가 생겨날지 달라질 뿐이다.

앞선 표를 기준으로 지금 시장에서 매수를 장려하는 정책은 무엇이 있고, 매수를 억제하는 정책이 무엇이 있으며, 이와 같은 방식으로 보유와 매도를 모두 나열해보면 지금 시장에서 어떠한 정책이 더 많은 영향을 주고 있는지 알 수 있게 된다. 정확하게 수치화할 수는 없지만 나름대로 주관에 의해 시장에 영향을 주고 있는 정도를 고려하여 최종적으로 매수와 관련된 정책 중 장려하는 정책이 좀 더 힘을 받고 있다고 판단되면 매수 장려 정책이 펼쳐지고 있다고 판단하게 되는 것이다. 사실 따지고 보면 취득세를 감소시키는 정책을 펼치면서 조정 지역을 증가시키는 정책을 상반되게 실행할 수는 없다. 다만, 조정 대상 지역을 해제하면서 취득세를 풀지 않을 수는 있다. 조정 대상 지역이 해제되면 '취득세 중과'라는 규제도 완화된다고 볼 수 있다. 하지만 취득세는 세법이라 국회에서 입법 절차를 통해 취득세 중과 배제 예외 조항에서 삭제해야 하니 절차는 복잡할 것이다. 단, 추세와 방향이라는 것이 존재하기 때문에 지금과 같은 상황에서의 방향은 규제 완화 쪽으로 설정되는 것이다. 하지만 아직까지 그 추세를 매수 장려 정책이라고 부르기 어려운 이유는 아직까지 보유를 하는 것에 대한 완화 정책이 없기 때문이다.

어쨌든 시장을 볼 때는 여러 정책이 매수, 보유, 매도 관련으로 분류가 될 것이고 분류된 정책들 중에서 어떤 것들이 실시되고 있는지에 따라 시장의 방향성을 예측해볼 수 있다. 정부는 정책 자체의 기대 효과를 발표하기 때문에 우리는 그 기대 효과를 가지고 시장에 어떤 영향을 줄지 예측해볼 수 있다. 부동산, 나아가 경제는 역사가 존재하고 그 역사는 반복되어왔다. 따라서 역사를 통해 부동산 세금을 중과하는 정책을 펼치면 이러한 부작용이 발생했다. 어쨌거나 표 안에 모든 정책을 나열하기에는 부족함이 있고 나도 아직 공부 중이라 과거 1992년부터 정책 자료를 모으고 있다. 모든 정책 자료들을 분류표대로 구분해보고 실제적인 당시의 부동산 가격 흐름과 대조하여 어떤 영향을 미쳤는지 알아보려 한다.

2022년도 시장은 매수를 억제하고, 보유는 억제, 매도는 장려하는 정책이었다. 사는 사람은 없게 하고 파는 사람만 있게 하는 시장이다. 그럼 결론적으로 보유는 매수가 있어야 증가할 수 있고 매수가 증가해야 보유할 수 있는 사람도 늘어나는데 매수는 없어지고, 앞으로도 보유하는 것에 부담을 느낀 사람들이 매도를 하게 될 것이며 매도는 장려 중이지만 매수는 없는 상황, 즉 임차 시장의 불안이 가중될 것이라고 생각했다. 따라서 임차 시장 불안에 따른 임대 가격의 상승으로 임대 수요의 매매 전환이 일어날 수 있을 거라고 예측했다. 지금 생각해보면 틀린 추론은 아니었지만, 매수 수요가 없는 상황에서 매매 물량이 적체되고, 매매 시장의 거래 비활성화에 따른 매매가 조정이 전세 가격을 위에서 찍어 누르는 효과가 있을 거라는 생각은 못했다. 물론 매매 가격이 떨어짐에도 불구하고 서울 경기권은 전세가율이 90%까지 치고 올라온 것은 아니기에 매매 가격이 떨어져도 전세 가격까지는 공간이 남아있다고 판단했다. 하지만 금리 상승으로 인한 불안 심리까지 겹치면서 매매 가격이 전세 가격을 빠르게 하향 조정하면서 따라잡을지는 예측하지 못했다.

그런 상황에 지금 방향성 자체는 규제를 완화하는 쪽으로 확실히 선회를 했다. 다만, 아직 방향을 바꾸고 나서 속도를 올리고 있진 않은 모습이다. 여기서 중요한 것은 방향을 선회했다는 추세다. 추세가 잡히고 나면 속도는 결국 시간 문제라고 생각한다. 가다 서다를 반복하고 다시 한번 핸들을 왔다 갔다 하면서 비틀비틀할지는 몰라도 결국엔 방향성을 잡고 달리다 보면 속도가 빨라지는 순간이 올 것이다. 앞으로 하락장이 길어지면 길어질수록 내수 경기를 대부분 담당하고 있는 부동산 경기 진작 없이 경기 활성화는 어려운 얘기일 것이다.

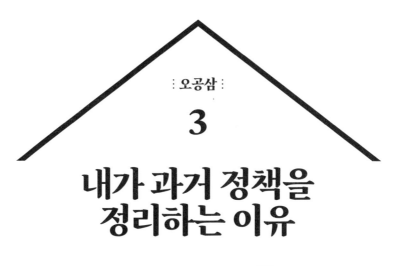

3

내가 과거 정책을
정리하는 이유

　나는 정책을 가장 중요한 요소로 살펴보는 투자자다. 정책의 방향성이 어디를 향하고 있고, 세부적인 정책들이 수요와 공급 측면에서 봤을 때 어떤 영향을 미칠지 분석해본 후 이로 인한 임대 물량은 어떨지, 매매 물량은 어떻게 될지, 물량에 대해 고민을 많이 하는 편이다. 즉 시장에서 거래 가능한 물량이라는 개념을 가장 많이 사용한다. 임대든 매매든 어쨌거나 거래를 통해 결정되는 부분인데 거래가 이루어지려면 거래할 수 있는 물량이 시장에 나올 수 있냐 없냐를 따져보면 된다고 생각하는 것이다. 결과적으로 내가 사용하는 개념 중 '거래 가능 물량'에 영향을 주는 정책으로 또 한 번 분류해서 시장을 분석하고 전략을 구상해보자.

앞서 제시한 표는 지금 현재 어떤 정책들이 있는지 분류하고 나열하여 체크한 다음에 어떤 것이 더 많고 적음을 따져 지금 시장에서 매수를 장려하는지, 억제하는지를 판단하고 그 효과로 인한 시장의 영향도를 분석하는 것이었다. 다음에 제시하는 표는 정책을 분류했다는 것은 같은 맥락이지만 당장의 거래 가능한 물량에 영향을 주고 있는 요인들을 분류했다. 그리고 물량의 감소에 영향을 주는 것들과 수요의 감소에 영향을 주는 것들, 수요를 완화하는 정책 정도로 분류하여 시장의 거래 가능 물량에 영향을 주고 있는지를 판단할 수 있게 정리한 것이다. 이에 따라 전체 수요와 공급상 밸런스를 판단해보는 데 도움을 준다. 물론 아직 너무 부족하고 미흡하지만 내나름대로 공부하면서 적용해보고 전략화해서 경험해보면서 좀 더 면밀하게 구체화해나가고 있다.

앞서 말한 것처럼 나는 1992년부터 부동산 시장에 영향을 준 대표적인 정책들을 모아가고 있다. 틈틈이 과거 사례와 책들을 살펴보면서 어떻게 체계를 잡아 분류를 하고 영향이 어땠는지 정리하고 있다. 공급, 세금, 통화, 금융 여러 가지 부분에서 구할 수 있는 정책은 1992년 정도부터였고 충분히 30년 치의 정책들을 활용해 당시의 부동산 가격의 역사를 비교 대조해본다면 지금 앞에 제시했던 정책들

■ 거래 가능 물량에 영향을 주는 정책

공급 물량 감소 정책			임대 물량 감소 정책
신축(택지)	신축(재재)	구축	
			공급 물량 감소 정책
분양가 상한제 토지보상 비용 증가 대출 규제 (한도, 금리, 총량) 기준금리 인상	분양가 상한제 재건축 초과이익환수제 재건축 안전진단 강화 조합원 지위 양도 제한 재개발 현금청산 대출 규제 (한도, 금리, 총량) 기준금리 인상	양도세 증가 보유세 증가 (세율/공시가격) 증여 증가 (양도세 > 보유세) 1주택 비과세 강화	가수요 규제 정책 임대차2법 (청구권/상한제) 사전청약 (3기 신도시) 취득세 중과 전세대출 규제 (총량/금리/연장X) 대출 실거주 요건

수요 규제 정책		수요 완화 정책
실수요	가수요	실수요/가수요
대출 규제 (LTV/DTI/DSR) 일시적 2주택 기한 축소 기준금리 인상 조합원 지위 양도 제한 현금청산	규제지역 지정 취득세 중과 양도세 중과 보유세 증가(세율/공시가격) 장기보유특별공제 강화 대출 규제(한도, 금리, 총량) 기준금리 인상 조합원 지위 양도 제한 재개발 현금청산	양도세 중과 유예 양도세 중과 예외(3억↓) 취득세 중과 예외(1억↓) 대출 완화(총량, 금리)

의 분류표를 만들어보기에 충분하다고 본다. 표에는 없지만 1992년부터 지금까지 발표되는 모든 정책의 기대 효과 및 실제 효과 그리고 부동산 가격과 연동되는 것들을 살펴봐서 시험의 족보처럼 만들

어볼 수 있다면 지금 시장의 방향성에 따른 향후 부동산 가격의 흐름도 어느 정도 예측해볼 수 있을 것이다. 실제로 지금까지 정리해 놓은 것들로만 봐도 추세가 결정되고 나면 속도의 문제만 있을 뿐 부동산은 기대했던 효과가 언젠간 발생해왔다.

정책은 결국 정치이고 정치는 결국 유권자들의 심리이다. 결국 엔 대중의 심리도 영향을 미치겠지만 반대로 얘기하면 대중은 결과적으로 구조적인 부분들을 거스르면서 사고할 수 있다고 생각하진 않는다. 큰 틀에서의 구조는 결국 심리를 드라이빙하는 요소라고 생각하기 때문에 정책이 가장 중요하다. 다만 정책을 만드는 건 정치인들이기 때문에 어느 정도 정치가 영향이 있을 수밖에 없다고 생각한다. 그럼에도 불구하고 정치는 결국 대중의 심리를 대변하는 것이기 때문에 세금을 무시하고 정책을 펼칠 수 없다.

과거 2021년까지 집값이 올라가고 세금을 확보할 수 있는 정책의 기반이 다져져 있는 상황에서 군이 규제 정책을 대대적으로 철회하려고 하지는 않았다. 규제를 철회하려고 하는 윤석열 대통령이 당선된 지금도 당선 이후 여소야대 및 세금을 좋아하는 정부라는 이유로 결국 완화 속도가 늦추어질 것이라 생각했고, 그에 맞게 정치적으로 안전하게 규제 완화도 최대한 속도를 늦춰가면서 진행되고 있다. 하지만 결국 세금에 문제가 생기면 활성화 속도도 빠르게 증가시킬 수밖에 없을 것이다. 정치적으로 버티는 것도 한계가 있을 수밖에 없다.

부동산 정책은 역사적으로 비슷한 과정을 거쳐왔다. 시장의 수요와 공급이 큰 틀이 되고, 대외 경제가 합쳐져 거래에 의해 가격이 형성되면 그에 따른 정책이 발표되었다. 또 그 정책은 다시 수요와 공급에 영향을 미치며 시장을 만들어 왔고 지금도 그러고 있다. 대통령별로 정책을 정리하고 과거의 부동산 시장의 매매와 전세의 가격 흐름의 상관관계를 살펴보면 완전 똑같지는 않지만 적어도 '어떤 경제 상황에서 어떤 정책일 때 이렇게 흘러가겠구나' 정도는 유추해볼 수 있다. 그 유추가 발현되는 시간이 다를 뿐 결국은 큰 틀에서 비슷하게 흘러간다. 문재인 정권과 윤석열 정권의 부동산 정책을 연도별로 굵직한 내용만 뽑아낸 키워드만 봐도 흐름을 알 수 있다.

■ 문재인(2017~2022년)

연도	내용
2017	• 재건축 규제(1주택 분양, 재초환 시행, 전매 제한, 임대 비율 상향) • 투기 과열 지구 재건축 조합원 지위 양도 제한 강화 • 조정 대상 지역/투기 과열 지구 추가 선정 • 서울 지역 전매 제한 기간 강화(1년 6개월 → 소유권 이전 등기) • 조정 대상 지역 대출 규제(LTV 70 → 60%, DTI 60 → 50%) • 자금조달계획 등 신고 의무화 • 민간택지 분양가상한제 적용 요건 개선 및 전매 제한 기간 설정 • 다주택자 양도세 중과 및 장기보유특별공제 배제 • 1세대 1주택 양도세 비과세 요건 강화(2년 실거주) • 투기 지역 내 주택담보대출 건수 제한 • 투기 과열 지구 LTV/DTI 40% 적용 • 중도금 대출 보증 건수 제한(세대당 통합 2건) • 다주택자 임대등록주택 양도소득세 중과 및 장특공 배제 • 청약제도 개편(1순위 요건 강화, 가점제 비율 상향, 재당첨 제한) • 총부채원리금상환비율(DSR) 도입 • 취득세/재산세 감면 연장 • 다가구주택 재산세 감면 • 2천만 원 이하 주택임대소득 분리 과세
2018	• 경기도 및 서울 투기 과열 지구/조정 대상 지역 지정 • 종부세 세율 강화 및 세부담 상한 상향(150→300%) • 다주택자 규제 지역 내 비거주 목적 고가주택 구입 주담대 금지 • 일시적 2주택 양도세 비과세 기준 강화(3 → 2년) • 임대사업자 주택담보대출 LTV 40% • 공시가격 및 공정시장가액 비율 점진적 상향 조정 • 미분양 관리 지역 지정 기준 완화 • 분양가상한제 적용 지역 지정 요건 완화 • 수도권 분양가상한제 전매 제한 확대(최대 10년) • 분양 아파트 거주 의무 기간 도입
2019	• LTV 규제 적용 대상 확대(15억에 대한 주담대 금지 등) • 1주택자 전세자금대출 공적보증 제한(사적보증 제한 협조 요청) • 차주 단위 DSR 규제 적용 • 고가주택 기준 변경(공시가 9억 → 시가 9억) • 종부세 세율 상향 조정 및 2주택자 종부세 세부담 상한 300%

2019	<ul><li>1세대 1주택자 장특공 거주 기간 요건 추가</li><li>조정 대상 지역 일시적 2주택 중복 허용 기간 단축(2년 → 1년)</li><li>조정 대상 지역 내 등록임대주택 1세대 1주택 거주 요건(2년) 강화</li><li>조정 대상 지역 다주택자 양도세 중과 시 주택 수에 분양권 포함</li><li>주택 양도세율 인상(1년 40 → 50%, 1~2년 기본 → 40%)</li><li>민간택지 분상제 적용 지역 확대(서울 5개 구 37개 추가 지정)</li><li>가로주택정비사업 개선(부담금 및 건축 규제 완화, 면적 확대 등)</li></ul>
2020	<ul><li>조정 지역 주택담보대출 LTV 차등 적용</li><li>조정 지역 주담대 실수요 요건 강화(2년 처분 조건+전입 의무)</li><li>조정 대상 지역 신규 지정</li><li>전매 제한 강화(6개월 → 소유권 이전 등기)</li><li>법인 주택 거래 시 자금조달계획서 제출 의무화</li><li>공공분양 5년 거주 의무 적용</li></ul>
2021	<ul><li>조정 대상 지역 신규 지정</li><li>토지 거래 허가 구역 지정</li><li>담보대출 실수요 요건 및 전세자금대출 규제 강화</li><li>조합원 분양 요건 강화(조합원 분양 신청 시 2년 거주 요건)</li><li>모든 지역 개인/법인 사업자 주담대 금지</li><li>재건축 안전진단 절차 강화</li><li>생애 최초 주택 취득세 감면(3억 이하 주택)</li><li>다주택자 종부세 중과세율 인상</li><li>양도세 단기 보유 주택 세율 인상</li><li>취득세 중과세 적용(법인 최대 12%)</li><li>아파트 장기일반 매입임대(8년) 폐지</li><li>주택임대차보호법 제정(계약갱신청구권, 전월세상한제)</li><li>규제 지역 내 주택 거래 시 자금조달계획서 의무화</li><li>부동산 공시가격 현실화(시세의 90%를 반영하는 수준)</li></ul>
2022	<ul><li>DSR 강화(카드론 포함, 대출액 1억 초과)</li><li>비주담대 LTV 한도 규제 일괄 적용</li><li>조정 대상 지역 신규 지정</li><li>전세자금대출/신용대출 분할 상환 유도</li><li>주담대 분할 상환 상향 조정</li></ul>

248

내가 과거 정책을 정리하는 이유

■ 윤석열(2022년~)

연도	내용
2022	• 다주택자 양도세 중과 한시(1년)적 배제 • 1세대 1주택 비과세 보유/거주 기간 재기산 폐지 • 일시적 2주택 비과세 완화(1 → 2년, 세대원 전원 전입 삭제) • 상생임대인(신규 계약 상승률 5% 제한) 보유세 50% 감면 • 생애 최초 구입 LTV 완화(80%) 및 DSR 산정 시 장래 소득 반영 • 재산세 1세대 1주택자 공정시장가액 비율 60 → 45% 하향 • 종부세 공정시장가액 비율 100 → 60% 하향 조정 • 일시적 2주택·상속 주택 등 불가피한 사유 주택 수 산정 제외 • 생애 최초 LTV 상한을 지역/가격/소득 상관없이 80% 완화 • 조정 대상 지역 1세대 1주택 비과세/장특공 2년 거주 요건 면제 • 월세 세액공제율 인상 • 서울 경기 제외 투기 과열 지구 및 조정 대상 지역 해제 • 재건축 부담금 합리화(면제/감면 상향, 부과 시점 조정 등) • 청년/신혼부부 전세대출 한도 확대 및 금리 완화 • 미분양 주택 PF 대출보증 신설 • 청약 대상자 확대(거주 요건 폐지, 예당 확대 등) • LTV 한도 상향, 보유 주택담보대출(생활) 규제 완화 • 법인/다주택 취득세 중과 완화 발표(확정 X)
2023	• 투기 지역 대폭 해제(용산/서초/강남/송파 제외) • 재건축 안전진단 완화(구조 안전성 비중 완화, 적정성 검토 폐지) • 일시적 2주택자 처분 기한 연장(신규 취득일부터 3년) • 매입 임대 종부세 합산 배제(15년 이상, 9억 이하) • 특례보금자리론 출시(9억 이하, DSR 미적용 등) • 임차보증금 반환 대출 완화(DSR은 유지) • 다주택자 주담대 완화(LTV 0 → 30%) • 임대/매매 사업자 주택담보대출 완화(규제 30%, 비규제 60%) • 전매 제한 완화(지역 및 조건에 따라 6개월~3년 완화) • 오피스텔 담보대출 DSR 산정 방식 개선(대출 한도 증가)
2024	• 재건축/재개발/소규모 정비 완화(속도 상향, 요건 완화 등) • 신도시 등 공공주택 공급(공공 전환, PF 유동성 지원 등) • GTX(A~F) 본격 추진, 신도시 교통 개선, 지방 철도망 확충

5. 오공삼 - 정책과 매물을 분석하라

: 오공삼 :

4
부동산 시장의
구조와 대중 심리

시장의 변화가 천천히 이루어지고 있다는 점이 답답할 수 있지만 결국 시장은 수요와 공급에 의해 정해진 방향에 따라 움직인다. 금리 인상처럼 급격한 변화가 아닌 이상 어느 정도 속도의 차이를 두고 부동산 시장은 흘러가고 그 속도를 정책이 제어할 뿐이다. 그렇게 보면 확실히 다주택자의 규제가 조금씩은 풀려나가고, 시장을 활성화하는 정책들이 나오고 있다.

내가 바라보고 있는 시장의 중점은 결국 수요와 공급이고, 이에 영향을 미치는 것은 정책이다. 지금은 정책의 방향이 완화로 방향성을 명확히 잡고 하나씩 규제를 해제하고 있기 때문에 규제 완화에 따른 부동산 거래 증가가 결국엔 부동산 시장을 활성화시킬 것이다. 규제로 인한 부작용으로 상승하는 것이 아니라 정상적인 거래 활성화 대책으로 인해 건전한 상승이 나타날 수 있을 것이라 생각한다. 그런데 지금은 왜 규제를 완화하는데도 집값이 하락하고 있을까? 이는 규제를 완화하는 척만 하고 있지 실제적으로 속도에 영향을 줄 수 있는 거래 증가 정책들은 완화하고 있지 않기 때문이다. 대표적으로 대출과 취득세이다. 완화된다고 바로 거래가 증가하는 것도 아니다. 이때 영향을 미치는 것이 수요의 심리다. 정책에 따른 방향성이 정해진다 해도 쉽게 수요가 움직이지는 않는다. 구조에 따라 수요가 움직이는 것은 맞지만 수요는 대중에 의해서 움직이고, 이 대중 심리도 수요의 군집성에 따라 쉽게 좌지우지하는 성격을 가지고 있다.

대중 심리는 이슈에 민감하고, 방향성은 시시때때로 급변한다. 부동산 가격을 놓고 보면 상승과 하락을 반복하며 번갈아 선택하기도 한다. 이때 대중 심리(하락/상승)를 이끄는 데 있어서 중요한 것은 심리를 만들어 내는 구조적 요소다. 대중 심리의 선택을 결과로 보는 것이 원인과 결과의 선택지에서 연결성을 높이는 방법이 될 수 있다. 그렇다면 구조적 요소를 우리는 매매와 임대 시장의 공급 요소(구축/분양)로 보고, 정책(부동산, 경제 등)을 함께 고려하여 현재와 미래를 구상해서 공급에 따른 수요의 선택지를 고민해보면 부동산 시장 내에서 수요의 움직임을 예상해볼 수 있다. 그 움직임은 또다시 대중 심리로 작용하여 하나의 방향성을 만들어 낼 것이다.

시장은 구조가 있고, 구조를 결정하는 것은 공급이며, 사람마다 기회비용의 가치가 다른 만큼 공급에 의해 형성된 구조에 따라 선택지는 다양하겠지만 그 다양한 선택지도 결국엔 합리적 의사 결정의 관점에서 우선순위가 결정될 것이다. 그 우선순위에 따라 결정까지 걸리는 시간은 다양한 변수에 의해 시간차가 존재할 뿐이다. 방향성의 관점에선 비슷한 결과를 만들어 내기 시작하면 추세가 형성되고, 대중 심리는 그 추세에 따라 다시금 형성될 것이다.

시장은 정책을 기반으로 공급이 구체화되고, 구체화되어 있는 현재와 미래의 공급 계획을 원인으로 해서 수요의 선택이 종합되어 방향성을 만든다. 또 방향성은 시간의 흐름에 따른 합리적 의사 결정의 과정을 반복하며 추세를 만들어 낸다. 이렇게 형성된 추세는 대중 심리를 만들어 내고, 이 대중 심리는 상승에서는 초과 수요로 유동성을 만들어 내기도 하고, 하락에서는 미달 수요로 유동성이 사라지기도 한다. 이러한 대중 심리는 일정 기간에 거쳐 구조적 요인에도 영향을 주게 되며, 결론적으로 공급의 원인이 되는 정책의 방향성을 결정하는 데 영향을 준다.

시장은 정책, 공급, 방향성과 추세, 대중 심리의 요인이 서로 영향을 주고받으며 거래를 만들어 내고, 거래는 가격을 만들어 낸다.

여기서 무엇보다 중요한 것은 방향성과 추세 그리고 대중 심리는 결과이고, 원인은 정책과 공급이라는 것이다. 결과는 원인이 없으면 존재하지 않는다. 따라서 투자를 지속하기 위해서는 원인(정책과 공급)으로 인해 만들어지는 시장의 구조적 모습과 그에 따라 수요는 어떤 선택을 할 수 있는지 우선순위대로 판단해본다. 그러면 시장의 방향성과 추세를 예측해볼 수 있으며, 모니터링을 통한 수요의 움직임을 따라가면서 방향성을 보고 추세를 판단해볼 수 있다. 대중 심리는 공급에 우선할 수 없다는 것을 본다면 지금처럼 부동산 완화 정책으로 거래 활성화를 유도하고 있는 상황에서 대중 심리가 하락을 나타낸다 할지라도 언젠가 시장이 거래가 살아나는 시점에 다시금 대중 심리도 결국 시장의 방향에 순응하면서 언제 그랬냐는 듯이 또다시 상승을 외치며 시장에 참여하게 될 것이다.

물론 내가 생각하는 대로 지금의 임대 시장은 결과적으로 공급을 과거부터 감소시켜왔고 지금도 증가 정책이 없다. 특히나 매수를 장려하고 있는 척하지만 실제로는 매수를 억제하고 있는 상황이다. 더군다나 보유는 지속해서 억제하고 있다면 앞으로 공급의 총량은 감소할 것이다. 공급이 감소한다는 것은 매매 거래가 가능한 매매 가능 물량도 줄어드는 결과를 만든다. 이는 결과적으로 임대 물량도 자연스럽게 감소하게 되는 결과까지 가져온다. 과거부터 지금 당장까지도 시장은 거래가 없었고, 없는 거래는 결국 임대 시장의 불안을 가중시키는 요소이다. 시간이 언제가 되든 임대 가능 물량의 감소에 따른 시장의 역습이 기다리고 있을 것이 자명하기 때문에 임대료 상승으로 인한 매매 거래 전환은 언제든 나타날 수 있다고 생각한다. 지금은 아무리 대중 심리가 매수 억제를 띠고 있다 해도 대중심리는 공급의 구조를 역행할 수 없기 때문에 언제든 쉽게 돌아설수 있다고 생각하는 것이다.

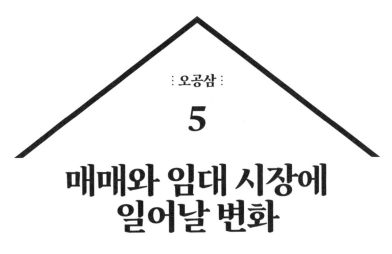

: 오공삼 :

5

매매와 임대 시장에
일어날 변화

지금은 시장을 새롭게 분석해야 하는 시기다. 다음은 내가 2022년 하반기에 2023년을 예측했던 부동산 시장의 구성 요소 및 전략이다. 하지만 내 전략이 실패했다고 생각하는 부분은 갑작스러운 금리 상승으로 인한 임대 수요의 월세화다. 그리고 주택 시장에서의 금융 규제로 급격한 전세가 상승이 이어지고, 위기에 대비한 투자자들의 현금 확보에 따라 유동성이 증가할 수 있다고 생각했다. 그로 인해 돈의 맛을 본 투자자들이 아직 상승하지 않은 저가 시장으로 유입될 수 있다고도 생각했다. 급격한 금리 상승은 이 모든 레버리지를 순식간에 공포에 몰아넣었고, 현금의 갑작스러운 가치 상승으로 전세 수요가 사라진 전세 시장에서는 전세 레버리지를 이용한 투자들이 무너지기 시작했다. 그에 따른 매매가 조정이 더욱 많이 일어났다.

그 증거로 투자자들이 들어간 곳에서 적극적인 전세가 하락과 매매가 조정이 나타났다. 지금 내가 적극적으로 매수를 진행하고 있는 지역은 용인시 수지구다. 내가 전세 갭을 활용해 투자했던 지역들인 의정부시, 시흥시, 인천시 등의 몇몇 지역과 비교해보면 실수요자들이 거주하는 비율이 높은 지역이다. 내가 보유하고 있는 지역들은 다주택자들끼리의 전세와 매매 전쟁인데 지금 매수하려는 수지구의 경우는 반대로 다주택자들끼리의 전쟁이 펼쳐지지는 않고 있다. 물론 몇몇 투자자들로 인한 매매가 조정이 일어나고 있지만 그렇다고 내가 투자한 지역만큼은 아니다. 결국 금리 상승으로 인한 전세 레버리지 효과는 독이 되어 시장에서 부작용을 나타내고 있는 상황이다. 하지만 내가 예측했던 시나리오의 구성 요소는 지금도 유효하다. 예측할 수 없는 변수로 나타난 시장에서 변수가 사라지면 결국 상수로 이루어진 구조의 시장으로 방향성은 회귀될 거라고 생각한다. 지금도 내가 생각하는 시장의 예측과 전략은 대동소이하다.

■ 수요와 공급에 따른 방향성 예측 과정(2022년 기준)

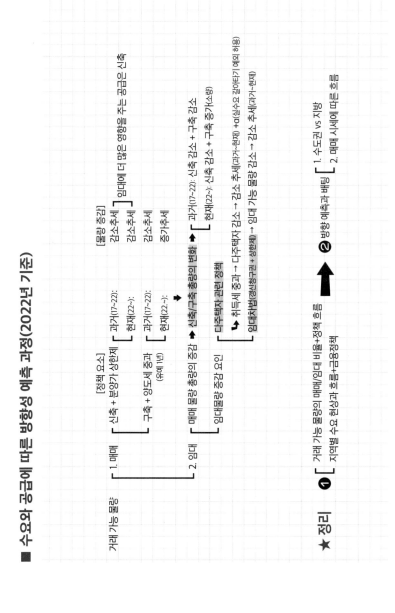

다주택자 규제

취득세 중과로 인해 조정 지역과 비조정 지역이 세부적으로 규정은 다르지만 결국 다주택자를 선택하는 것은 어려운 상황이다. 물론 지속적으로 조정 대상 지역을 해제하고 있기 때문에 중과 규제가 사라진 효과가 있지만 어쨌거나 다주택자도 3주택 이상의 다주택을 만들기는 어렵기 때문에 다주택자 규제는 지속적으로 남아 있다고 봐도 무방하다.

지금은 비과세 예외 기간이 연장되고 취득세 중과도 연장되면서 겨우 2주택 정도 내에서만 갈아타기가 가능한 시장이다. 이 상황에서 발생한 임대 물량은 기간의 한계가 있고, 물량의 한계가 명확하다. 취득세 중과 규제가 전면적으로 유예 또는 철폐되어야 임대 물량이 유의미하게 증가할 수 있다고 본다. 하지만 취득세 중과 규제는 세법을 개정해야 하는 입법 절차를 따라야 하기 때문에 쉽게 실시할 수 있는 정책이 아니어서 임대 물량 감소는 필연적이라고 봐야 할 것이다.

분양가 상한제

분양가 상한제는 신축 공급을 위축시키는 대표적인 요인이다.

신축 공급이 증가해야 아파트 필요량을 충족할 수 있다. 물론 시기에 따라 수요는 알 수 없지만 그럼에도 불구하고 신축 공급은 재건축이 되었든, 택지 지구에 공급을 하든 리모델링 사업을 제외하면 그래도 무조건 추가 공급이 발생하는 것은 사실이다. 그렇다면 거래 가능한 물량의 개념으로 보아도 총량이 증가하는 것이기 때문에 실수요와 임대 물량이 적절한 비율로 섞여 있다고 가정해도 무조건 임대 물량은 증가하게 되어 있다. 하지만 지금은 분양가 상한제로 신축 공급을 위축해놓은 상태이고, 상승장에 힘입어 밀어내기 분양으로 인한 문제가 생긴다 하더라도 시간이 지나면 결국 해소가 되고 단기간 분양가 상한제로 인한 분양 불가 물량들은 언젠가 필요한 임대 물량을 부족하게 만들 것이다.

결국 기존의 구축과 분양된 물량의 입주만으로는 중간에 공급이 부족해지는 시기가 올 것이다. 그 시기에 취득세 규제도 이루어지지 않은 상황이 지속된다면 임대 물량은 부족해질 것이다. 거기다가 지금처럼 부동산 시장이 하락하고 있는 상황에선 더더욱 분양 물량이 줄어들 가능성이 높아 2024~2025년에는 필시 전체 공급이 부족해지는 상황이 생길 것이다. 하락이 지속되면 임대를 선호하게 되는 현상에 따라 결국 공급망 감소에 따른 병목 현상이 발생할 것이라고 본다. 지금은 비정상적인 버티기를 통해 보유하고 있는 돈만큼의 저렴한 전세 또는 월세로 주거지 하향 이동을 감수하고 있다.

임대차 3법

　전세가가 상승하고 있는 상황에서 2년 전에 계약했던 현재 시세 대비 저렴하게 거주하고 있는 사람들에게 임대차 3법 중 전월세 상한제와 계약갱신청구권의 권한이 생기면서 재계약을 유도했다. 결과적으로 자연스럽게 만기에 맞추어 시장에 나왔어야 할 전세 물건의 인위적 감소로 전체 임대 물량이 줄어드는 효과가 생겼다. 하지만 신규로 진입하는 전세 수요는 존재했고, 전세 수요와 물량의 인위적인 수급 불균형으로 전세가가 상승했다. 이때 전세 수요의 매매 전환도 함께 일어났고, 이를 활용한 갭투자자들까지 매매 시장으로 쏠리면서 전세가와 매매가가 급격히 상승하는 부작용이 발생했다. 하지만 2022년부터 시작된 대출 규제와 급격한 금리 상승으로 매매 수요가 위축되면서 거래량이 대폭 감소했다. 매매 가격이 조정되면서 전세 가격도 함께 조정되고 있는 상황이다. 거기다 2020~2021년 높은 전세가율을 활용한 갭투자자들의 역전세 물건이 지속적으로 시장에 나오면서 전세 가격 하락에 악영향을 주고 있다. 하지만 다주택자 규제를 지속하고 있는 상황에 전세를 공급할 수 있는 물량의 유의미한 증가는 없다. 매매 거래량이 적은 상황에 매매를 해야 했던 갈아타기 수요들의 경우 매매를 포기하고 전세로 전환되는 정도의 전세 공급 물량이 증가했을 뿐이다. 그럼 전체적으로 전세 물량의 증가가 없는 상태에서 매매를 비선호하는 상황이 지속된다면 사람들은 매매와 임대 중 임대를 선택하게 될 것이고, 역전세 리스크도 시간이 지나면 서서히 해결될 수밖에 없다. 임대차 3법은 전세가가 회복하고 있는 상황에서 임대차 3법으로 인한 수요의 인위적 이동 제한이 발생할 가능성이 높고, 다시 한번 전세 수요의 매매 전환이 조금이라도 생긴다면 매매 가격과 전세 가격이 동반 상승할 수 있다고 생각한다.

시장 상황 예측

기본적으로 정부는 돈이 필요하다. 어차피 양도세 완화는 수요를 줄여놓고 공급을 늘리면 수요보다 많은 공급으로 가격이 조정될 수 있다. 그로 인해 매매 안정은 확보하면서 대출을 풀어줄 명분이 만들어진다. 다만, 매매 가격이 조정 중일 때에는 대출 규제를 완화해도 하락에 대한 심리로 불안해서 매매 거래량이 쉽게 증가하지 못한다. 따라서 부동산의 수요는 매매 대신 전세를 선택하게 되고, 결과적으로 전세 가격의 상승이 나타나게 된다. 매매 시장도 끝없이 하락하지는 않을 것이다. 왜냐하면 임대 사업자 양성부터 조정 대상 지역 해제 등 약하지만 꾸준히 거래 활성화 정책들을 펴고 있기 때문이다. 임대 시장의 구조적 불안은 여전하지만 서민의 주거 안정이 불안정해지는 상황엔 결국 금리가 아무리 높은 상황이더라도 월세로 인한 가처분 소득의 감소에 따른 삶에서의 피폐함을 두고만 볼 수는 없을 것이다.

결론적으로는 매매는 가만히 있지만 전세가가 올라가서 전세가율을 올리든, 매매가가 조정되면서 전세가도 조정될 것이다. 둘 다 하락하고 있지만 언젠가 매매가는 멈추고 서민 주거 안정책으로 전세자금대출을 지원한다든지 월세 상승에 따른 전세의 상대적 저렴함으로 인해 전세 수요가 다시 증가할 수도 있다. 아니면 실제적으로 금리 상승의 속도 둔화 또는 하락 반전으로 인한 현금 가치가 상대적으로 지금보다 떨어져서 월세보다 전세가 유리해지는 시점이 올지도 모르겠다. 그러면 다시금 전세가율은 올라갈 것이고, 당시의 규제 정책이 어떻게 되냐에 따라 다시 한번 전세가 매매를 밀어 올리거나 대중 심리의 급격한 변화로 다시 한번 큰 반등이 나타날 수 있다고 본다. 매매가 조정이 지금처럼 나타나지 않은 시장에서는 당시의 취득세 규제에 따라 다르겠지만 저가 매매 시장은 전세가율이 높아진 상황에서 활성화될 수 있다고 생각했다. 하지만 지금처럼 매매가 모두 조정된 상황에서 전세가율은 당연히 사람들이 선호하는 지역이 먼저 올라갈 수도 있다. 반대로 현금 가치가 높아진 상황에서 금리의 하락 반전 또는 월세의 급격한 상승에 따른 전세의 메리트로 2~3억대 저가 전세 시장이 먼저 수요가 채워져 매매가 3~5억대 시장이 탄력을 받을 수도 있다고 생각한다.

물론 전세의 매매 전환이 나타나서 저가 시장이 상승할지, 중가 시장이 상승할지는 알 수 없다. 지금의 규제 정책들이 어떻게 풀리느냐에 따른 대중 심리의 변화가 다시 한번 임대의 매매 전환까지 역습으로 나타날 수도 있다고 판단한다.

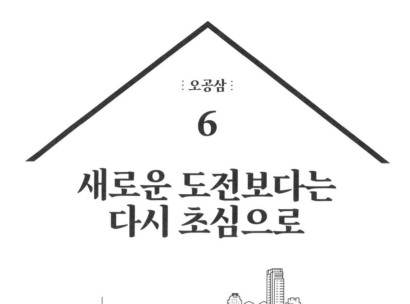

새로운 도전보다는 다시 초심으로

부동산 시장은 3가지 요소로 가격의 흐름이 나타난다. 하락, 상승, 보합 3가지 말고는 없다. 그렇다면 우리는 3가지 상황에서 매수와 매도, 보유의 전략을 구사해야 한다. 그렇다면 하락, 상승, 보합 상황에 매수, 매도, 보유의 전략을 어떻게 구사할지에 대한 전략이 있어야 할 것이다. 물론 하락, 상승, 보합 중 무엇이 나타날지 예측하는 것부터 틀렸다면 아무리 좋은 전략이라도 잘못된 방향으로 나아갈 수 있다. 하지만 지금 와서 생각해보면 아무리 좋은 예측을 해도 좋은 전략을 구사하지 못한다면 잘못될 수도 있고, 아무리 잘못된 예측을 했다 해도 좋은 전략을 구사할 수 있다면 실수를 줄일 수 있었을 것이다.

앞서 말했던 것처럼 나는 나름대로 좋은 매수를 했다고 생각한다. 물론 현재 올라간 만큼 하락했다고 봐도 무방할 만큼 고점 대비 많은 건 50%, 적은 건 20~30%씩 하락했고, 심한 건 올라간 비율보다 더 마이너스를 봐야 팔리는 시장도 있다. 정말 여러 가지 의견이 있는 시장이지만 아무리 그래도 내가 매수한 시점에서는 충분히 노력했고, 그 노력에 걸맞게 저렴하게 샀다고 생각한다. 내가 매수한 6개 물건의 시세 그래프와 매수 물건의 가격을 동그라미로 표시한

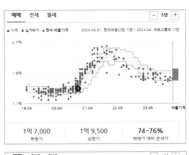
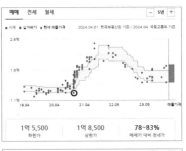
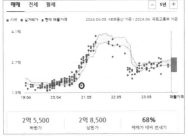

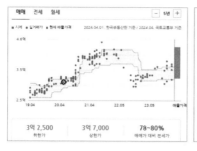
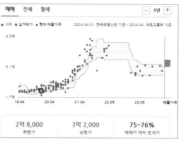

출처 : 네이버 부동산

것을 보자.

　물론 시장이 나에게 온 것일 뿐 내가 시장을 예측한 것은 분명 아니다. 당시 아무리 좋은 예측을 했다 한들 지금 시장에 대해서는 겸손해야 하고, 충분히 더 면밀하게 들여다보지 못한 잘못도 있다. 다만, 좋은 전략을 구사하는 데 많은 도움을 주었던 건 여러 종류의 보고서를 써가면서 투자를 한 것이다. 그럼에도 매수하고 난 이후 매도를 할 때는 매수할 때만큼의 면밀한 모니터링이 부족했다. 지금처럼 많은 변수가 생길지 예측하지 못한 건 어쩔 수 없지만, 더 면밀한 모니터링을 했더라면 시장에 더 질적인 대응을 할 수 있었을 텐데 하는 아쉬움이 있다. 내가 투자했던 투자 과정(기준, 옵션, 진행 절차, 매도)에 대해서 표로 정리해보았다. 모든 것을 지키면서 할 수는 없지만 최대한 내가 세운 기준에 따라 다시 좋은 시장이 왔을 때 도전해보고자 한다.

　268쪽의 '투자 과정'이라는 보고서는 내가 직접 시장을 관찰하며 만들어 낸 보고서인데 더 좋은 매수를 이끌어주었다고 생각한다. 그러나 개인 투자에서의 성공을 내 실력이라 오판했고, 보고서보다는 빠른 판단으로 많은 매수를 해서 더 많은 매도를 목표로 하다 보니 전략이 빈약해지기 시작했다. 시장의 방향성만을 판단하고 매수하는 상황까지 갔던 것이다. 지금 생각해보면 방향성 자체는 틀리지 않았었기에 단기간 법인으로 2021년 중반기까지 매수했던 물건들을 2022년 초반까지 모두 수익을 내면서 매도할 수 있었다. 다만, 방향성을 제대로 예측하지 못했던 2022년 초반 매수했던 것들은 여지없이 기존의 수익을 까먹는 물건들이 되었다. 물론 예측하지 못했던 변수들이 총출동한 2022년이었기 때문에 변명할 수 있는 여지는 있지만 이유 없는 무덤은 없는 법이다. 결국 다음에 제시할 모니터링 보고서와 매수 전략 보고서를 제대로 작성하지 않았기 때문에 더욱더 시장에 대해 면밀히 반응할 수 없었고 그에 따라 뇌동 매매가 되었던 것 같다.

앞으로 시장에서 기회가 왔을 때 무엇을 할 것인지에 대해 많은 분들이 고민할 거라 생각한다. 생각이 복잡할 때는 고민을 구체화해 보고 구체화된 고민을 해결하는 것에서부터 시작하라는 말을 많이 듣는다. 살아남는 게 관건인 부동산 시장에서 새로운 무언가를 하기보다는 내가 마땅히 해야 할 일을 하는 것이 이치인 것 같다. 기존에 보유하고 있는 물건을 잘 팔아보자는 생각으로 나는 다시 초심을 찾으려 한다. 지금 보유 중인 물건은 개인 명의와 법인 명의를 포함해

■ 투자 과정

기준	① 가격이 하락 이후 정체되어 있고, 하락 이유가 명확하며, 현재 그 이유가 사라지고 있거나 사라진 곳 ② 향후 2~3년 동안 공급이 없어 수급 불균형이 예상되고 해당 지역과 영향을 주고 받는 인근 지역 공급이 없는 곳 ③ 실거래가 기록이 충분히 있고, 전세가는 보합을 유지하며, 전세가율이 과거 평균보다 높아지면서 전세 물건이 적은 아파트 ④ 투자자가 너무 많이 들어오지 않은 곳 ⑤ 인구가 50만 명이 넘는 도시(일자리가 있는 곳이거나 앞으로 생길 곳) ⑥ 시장 흐름 + 입지 가치 + 상품 가치 + 화폐 가치를 종합해서 투자 최종 판단 ⑦ 개발 호재는 있으나 유명하지 않은 곳 ⑧ 부동산 규제/완화 정책으로 이점이 있는 곳(공시지가 1억 이하, 비조정 지역, 미분양 관리 지역 분양권 양도세 면제 등) ⑨ 입지 좋은 곳 → 역세권, 학세권, 상권의 교집합이 많은 곳(신도시/택지지구)

분류	매매					전세				
	매물 개수	매물 증감	우위	호가 범위	투자자	매물 개수	매물 증감	우위	호가 범위	증감 예상
매수 고려	많음	감소	매수인	넓음	감소	적음	감소	임대인	좁음	감소
매도 고려	많음	평균	균형	넓음	증가	많음	증가	임차인	넓음	증가

★ 위에 제시한 기준에 최대한 근접해 있을 때 매수와 매도를 고려함 ★

진행	① 부동산 가격을 움직이는 요소를 기준으로 시장의 방향성 판단하기(내수경기지수, 금리, 유동성, 대출, 세금, 공급, 가격지수, 거래량) ② 정부 정책에 따른 수요 공급의 결과로 부동산 가격 변화의 인과관계 파악하고 지역 간·지역 내 부동산 가격 변화 이해하기 ③ 각 지역의 과거~현재 정보(지역 내 가격 변화 요인, 지역 간 영향)를 파악하고 추세에 따라 지역을 선택하기 ④ 투자 가치가 있는 지역을 선정하고 인터넷 조사를 통해 '종합 판단' 작성하여 전화 조사로 투자 전략 구체화하기 ⑤ 물건 선별 리스트를 만들고 전략에 맞는 세팅하기

매도	• 실수요 시장(입주 가능 물건)과 유동성 시장(전세 끼고 거래)을 구분해서 전략을 구상해야 함 → 공실 전략과 높은 전세 세팅 전략 • 양도세 완화되면 매도가 어려울 것이라고 판단되는 실수요가 부족한 외곽 지역의 물건은 어느 정도 올랐다고 하면 매도해야 한다. • 순서는 중과세가 일어나지 않는 물건부터 정리 → 양도 차익이 적은 물건 또는 양도세 절감할 수 있는 물건(공동)부터 정리 • 매수할 물건의 차후 매매가 상승 탄력이 매도하는 물건의 과세 수준보다 높아야 함. • 개발 호재가 있고, 전세가가 오르는 지역의 물건은 유지(양도세 중과를 피할 방법이 있는지 검토하면서 매도 타이밍을 고민해야 함.) • 주택 수에 영향을 주지 않는 토지/상가로의 종상향 또는 재개발/재건축 중 매가 상승 탄력이 큰 물건으로 포트폴리오 다각화

총 27개가 남아 있다. 모두 주택이고, 지역은 서울, 경기, 인천, 대구, 울산, 광주, 김해, 순천이다. 좋은 매수를 했던 것들은 고점 대비 많이 빠졌어도 수익이 나는 것들이 있는 반면, 내가 매수한 가격이 고점인 물건도 있다. 손해 없이 넘길 수 있는 물건도 있고 지역과 물건의 편차가 다양하다. 다시 시장이 보합 이후 상승을 한다면 꾸준히 매도 또는 재임대에 대한 고민을 하고, 포트폴리오 전체 볼륨의 선순환을 이끌어 내고 싶다. 물론 좋은 매도가 됐을 때는 당연하게도 좋은 매수를 준비할 것이다. 지금은 예를 들어, 2개가 매도가 되면 투자금을 합쳐서 실수요의 전세에서 매매 전환이 일어나기에 충분한 더 좋은 지역 또는 더 좋은 단지 아파트로 이동하는 것이 목표다. 그러면서 꾸준히 상가에 대한 공부를 하고 포트폴리오의 다각화를 이룰 예정이다. 상가 투자에 대해서는 아직 아무것도 모르지만 주택 투자와 똑같은 결로 많은 임장과 조사, 그에 따른 보고서를 구체화해 손해를 최소화하고 잃지 않을 수 있는 투자에 도전해볼 수 있지 않을까 생각한다.

오공삼

7

내가 투자 보고서를
쓰는 이유

　내가 과거에 썼던 보고서를 통해 어떻게 매수했고, 어떻게 관리하고, 어떻게 매도하려고 했는지 구체적으로 설명해보고자 한다. 시장의 방향성은 앞으로도 단기간 조정 이후 반등할 수 있는 구조라고 생각한다. 그래서 지금 보유 중인 매물들은 다시 한번 모니터링 보고서와 매수 전략 보고서로 구체화하려고 하는 중이다.

　내가 작성했던 투자 보고서는 2021년 5월에 작성했던 원주시 보고서가 마지막이다. 이때까지만 해도 법인을 설립하기 바로 직전이었고, 여러 가지 검토해본 결과 리스크 요소가 있다고 판단해 개인으로 매수를 하지 않았다. 그때는 먹을 게 있다 해도 리스크가 있다고 판단되면 매수를 하지 않았다. 지금 생각해보면 법인으로 투자할 초반에 매수, 매도를 빠르게 진행하면서 1억 원 정도의 단기 수익을 보지 않았더라면 오히려 겸손한 자세로 리스크에 대비하며 무리한 투자를 하지 않았을 것이다.

앞으로 나올 보고서의 내용을 보면 과거 이 지역의 수요 그리고 현재의 정책적 요소들을 종합해서 지역의 상승과 하락을 예측해보고 단지 내에서도 디테일하게 물건의 가치를 따져가면서 매수하고 매도하려고 했던 흔적을 볼 수 있다. 독서로 예를 들면, 빠르게 여러 권을 훑어보는 전략이 아니라 한 권을 제대로 읽고 이해하는 전략을 구사했던 것이다. 앞으로 어쩔 수 없이 물건들을 보유하게 되는 강제적 포트폴리오 유지 전략을 구사하게 된 만큼 보유하고 있는 물건들을 다시 살펴보고 하나하나 보고서를 써가면서 시장의 방향성을 예측해보고 투자하려고 한다.

다음의 표는 지역의 수요와 공급을 예측해보는 가장 기본적인 조사 내용을 담고 있다. 인구의 변화와 공급의 변화를 통해 지역이 어떻게 움직여왔고 앞으로 어떻게 움직일지를 예측해보는 과정이다. 추가로 부동산 가격에 영향을 줄 수 있는 개발 계획들을 알아보고 해당 내용과 착공일, 준공일을 기록함으로써 내가 매수하는 시점에 해당 개발 계획이 영향을 미치는지, 매도할 때 영향을 줄 수 있는

■ 인구

분류	2016	2017	2018	2019	2020	2021	비고	총평
인구	337,979	341,337	344,070	349,215	354,376	354,536	증가 추세	• 혁신도시, 기업도시 등 공급이 많고, 수요가 늘어나면서 인구와 세대수 모두 증가함.
	+4,984	+3,358	+2,733	+5,145	+5,161	+160	증가 기울기 감소	• 인구-세대 비율이 1:10에 가까워서 1~2인 가구 유입이 가속화되었다고 볼 수 있음.
세대	142,136	145,521	149,166	154,583	160,307	161,324	증가 추세	
	+3,756	+3,385	+3,645	+5,417	+5,724	+1,017	증가 기울기 감소	

■ 공급

분류	2021 수요	2021 입주	2021 범례	2022 수요	2022 입주	2022 범례	2023 수요	2023 입주	2023 범례	2024 수요	2024 입주	2024 범례	부동산 가격 영향
원주시	1,794	1,195	부족	1,798	1,720	적정	1,802	2,122	적정	1,806	0	부족	• 원주 21년 이후 적정 공급으로 리스크 감소
강릉시	1,077	1,115	적정	1,080	238	부족	1,802	250	부족	1,085	918	적정	• 강릉 21년 이후 공급 부족으로 리스크 감소
춘천시	1,429	3,933	과잉	1,432	2,048	과잉	1,435	0	부족	1,438	0	부족	• 춘천 21~22 공급 과잉으로 모니터링 필요, 23년 이후 공급 부족으로 리스크 감소
합계	4,300	6,243	과잉	4,310	4,006	적정	4,319	2,372	부족	918	4,329	부족	• 강원도 대표 3개 시 22년 적정 ~ 부족 구간으로 리스크 감소

총평

- 2009년 미분양 9,000세대(준공 후 5,000세대) → 2010년부터 감소하면서 18년까지 감소세를 보임(but 춘천비 미분양 및 준공 후 미분양은 있었음)
- 지방 도시는 공급 가능 부지가 많아서 D~A구간에 상승 흐름 뒤 빠른 공급으로 미분양이 증가하던 모습을 보이면서 공급과 투자 수요 진입이라는 두 가지 요인으로 상승과 하락을 반복함.
- 10~16년도에 '투자자 진입 → 미분양 감소 → 공급 과잉 → 미분양 → 투자자 진입'을 반복하며 부동산이 A~B구간 이후 17~19 공급 폭탄 구간에 (C구간에) 진입하면서 하락기를 가져감.

■ 개발 계획

분류	내용	착공일	완공일	부동산 가격 영향
기업도시	• 19년 부지 조성 공사 완료 → 21.05 기업용지 분양률 90% → 실업주률 51%	2008	2019	주택 분양은 리스크, 기업 입주는 실수요 유입에 긍정적
혁신도시	• 한국관광공사 등 13개 기관 이전 완료	2007	2014	주택 분양은 리스크, 관공서 입주는 실수요 유입에 긍정적
원주-제천 복선전철	• 21.01 개통 완료(제천에 호재로 작용)	2011	2021	제천에 호재로 작용. 원주 접근성 향상으로 수요 유입 가능성 있음
여주-서원주 철도	• 경강선 연장 → 원주에서 판교역, 기재부 타당성 통과, 복선화 추진 중	2022	2024	원주의 서울 접근성 향상으로 호재
남원주 역세권	• 21년 부지 조성 공사 완료 → 공동주택 5,000만호 공급 → 2년 하반기 분양 예정	2016	2021	주택 분양은 구축 투자에 리스크로 작용됨
대명흥원 도시개발	• 2008년 추진 → 공동주택 4,500만호 공급 → 시공사 부도 후 장기 표류	-	-	주택 분양은 구축 투자에 리스크
단구지구 도시개발	• 내안에뷰 입주 후 차이 분양 준비 (중소문)	2020	-	주택 분양은 구축 투자에 리스크, 단구/만석동 기반시설 확충
총평	• 단기간에 부동산 가격에 영향을 미칠 만한 호재는 없지만, 기업/혁신도시가 입주가 거의 마무리 단계이고, 기업의 입주와 관공서의 일자리 창출로 인해 수요가 증가할 수 있는 가능성이 있음 • 여주-원주 철도개발의 경우 향후 서울 접근성의 향상을 가져올 수 있고,21~23년 사이에 개발 계획 발표 또는 착공에 대한 이슈가 있을 수 있어서 투자자가 유입이 가능할 수도 있다고 판단됨 • 공동주택을 공급할 수 있는 부지가 조성 완료된 곳이 많고, 상승장에 힘입어 분양을 준비 중이기 때문에 향후 공급에 의한 리스크가 발생할 수 있음.			

지 등을 종합적으로 기록했다. 인구 이동에 따른 증감과 해당 지역에 내재된 수요의 움직임을 예측해볼 수 있는 자료이다. 인구가 단순히 증가한다고 부동산 가격이 오른다고 볼 수는 없다. 다만, 인구가 빠지는 지역보다는 인구가 증가하는 지역이 부동산 가격 상승의 긍정 요인으로 작용할 수 있다. 그리고 증가하는 것에 대해서 전출과 전입이 어느 지역에서 오고 나가는지를 판단해보면 이 지역으로 인구가 집중되는지 아닌지를 파악하면서 우선순위를 고려할 수 있다.

추가로 개발 계획의 경우에는 투자 수요의 유입에 지대한 영향을 미치기 때문에 가수요가 들어올 수 있는 가능성까지 고려해본다면 향후 수요 공급 관점에서 이 지역의 유망성을 점검해볼 수 있다. 내가 매도하는 타이밍에 부동산 경기가 좋은 상황이고 호재가 발현될 수 있다면 플러스 알파의 개념이 될 수 있으니 긍정적인 요소로 작용할 수 있다.

이 부분이 보고서의 종합적인 판단이다. 보고서를 50개쯤 쓰면서 더 많은 것을 조사할 수도 있으나 가장 필요하고 적합한 내용만을 추리다 보니 보고서가 간결해졌다. 처음에는 20페이지가 넘는 보고서도 있었다. 지금 와서 생각해보면 쓸데없는 내용까지 있어 보이려고 넣었던 것 같다.

내가 부동산 투자에서 가장 중요하다고 생각하는 부분은 부동산 가격 흐름의 역사다. 그 흐름이 발생하게 된 배경과 원인, 그에 따른 결과를 조사하다 보면 이 지역은 어떤 흐름으로 움직였고, 왜 그랬

■ 지역

D~A 구간 (09~12)	B 구간(12~16)
• 미분양 증가 → 투자자 진입 → 미분양 감소 → 전세 상승 → 매매 상승 - 투자자가 진입하면서 미분양을 감소시켰지만 실수요는 따라붙지 않음. - 실수요는 지속적으로 전세로 물건을 소화시키며 매매가를 밀어 올리는 모습을 보임.	• 공급 증가 → 미분양 증가 → 투자자 증가 → 미분양 감소 → 전세가 상승 → 공급 증가 → 미분양 증가 → 실수요 매매 전환+투자자 유입 → 매매/전세 상승 - 공급 증가, 미분양 증가, 투자자 유입, 전세 공급, 전세 소화, 전세 상승, 투자자 유입 반복적으로 이루어짐.

평가	• 미분양 및 공급 과잉으로 저렴한 시기에도 전세 수요가 매매로 전환되는 속도가 매우 느리지만, 전세 수요는 매매로 넘어가지 않은 덕분에 전세가율은 꾸준히 상승하며 투자자가 진입하기 좋은 시장이 형성됨. • 실수요가 전세를 선호하는 경향이 강해서 전세가가 안정적으로 상승했고, 투자자들이 기존 물량을 소화하면서 전세를 통해 실투금을 줄여나가는 시기였고, 이 과정이 반복되었음.

C 구간(16~19)	D 구간(19~20)
• 공급 과잉 → 투자자 감소+실수요 매매 감소 → 미분양 증가 → 전세 수요 부족+전세 하락 - 기업/혁신도시의 공급 폭탄은 투자자가 많이 진입한 상황에서 전세를 소화시킬 수 있는 물량 수준을 넘어섬. - 실수요 매매 전환도 멈추고, 신축 중심의 전세가 하락은 구축의 전세 수요 이탈로 조정장에 진입함.	• 공급 증가 → 미분양 증가 → 예정 공급 감소 → 투자자 진입 - 공급이 증가하고, 미분양이 증가하며, 주춤했던 투자 수요가 예정 공급이 줄어드는 20년 재진입. - 미분양이 소진되면서 프리미엄이 붙고 투자자가 진입하면서 매매 물량을 소화시키며 전세가 상승함.

평가	• 전세 수요는 꾸준하게 받쳐주고 있었으나, 공급 폭탄 수준의 18~20년에는 신축의 전세가 하락으로 구축 전세 수요가 이탈하면서 전체적인 조정장으로 진입했지만 투자자 재진입으로 미분양 물량 소진시킴.

A 구간(20~21)

• 공급 감소 → 투자자 진입 → 물량 소화 → 전세 안정 → 전세 상승 → 투자자 진입 → 매매/전세 동반 상승

- 공급 감소로 전세 물량도 감소 추세를 보이자 전세가가 회복 이후 상승했고, 매매도 투자자 진입으로 상승하면서 매매와 전세가 투자자와 실수요로 인해 동반 상승해 A 구간으로 진입함.

<table>
<tr><td>평가</td><td>원주는 공급 감소로 수요가 진입하면서 상승세가 나타나고, 공급 과잉이 예정되면 조정장이 나타날 수 있는 구조로, 공급에 민감해야 하지만 21~23년에 직접적인 입주량은 감소하기 때문에 투자 가능한 시기임.

- 수요 유입이 더 많아 실수요가 받쳐주지만, 수요의 매매 전환 속도가 느리고, 투자 수요가 더 많아서 공급 과잉 구간이 오면 전세가가 하락하면서 조정 구간이 찾아오는 곳으로 공급이 상승과 하락의 주요 원인임.

- 원주는 수도권으로 인구가 유출되는 곳이지만 강원도 내에서 일자리로 인해 실수요가 유입되는 곳으로 순전입이 더 많아 수요가 안정적인 지역임.

- 22년 이후 강원도는 공급 부족으로 전세가 상승이 나타날 수 있고, 21년 이후 원주시 공급 적정으로 전세가율이 상승해 투자 수요가 더 유입될 수 있으며, 신축 중심으로 실수요가 붙고 있음.

- 23년 2월 이후에는 입주 물량이 감소하고, 현재 예정 분양 물량들이 21년 하반기에 집중되어 있다는 점을 감안하면 입주 시기가 24년 이후로 예정되기 때문에 21년 매수 23년 매도는 가능할 것으로 판단됨.</td></tr>
</table>

투자 가치가 있는지 파악하기 위한 질문	대답
무실동 분양권~준신축으로 향후 수요가 지속적으로 유입되어 A 구간을 유지하며 상승할 수 있는가?	수급불균형 및 풍선 효과로 투자 수요 유입 가능성 있어 A 구간 유지 가능함.
단구동/관설동 구축으로 향후 수요가 유입되어 전세가가 매매가를 밀어 올릴 수 있는가?	상급지 A 구간이 지속되면 구축으로 흐름이 넘어올 수 있고, 지금 그런 흐름이 보이고 있음.
수요 유입이 한정적이어서 공급에 리스크가 있는데 공급 리스크는 없는가?	A 구간이 지속되면 공급이 가능하고, 공급 부지가 이미 있어, 2년 이상 투자는 부적합함.
더샵 단지가 11월부터 순차적으로 입주하는데 입주장에 구축 단지 전세가 하락은 없는가?	구축 대비 신축 전세가 2배 이상으로 수요가 다르고, 신축의 전세도 소진되고 있어 리스크는 적어 보임.

접근 전략	• 위 내용을 근거로 수요 유입 가능성이 있지만 매매 전환 수요는 공급을 초과하지 않아 높은 수익률을 예상하고 접근하는 것은 무리로 판단되고, 실수요가 적어서 A급 입지(무실동) 준신축급 이상으로 접근하는 것이 안정적인 투자로 생각되지만, A~B급은 회복 이후 1차 상승을 보였고, 취득세 12%로 접근하는 것은 투자금이 크고 수익률이 낮기 때문에 D 구간에 있는 구축을 플러스피로 세팅하는 것을 목표로 함.

접근 전략	① 무실동 신축 및 준신축 중심으로 A 구간에 진입해서 상승 중이고, 단구동/관설동 구축 은 아직 D 구간으로 저렴한 전세가로 인해 향후 수요가 유입되어 A 구간으로 진입하 면서 상승 여력이 남아있음. ② 더샵 입주가 전세 하락 요인이지만 인근 준신축 및 구축의 전세가가 상승 중이고, 입 주 시 공급되는 전세 물량의 전세 금액이 본 물건에 영향을 줄 수 있는 가격대가 아니 라고 판단됨. ③ 소액으로 접근하기에 D 구간 후반부로 전세가 상승 중인 단구동, 관설동 구축을 확 정 수익으로 실투금을 줄여 A 구간 상승분을 먹고 나오면 실투금 대비 수익률을 높 일 수 있음. ④ 구축은 수요 유입이 적기 때문에 A 구간이 신축에 비해 상대적으로 짧고, 21년 하반기 부터 분양 물량이 많아질 것으로 보이며, 24년 이후 입주량이 증가할 수 있기 때문에 24년 이전에 매도하는 것을 목표로 함. ⑤ 구축은 확정 수익으로 실투금을 줄여서 무피~500만 원 이하로 세팅해서 수익률을 높 이고 2년 뒤 전세가가 상승해서 매매가를 밀어 올린 시세 차익을 2차 수익으로 가져 가는 것을 목표로 함. ⑥ 21~23년 여주-원주(경강선) 착공에 따른 투자 수요 유입도 기대해볼 수 있음. ⑦ 구축 수요는 혁신도시의 1~2인 가구가 많은 점을 감안하면 혁신도시와 가까운 관설동 구축이 단구동에 비해 투자 가치가 더 높지만 전세의 매매로 전환속도가 느리기 때문 에 폭발적 상승은 기대하기 어려움. ⑧ 따라서 소액으로 접근해서 수익률을 높이는 것이 관건이기 때문에 급매 중심으로 높 은 전세가로 소액으로 세팅할 수 있는 물건이 있는 단지로 접근하는 것이 바람직함 → 단구동 및 관설동 구축 단지

는지, 그때 상황은 어땠는지, 지금과 얼마나 유사점이 있는지 등을 판단해볼 수 있다. 그러면 또다시 상승이 올 것인가, 하락할 것인가를 예측하기에 최대한 변수를 줄일 수 있다.

보고서의 내용에 A, B, C, D 구간은 많은 사람이 얘기하는 상승과 하락의 구간으로 A 구간은 상승 초기, B 구간은 상승 후기, C 구간은 하락 초기, D 구간은 하락 말기를 나타낸다. 그렇다면 해당 지역에 언제나 상승과 하락이 반복되었다는 것을 알 수 있다. 그럼 바로 직전 사이클에서 왜 '조정 → 하락 → 보합 → 회복 → 상승'을 보였는지에 대해 해당 지역의 특징과 그때 당시의 상황들을 조사하면 그 지역이 어떠한 흐름으로 움직였고 수요의 움직임과 생각들 그리고 공급의 상황, 개발 계획 등을 종합적으로 판단해볼 수 있다. 그에 따른 최종 평가를 했을 때 '이 지역은 이렇게 움직였으며 이러한 원인과 결과로 상승과 하락을 반복했다'는 결론을 낼 수가 있다. 해당 지역의 투자 가치를 판단함에 있어서 다시 한번 그때의 상황을 기준으로 질문할 수 있다. 그럼 지금의 상황과 비교해 투자 가치가 있는지를 판단해보고 접근할 수 있는 투자 전략을 구상해서 최종 접근 전략을 산출해내고, 그 전략을 기준으로 내 포트폴리오를 고민해보면서 매수하느냐 보류하느냐를 결정한다.

■ 단지별 정보

(적정 실거래가 및 목표가 단위: 만 원)

분류	신정1	신정7	신정9	신정8	한성	현대	수지에듀파크
평형 / 세대수	25(18) / 1,044	24(18) / 670	26(18) / 812	24(18) / 1,239	23(18) / 774	22(18) / 1,168	23(18) / 279
적정 실거래가	22.09 - 68,000(15층)	22.05 - 78,000(10층)	22.08 - 57,000(2층)	22.07 - 55,000(5층)	22.03 - 80,000(9층)	22.03 - 69,000(3층)	22.08 - 50,000(12층)
목표가	60,000	60,000	60,000	55,000 (-10%)*	55,000 (-10%)	55,000 (-15%)	50,000 (-20%)
매매 매물 현황							
22.10	6.9억(6층)**	6.5억(10층)	7.0억(19층)	6.2억(5층)	7.0억(10층)	6.3억(1층)	6.2억(19층)
22.11	6.9억(6층), 32***	6.2억(10층), 16	6.7억(19층), 10	6.0억(5층), 34	6.8억(10층), 20	5.9억(1층), 14	5.0억(19층), 5

* 신정8, 한성, 현대, 수지에듀파크의 경우 후순위 수요 단지로, 목표가에서 괄호 안의 수치만큼 빼고 매수하는 것이 바람직한 것으로 판단됨. (목표가에 매수해도 나쁘지는 않겠으나 22년 하반기의 경우 조정이 진행되고 있었기에 좀 더 적극적인 협상이 가능할 것으로 판단함.)
** 현재 매물 중 최저가 매물
*** 매물 개수

■ 매물 현황

단지명	가격(만 원)			동/호수	보유 부동산	매물 정보		
	시작	조정	목표			상태	임대/주인 거주	추가 정보
수지예듀	70,000 (21.08)	50,000 (22.11)	45,000	10O-19OO	한O (전화번호)	부분	전세((23.○○만기)	양도세 중과 유예, 45,000 매수 요청(11/11), 매도인 공무원(3.9억에 매매)
신정8	70,000 (22.09)	60,000 (22.11)	57,000	8OO-5OO	하O (전화번호)	기본	주인 거주	서울에 분양 아파트 입주(4월 전)
신정8	70,000 (22.09)	62,000 (22.11)	57,000	81O-5OO	하O (전화번호)	기본	주인 거주	단지 내 이전 계획(전세), 최초 분양자
신정7	73,000 (22.10)	64,000 (22.10)	57,000	7OO-3OO	석O (전화번호)	기본	주인 거주	거주(할머니)자 요양원
신정1		65,500 (22.11)		10O-○8O	예O (전화번호)	기본	주인 거주(공실)	부모님 거주했으나 사망으로 판매(상속)
신정1		65,000 (22.11)		11O-3OO	연O (전화번호)	기본	전세((23.○○만기)	만기까지 매도 안 되면 전세 전환 가능
신정1		64,000 (22.11)		10O-○8O	옆O (전화번호)	기본	전세((23.○○만기)	매도인 판매 의지가 강해 최저가로 내놓음, 화장실 수리
신정1		70,000 (22.11)		10O-100O	득O (전화번호)	수리	주인 거주	주인 5.5억 매매, 발령으로 인해 2월까지 판매해야 함
신정7	71,000 (22.08)	63,000 (22.11)		7OO-100O	석O (전화번호)	부분	전세((24.○○만기)	55,000 매수 요청(11/11), 6.2억 매수 불받(할인 필요)
신정9	80,000 (22.10)	67,000 (22.11)		9OO-10층	대O (전화번호)	수리	월세((23.○○만기)	다주택자, 내년 2월까지 매도 목표
신정9		66,000 (22.11)		9OO-○8층	주O (전화번호)	수리	전세((23.○○만기)	주인은 갈아타기 위해 매도

해당 표는 실제 매수를 진행했을 때의 과정 중 일부를 담았다. 해당 단지의 간략한 정보만을 기입하고 해당 월의 실거래가 범위 중 특별한 물건(올수리, 최저층 등)의 경우를 제외한 평범한 물건(동/층/향/상태)의 가격을 기록한 뒤 목표가를 설정한다. 이때 목표가는 매물의 호가 범위 및 실거래가 등의 여러 정보를 조사해서 2달 이상 누적된 데이터를 바탕으로 매물 현황, 매물 증감, 우위, 호가 범위, 투자자 등을 고려하여 판단한다. 해당 지역의 매수는 2022년 6월부터 준비를 시작해서 2023년 2월에 최종 매수를 진행했고, 해당 표 안에 기록해두었던 물건 중에서 매도자의 상황을 이용하여 단지에서 가장 저렴하게 매수할 수 있었다. 모두 꾸준히 추적하고 기록을 해두었던 덕분이었고 운도 따라주었다.

다음 장에 나오는 표는 매수할 때뿐만 아니라 매수한 이후 보유 중인 물건을 매도 또는 임대할 때의 데이터도 꾸준히 누적한 것이 만약 해당 지역의 매수 타이밍을 보고 있다면 1~2주 단위로 모니터링을 하고 아직 지켜보고 있는 중이라면 1달 단위로 진행한다. 만약 매도를 원하는 단지가 있다면 기본적으로 1달 단위로 진행하지만 매도가 근접해있다면 이 또한 1~2주 단위로 상황을 파악한다. 하지만 가장 기본은 1달 단위로 모니터링을 하면서 해당 단지의 매수, 임대, 매도를 고려하는 편이다. 그리고 접촉 중이거나 물건을 내놓은 부동산 중개소가 있을 때는 가장 마지막 접수란에 적어놓고 꾸준히 소통하기 위해 노력한다.

내가 투자 보고서를 쓰는 이유

■ 의정부시 신곡동 극동통성 ○○○동○○○호(18평)

(가격 단위: 만 원)

매물수	소유권	매수 가격	보증 금액	전세 만기	매매		전세	
19					전고점	전저점	전고점	전저점
					26,000 (22.01)	12,200 (20.09)	22,000 (21.11)	10,000 (22.04)

비교단지			매매	전세
극동통성	24평		75~85% (80%)*	80~85% (85%)
삼환	21평		100~105 (100%)	100~105 (100%)
추동	21평		105%	100~105 (105%)

분류	매매				전세			
	호가 범위	매물수	실거래 범위	거래량	호가 범위	매물수	실거래 범위	거래량
23.01	17,900~24,000	-	18,000	1	13,000~20,000	-	12,000~15,000	4
23.02	17,900~24,000	-	18,000~20,200	2	13,000~15,000	-	14,000~15,430	2
23.03	17,500~24,000	19	17,300	1	13,000~15,000	14	13,500~16,000	5
23.04	17,500~20,000	12	17,000~20,000	8	12,800~15,000	13	14,000~16,000	3
23.05	18,500~22,000	13	17,300	2	12,500~14,000	8	12,000~13,000	5
23.06	17,500~21,000	18	17,600~18,800	2	13,000~14,000	6	12,500~18,000	8
23.07	18,000~21,000	13	19,800~20,000	2	13,000	2	12,000~14,200	4
23.08	17,000~21,000	15	17,300~19,000	8	13,000~16,000	5	12,500~15,000	5
23.09	18,000~23,000	21	16,500~19,000	6	14,000~16,000	4	13,000~15,000	5
23.10	17,000~23,000	25	×	0	13,000~17,000	5	12,000~14,000	3
23.11	15,000~23,000	27	17,500~18,800	3	13,000~16,000	5	13,000~17,000	8
24.01	17,000~21,000	26	16,000~18,000	2	13,000~16,000	8	13,250~15,000	6
24.02	16,000~20,000	25	17,300	1	14,000~15,000	8	13,100~16,000	5

점수 : 삼○, 그○○, 부○○○○, 극○, 동○, 정○, 세○○, 부○○○○, 신○, 신○, 으○, 복○, 은○○, 동○

* 18평은 24평이 매매가의 75~85%로 보아 하며, 괄호 안의 비율을 가장 적정한 것으로 판단함.

지금은 사실 월세가 점차 중요한 시장이 다가오고 있는 것 같아서 표에 월세를 추가해야 하는 것은 아닌가 고민하고 있는 중이다. 하지만 월세는 보증금과 차임이 다양한 관계로 매매와 전세 시장에 특별한 기준점을 제시하기는 어려움이 있어 모니터링을 하기보다는 해당 단지 및 지역의 평형/연식 대비 최소의 보증금과 최대의 차임을 기준으로 전세보다 유리한지 불리한지 정도만 판단하고 있다.

일단 매매와 전세를 기준으로 내가 가장 중요하게 생각하는 부분은 '거래 가능 매물 현황'이다. 주로 공인중개사들의 의견을 종합해서 판단을 내리는데, 이렇게 되면 주관이 들어가서 정확한 정보를 추출하는 것이 불가하다고 생각할 수 있다. kb시세도 사실 알고 보면 일선 공인중개사들의 의견 종합이라는 점을 볼 때 마냥 신뢰도가 떨어지진 않는다고 볼 수 있다. 그럼 방법은 하나다. 표본을 늘리는 것이다. 조사가 가능한 공인중개사의 표본을 최대치로 늘린다면 더욱더 신뢰도가 높은 정보를 얻을 수 있다. 나름대로 주관의 객관화인 것이다. 공인중개사와의 전화 조사와 현장 조사를 통해 해당 지역의 매물 현황, 즉 지금 매물이 많은지 적은지를 조사하는 것이다. 조사하는 시점에서 '전년 대비 물건이 많은가, 적은가?'를 질문하면 된다. 공인중개사들은 해당 지역에서는 나보다 더 전문가다. 먹고사는 것이 직결되어 있기 때문에 시장의 흐름에 면밀히 반응하게 되어 있다. 그리고 매물 증감은 해당 지역의 매물이 6개월 전 대비, 3개월 전 대비 물건이 늘어났냐 줄었냐를 판단해보는 것이다. 그렇게 해당 지역의 매물이 많고 적음 그리고 과거 대비 현재 증감을 판단해 유의미한 자료로 활용할 수 있다. 해당 지역이 현재 매수인(임차인)이 우위에 있는지, 매도인(임대인)이 우위에 있는지도 판단해볼 수 있다.

또한 '호가의 범위'라고 해서 해당 단지의 최저가 매물과 최고가 매물의 범위를 추적 조사하다 보면 한 달 단위로 호가의 범위가 같거나 상승하거나 하락하는 것을 볼 수 있다. 그리고 해당 지역 및 단지에 투자자가 지속해서 매수하고 있는지 또는 매수를 문의하는 빈도가 늘어나고 있는지 등을 종합해서 투자자의 증가, 감소를 판단할 수 있다. 투자자의 증감 여부를 체크하는 이유는 투자자가 증가하면 세가 낀 매물을 살 수도 있고, 세를 끼지 않은 입주 가능 매물을 살 수도 있기 때문이다. 무엇을 사든 투자자는 해당 상황에 이득이 되는 것을 하려고 할 것이다. 투자자가 들어왔다는 것은 임대 물량이 증가할 수 있는 가능성이 있기 때문에 전세 매물의 증감을 예상해볼 수 있다.

이런 식으로 매물 현황, 매물 증감, 우위, 호가 범위, 투자자, 전세 증감 예상 등 여러 가지 분류에 맞게 표본을 늘려서 조사하고 이 데이터를 월 단위로 누적해가면서 매수, 임대, 매도에 대한 모니터링을 진행하다 보면 해당 지역의 좋은 타이밍에 맞춰 전략을 구사할 수 있을 거라고 생각한다. 이런 식으로 좋은 매수를 했던 적도, 좋은 매도를 했던 적도 있으니 나름대로 충분히 해볼 만한 전략이라고 본다.

: 오공삼 :

8

앞으로의 시장에
기회가 온다면

모니터링을 통해 괜찮은 진입 타이밍이 온다는 판단이 선다면 그 때부터는 해당 지역의 매물들을 조사하면서 괜찮은 급매가 있을 때 는 그 급매를 기준으로 면밀히 조사할 것이다. 정말 급매가 맞는지, 매수하기에 적절한지, 어떻게 하면 이 지역에서 해당 매물을 좋은 가 격에 매수하고 좋은 가격에 매도할 수 있는지, 적절한 예상 매매 가격 은 얼마인지, 전세 가격은 얼마인지에 대한 종합적인 매물 보고서를 작성하면서 말이다.

■ 청솔 5차

(가격 단위: 만 원)

주소	원주시 단구동 청솔5차 5OO동 12OO호					
가격	9,100	일반물건	23평/18평(77㎡/58㎡)	평형	사건번호 대출	일반물건 비조정 지역 다주택 LTV 60%
				일반		

평가
- 청솔 6, 8차에 비해 선호도가 낮고, 매매는 500만 원 이상 차이가 나지만 전세는 큰 차이도.
- 6, 8차와 500만 원 갭을 유지하는데, 21.05월 입주 가능 물건이 1,000만 원으로 벌어졌고 거래되고 있음. 8차의 거래 가능 물건이 소진되고 투자금이 1,000만 원 이 상 상승하게 되면 5차로 흐름이 넘어와서 갭을 다시 500만 원으로 좁힐 수 있음 → 현재 5차의 저평가 구간

연식	세대	현관	방화장실	난방	면적(세대수)
2001	433	계단	3/1	개별	23평(433)

관리관계	인수관리
일반물건	없음

명도비	미납관리비
없음	없음

동	층	향	타입	부분수리	올수리	
5OO동, 5OO동	5	남서, 남동	-	매매	매매	전세
인기 동은 +200~500만 원	인기 층은 +200~500만 원	차이없음	-	+300만 원	+1,000만 원	+1,000만 원

	전고점	전저점	실거래↓	실거래↑	호가 범위	6달 전	12달 전
매매	12,753(10층, 16.03)	6,850(6층, 19.10)	7,300(11층, 21.02)	10,400(13층, 21.05)	8,500~13,500	9건 15건	27건
전세	9,500(8층, 16.09)	6,000(9층, 19.10)	9,000(3층, 21.03)	10,000(14층, 21.05)	8,000~10,000	13건 11건	15건

	급매	적정
매매	9,100 (5OO-12, 올, 7월 입주)	9,300 (5OO-11, 기본형 즉시 입주)
	9,200 (5OO-8, 기본형, 중도금 4,000 6월 명도 입주)	9,400 (5OO-12, 기본형 즉시 입주)
전세	8,000 (5OO-2, 부분 즉시 입주)	10,000 (5OO-2, 올, 즉시 입주)

매물		우위	특징
매매	증가	매수	**최근** • 20년 초 급매 위주로 1차 유입 이후 매매가 상승했고, 현재 소강 상태를 보이고 있음. • 매수세가 유입되면서 고점에 몰린 매물들이 나오면서 매물이 증가하고 있지만 2차 매수 진입은 없어 소강 상태임. • 매물 소진이 6, 8차에 비해 속도가 더디서 시간차로 인한 저렴한 매물이 남아있는 상황임.
			예측 • 매물수는 증가했고, 매수세가 좋아들면서 매수자 우위 시장이 형성됐지만 이전 급매 가격으로 잡기는 어려움. • 전세 세팅을 노리는 투자 수요가 있기 때문에 저렴에 저렴한 물건이 소진되면 6,8차와 갭을 500만 원선으로 다시 맞출 것으로 보임.
전세	감소	임대	**최근** • 입주 가능 물건이 적지만, 실수요가 꾸준해서 높아진 층기 때문에 지속해서 거래되며 전세가가 상승하고 있음. • 전세 비슷가인 3~5월에도 저렴한 전세로 인해 꾸준히 문의가 있었고 매물을 거래내림.
			예측 • 실입주 수요의 매물 소진으로 전세 물건은 부족한 상태로, 입주 가능 물건도 부족한 상황임. • 전세 매물은 감소세를 보이고 있고, 입주 가능 물건들이 거래되면서 전세 매물이 증가한다고 해도 6월 이후 전세 수요가 더 추가될 가능성이 높기 때문에 공급이 수요를 초과하지 않을 것으로 보임.

매매 예상 가격

① 21.04 기본 11층 0.93억 / 21.05 올 13층 1.04억
② 현재 입주 가능 5층 올수리 1.03억 / 입주 가능 기본 11층 0.93억
③ 입주 가능 물건 수가 매우 적고, 대부분 전세 안고 9.5억임.
④ 향후 매매 물건 소진 가능성이 높은 상황임.
⑤ 본 물건 층중 이상 기본형으로 적정 가격 0.95억, 급매 0.9억 미만

전세 예상 가격

① 21.05 올 1층 0.95억 / 21.05 올 14층 1억
② 즉시 입주 올 2층 1.0억
③ 실수요 문의는 꾸준하고, 전세물건 소진 가능성이 높고, 물건 수 적음
④ 본 물건 기본형으로 올수리 이후 전세 세팅
⑤ 12층 올수리 적정 가격 1.05억

매수가	양도세	취득세	기타비	명도비	수리비	총비용	보증금	실투금	매도예정	세전(%)	세후(%)
8,800	-	100	70	0	500	9,500	10,500	올피	11,500	2,000	1,500

전략

① ABCB → 원주시 A 구간(관설동 구축 후반, 관설동 8급 입지, 20년차 C급 단지), 12층 B급 물건
② 매도 호가 9,000만 원 입주 가능 작정가 9,200~9,300만 원 물건에 비해 200만 원 이상 저렴하고 화장실 UBR 철거 후 수리했음.
③ 8,700~8,800만 원에 매수하고 잔금 납부 후 수리(500만 원) 후 전세 1억 500만 원으로 500만 원 플피 세팅
④ 2021.10월 이전으로 전세 계약 후 2023년 10월 전세 만기 때 매도하는 것을 목표로 함.

보고서 내용처럼 해당 단지의 간략한 정보를 넣고, 혹시 경매로 나온 물건이라면 입찰일이 언제인지, 사건번호가 언제인지 등을 적어 간략하게 정보를 나열한다. 그리고 해당 단지의 동, 층, 향과 타입에 따른 매매 가격의 변화를 파악하고 수리 여부에 따른 가격 차이를 기록한 뒤 해당 단지의 매매와 전세의 전고점과 전저점 그리고 가장 낮은 실거래가와 높은 실거래가, 호가 범위 그리고 해당 달을 기준으로 3개월 전의 거래량의 합과 6개월 전의 거래량 합 등을 조사해 지금의 거래량은 과거 대비 얼마나 되는지 등을 알아본다. 그랬을 때 매수할 때라면 거래량이 줄어들고 있는 것이 급매로 잡기에 좋을 것이고, 매도할 때라면 거래량이 증가할 때가 좋다고 판단해볼 수 있다.

반대로 내가 매수할 때 거래량이 줄어들고 있으면 가격이 하락하는 것 아니냐는 걱정을 할 수 있으나 이미 해당 매물에 대한 단지별 보고서를 작성하고 있다는 것은 과거 역사 대비 지금이 들어가기 좋은 타이밍인지 아닌지를 판단해보았다는 의미다. 그 내용을 기반으로 1~3개월에 걸친 누적 데이터를 모니터링하면서 해당 단지의 매물 현황, 매물 증감, 우위 시장 등을 종합적으로 고려해 믿음을 가지고 매수를 진행할 수 있다. 그렇게 해당 단지의 급매와 적정 가격에 대한 고민을 하고 매매와 전세의 단지별 증감과 우위 시장을 판단한 뒤 최근에는 어떤 식으로 문의가 있었고 어떤 흐름이 있었는지 조사해보고 예측해본다. 그랬을 때 지역, 모니터링, 단지의 조사를 하나로 묶어 해당 단지의 매매 예상 가격과 전세 예상 가격을 판단하고 전략을 짠 다음 최종 네고를 진행하면서 매수한다.

사실 2021년 5월까지는 이런 식으로 보고서를 작성하면서 경매 입찰을 해서 낙찰을 받고 명도하고 세팅하거나 급매로 매수해서 세팅하는 방식을 많이 사용했다. 때로는 보고서를 쓰고 매수하지 않은 단지들도 있다. 이러한 노력을 기울였음에도 매수하지 않았던 이유는 당시의 내 포트폴리오와 투자 자금상 딜이 성사되지 않았던 것도 있고, 확신이 들지 않아서 결정하지 않았던 것도 있다. 노력해놓고 매수하지 못하면 아쉬움이 크지만 그럼에도 불구하고 그러한 과정들이 반복되는 것 자체가 나의 실력을 성장시켜줄 거라고 믿었다. 하지만 전략이 맞아떨어지면서 상승하는 것을 보고 나서는 사실 너무 자만에 빠졌던 것 같다. "이런 보고서 더 이상 필요 없어, 내 머릿속에 다 있어" 또는 "지역의 흐름은 상승으로 바뀌었어. 그럼 이제 사면 올라" 이런 말도 안 되는 자신감과 억측을 이어나가면서 평가와 전략 구상을 게을리하게 되었다.

누군가 '앞으로 시장에 기회가 왔을 때 투자하기 위해 무엇을 준비하고 있냐?'고 묻는다면 나는 좀 더 겸손한 자세로 시장의 역사를 조사하고 모니터링을 게을리하지 않겠다고 답할 것이다. 다음 쪽에 나오는 보고서처럼 임장을 다녀오면 임장을 다녀온 것에 대한 기록을 하고, 접근 중인 물건이 있다면 해당 물건의 진행 상황들을 면밀히 기록하면서 해당 단지의 물건 하나를 사더라도 꼼꼼히 비교해보고 구체적인 전략을 구사해서 모든 정보를 꾹꾹 눌러 담아 최고의 매수를 하기 위해 노력할 것이다.

현재 나는 투자 진행 과정에 대해 하나하나 기록할 새로운 보고서를 준비 중이다. 사실 지금 시장에서는 다음 시장이 왔을 때를 생

■ 임장 기록

- 기업도시 전세 2.5억 원~2.7억 원 → 전세 문의 꾸준함 → 매물 부족 → 적정가 전세 거래는 가능함.
- 호가가 많이 높아진 상태. 24평이 2억 원 초반~중반, 34평이 3억 원 초반~중반 형성되어 있음 → 아직 반응 없음.
- 기업 입주율 높아지고 있고, 공사 시작한 곳도 있지만 아직 안 한 곳도 많음.
- 기업에 근무하는 사람들은 아파트보다 주변 다세대로 많이 유입됨. 이지더원 3차를 비롯해서 분양을 기다리는 전세 수요 많음.

- 무실동 전세 가격은 지속적으로 상승 중이고 전세 나오면 바로 2일 안으로 거래될 만큼 물건 부족하고 대기 수요 풍부함.
- 분양을 기다리는 전세 수요가 많지만, 전세에서 매매로 갈아타는 비율은 많지 않지만 있긴 함.
- 전세에서 매매로 갈아타는 수요는 많지 않아도 전세를 구하러 왔다가 매매로 전향되는 손님은 있음.

- 단구동, 관설동 구축은 전세 손님이 무실동에 비해 많지 않음.
- 호가로 나온 전세 매물들은 거래가 안 되고 저렴한 매물들 위주로 거래가 되는 수준임.
- 무실동에 비해 전세 물건이 조금 더 많음. 하지만 새로 공급되는 전세 물건은 적어서 수요보다 공급이 초과되는 상태는 아니지만 전세 수요는 꾸준함.
- 매매로 들어오는 실수요는 아직 무실동에 비해 적은 상태이고, 투자자들 유입이 상대적으로 많은 상황임.

- 비교하기
- 지역별 평단가 비교(원주 vs 춘천) → 특징 나열하고 가격차 이유 조사해서 근거 설정
- 지역 간 대장 아파트 평단가 비교(기업 vs 혁신 vs 무실 vs 단구 vs 관설) → 특징 나열하고 가격차 이유 조사해서 근거 설정
- 조사 대상 아파트가 있는 지역 내 단지별 비교 (청솔1 ~ 8차, 에버빌2차)
- └ 상대평가를 통해 비교 기준을 만들어서 가격에 어떻게 녹아나는지 알아보고 상승하는 것에 대한 예측 자료를 만들기 위함

■ 진행 상황

- 21.05.15.(토) 임장
  - 본 물건 부분수리 물건임 → 화장실, 현관/베란다/주방 타일 교체, 싱크대/신발장 교체하긴 했으나 B급임
  - 세입자 7월~8월 이사 예정.
  - 8,900만 원 정도 네고 가능한 상황임.
  - 이 물건 보러 온 손님은 내가 처음.
  - 입주 가능한 1억 원 물건들이 사라지고 몇 개 안 남은 상황까지 기다리기.
  - 6,8차 전세 8,500~9,000만 원짜리 빠질 때까지 기다리기.
  - 8차 경매 물건 낙찰되는 것 보면서 낙찰 가격이 1억 원 언저리에 붙어있을 경우 8,500만 원에 네고해서 잔금 치르고 매수하기.
  - 8,500~8,700만 원에 매수 + 수리비 500만 원 + 취득세 110만 원 + 부대비용 70만 원 - 보증금 1억 500만 원 → 1,100만 원 플피 (보증금 1억 원은 600만 원 플피)

- 21.05.21.(금) 강의 듣고 미리 작성해놨다가 5시에 맞춰서 상담 메일 보내기.
  - 원주시 흐름, 관설동 흐름, 세팅 조건, 매도 전략(포트폴리오까지) 넣어서 매수 상담 메일 보내기.

각한다는 것 자체가 어찌 보면 사치일 수도 있다. 얼마 전까지만 해도 나는 임대 보증금을 내어주지 못하는 상황에 처해 6개의 물건들이 연달아 경매까지 갈 위기에 있었다. 그런 상황에 '다음'이란 없는 것이나 다름없다. 포트폴리오의 보유 전략을 잘못 계산했고, 이렇게 시장이 급격하게 변화하는 것에 대응하지 못해서 오류가 생겨버렸다. 결국 내 물건을 담보로 아버지를 차주로 해 사업자 대출을 실행했고 겨우겨우 막을 수 있었다. 지금은 당장 머리에 겨누고 있던 총구만 사라졌을 뿐 아직 4개의 총부리가 멀리서 나를 겨누고 있다. 만기가 다가오고 있는 것들에 빠르게 대응하려고 노력 중이다. 움직이지 않는 시장에서 역전세가 난 물건들은 결국 더 큰 투자금을 밀어

넣고 버티는 방법밖에 없지만 최대한 임차인들과 상의하고 협의해서 접점을 찾아내려고 애쓰는 중이다.

버티는 것도 하나의 생존 전략

지금 시장에서 버티는 방법은 다른 거 없다. 나는 상수에 따른 구조의 변화는 나타난 것이 없다고 생각한다. 변수에 의한 변칙적인 상황이며 방향성이 전환됐다고는 생각하지 않는다. 다만, 나중에 또 이런 상황이 펼쳐질 수 있다는 것을 경험했기에 나중에는 변수까지 고려한 투자를 신중하게 하기로 했다. 이번을 계기로 시장에서 오래 버틴 선배 투자자들이 왜 보수적으로 투자를 하게 되는지 이해가 갔다. 이번 시장을 버텨내고 나면 쉽사리 큰 베팅을 하지 못할 것 같다는 생각이 들지만 그건 내가 가지고 있는 성향 때문이라고 본다.

결과적으로 예상했던 것보다 더 많은 대출이 생겼고 점점 감당하기 어려워지고 있다. 예상했던 회수는커녕 더 많은 투자금을 일시적으로 밀어 넣고 있다. 매도를 위해 임차인을 내보내는 전략을 취했던 물건들, 예를 들면 김해의 경우 2021년 8월 전세 만기였는데 3~4월에 임차인과 협의를 통해 재계약을 맺고 12월에 나가기로 했다. 사실 그때 당시에는 지금 같은 상황까지는 아니었다. 그래서 급급매의 가격으로 매도한다면 충분히 승산이 있을 거라 생각했다. 게

다가 이런 물건이 3개가 더 있었다. 결국 전세도 다시 안 나가고 매매 가격은 예상했던 급급매의 가격 대비 30%나 더 빠지면서 초토화가 되었다. 속절없이 역전세를 맞으면서 투자금이 더 발생하는 악수를 두게 되었다. 그럼에도 지금은 어떻게든 대출을 받아 막고 있는 중이다.

지금을 버티면 나에게 유리한 시점이 올 거라 생각한다. 하지만 지금 당장 버티는 힘이 부족한 것도 사실이다. 그래서 3~4년 전부터 준비해온 육아휴직 기간을 축소하고 돈을 벌기로 했다. 퇴근 이후 저녁에 식당에서 서빙과 설거지를 하며 투잡을 하고, 추가적으로 제조업 공장에서 부업을 받아와서 조금이라도 생활비를 충당하며 수입을 최대치로 올리려 노력했다. 현재 한 달 부수입은 300만 원 정도이다. 역으로 계산하면 한 달에 4억 원을 7%로 빌려왔을 때 내야 하는 이자 정도의 금액이다. 지금은 어떠한 방식으로든 버텨내야 하는 상황이다. 내가 이 시장을 어떻게 버텨내고 있는지 전하는 것이 잘못된 투자로 인해 하루하루를 보내고 있는 많은 투자자에게 의미 있는 메시지가 될 수 있을 거라고 생각한다.

투자에 유능한 분들에 비하면 내가 하고 있는 투자가 부족해 보일지언정 지금 버텨내는 방식이 새로운 현금 흐름을 만들어 내는 추가 투자가 아니라 해도 나는 이 시장에서 버텨내는 투자자로서 역할을 하고 싶다. 버텨내는 것도 하나의 생존 전략이 될 수 있다고 생각하기 때문이다. 지금 시장은 누가 살아남느냐의 싸움이다. 물론 이 시장에서 조금씩 희망이 보이고 자산이 정리가 되고 대출을 삼낭하는 시기가 왔을 때는 당연하게도 추가 투자에 대한 고민을 분명히 할 것이고 그럴 계획이다. 조급함 때문에, 더 많은 돈을 벌고자 2022년에 실수를 많이 했다. 기회를 놓치는 한이 있더라도 실수를 반복하지 않는 게 있는 것을 지키는 길이라 생각한다.

2024년은 버티기를 하면서 주택에 대한 모니터링을 지속하며 수익이 나는 구간이 찾아왔을 때 매도해 현금을 최대한 보유하려고 한다. 버텨낸다면 주택을 최대한 매도하고 앞으로도 역전세가 안 날 거라는 보장은 없기에 전세 만기 시점을 최대한 간격을 두는 전략으로 물건들을 배치할 것이다. 보유한 물건 중 똘똘한 것들을 추려내고, 매도하고 합치기를 반복해서 개인 명의로 가지고 있는 매물은 3~5개 이내, 법인은 2~3개를 조율하며 총 10개를 넘지 않는 선에서 관리하는 것이 최적일 것 같다.

지금은 무주택자가 투자하기 좋은 환경이다. 아직 세금이 무주택자와 다주택자에게 다르게 적용되기 때문이다. 다시 말하면, 다주택자는 투자하기에 불리하다. 기존 주택까지 많이 보유하고 있다면 역전세와 세금 리스크로 추가 투자는 어렵다. 또 다르게 표현하자면 새로운 다주택자가 늘어나고 있는 건 아니라는 뜻이다. 결국 언젠가 시장은 자유로운 거래로 활성화될 가능성이 높다. 지금 내가 할 수 있는 투자는 가지고 있는 매물들을 솎아내면서 보유 가능한 포트폴리오를 만들고 지켜나가는 것뿐이다. 시장의 방향성은 정해졌고, 속도의 문제일 뿐이다. 다가오는 그 시장에서 버텨낼 수 있도록 하루 하루 최선을 다하려고 한다. 꼭 이겨 내고 수익을 달성해서 지금의 부동산 시장을 경험하고 버텨낸 것이 인생 최고의 투자 시기였다고 회상할 수 있는 날이 오기를 바란다.

"투자하는 과정에서의 크고 작은 실수들이 아쉽기만 하다.

다음 시장까지 내가 버텨낸다면 다시는 그런 실수를

반복하지 않아야겠다는 생각을 하지만, 그럼에도 불구하고

그동안 투자했던 순간의 판단을 후회하진 않는다.

잘 몰라도 저질러보고 지금처럼 견뎌내는 경험의 과정이 결국

내가 두 팔로 벌린 동그라미만큼 안다고 착각했던 부분들을

채워주는 시간의 역사를 만들어 낸 거라 생각하기 때문이다."

오공삼

6

쓸꽃

20대에 투자자가 되다

"얼마 전까지만 해도 '집 없는 사람이 바보'였는데
'집 사는 사람이 바보' 취급받는 시장이 되었다. 그럼에도 불구하고
나는 여전히 부동산 투자를 한다. 시장을 떠나지 않는다면
기회는 다시 온다고 생각한다. 부동산 투자로 수익을
거둘 수 있다는 것을 믿는다. 역사 속에서 부동산으로
부를 이룬 수많은 이들이 그랬던 것처럼."

스물여섯, 부동산에 빠지다

언론에서는 연일 2030 영끌족의 몰락을 보도했다. 2022년 하반기, 타오르던 시장은 얼음물을 끼얹은 듯 고요해졌다. 상승장의 달콤함을 느껴보지도 못한 채, 하락장이 시작되고 있었다. 내가 알던 부동산 시장은 온데간데없었다. 어디에서 몇천을 벌었다는 투자자들의 웃음기 섞인 자랑은 한숨과 푸념으로 대체되어갔다. 상승을 전망한 이들에게는 비난이, 하락을 전망한 이들에게는 추종이 따랐다. 많은 투자자의 기대와 달리 정부의 규제 완화는 거의 이루어지지 않았다.

환희는 사라진 지 오래, 공포와 적막만이 부동산 시장을 채워갔다.

'공포에 사서 환희에 팔아라.'

나는 이 유명한 투자 격언을 정확히 역행했다. 두 눈이 멀어 환희에 샀고, 공포에 또다시 눈이 멀어 팔고 싶었다. 투자하기 전으로 돌아간다면 지금과 다른 선택을 할 수 있었을까? 공포를 이겨 내고 환희에 보낼 수 있었을까? 먼 훗날 지금을 어떻게 기억할지는 알 수 없다. 하지만 한 가지 확실한 것은, 살아남아야 한다는 것. 이 모든 경험을 기억하고 역행을 멈추어야 한다. 투자를 처음 시작할 당시의 나에게, 그리고 다른 20대에게 비싼 수업을 통해 얻은 교훈을 나누고 싶어 이 글을 쓴다.

사람에게는 각자 다룰 수 있는 돈의 크기가 있다고 한다. 내 돈 그릇은 너무나 작았고, 그릇에 담기지 못한 돈은 나를 떠났다. 22살, 1억 2,000만 원을 사기로 잃었다. 흔하디흔한 보이스피싱이었다. 정신을 차려보니 통장에 있던 모든 돈이 사라져 있었다. 사치 한번 부리지 못하고 통장에 고이 모셔둔 돈이었다. 원금은 한 푼도 찾을 수 없었다. 밥도 먹지 못했고 학교도 갈 수 없었다. 온몸의 장기가 뒤틀리는 느낌이었다. 자기혐오로 뒤덮인 지옥 같은 시간이 흘렀다.

'그냥 우리 돈이 아니었던 거야.'

엄마는 한마디 질책 없이 나를 위로해주었다. 그 위로는 내가 다시 일어날 수 있게 하는 원동력이 되었다. 괴로워해봤자 이미 잃은 돈은 찾을 수 없었다. 할 수 있는 일을 해야 했다. 우선 당장의 생활비와 대학 등록금을 충당하기 위해 보유 중인 펀드를 팔았다. 곤두박질 친 브라질 국채로 인해 원금은 반토막이 나 있었다. 왜 샀는지 몰랐던 펀드를, 왜 파는지도 모르고 팔았다. '펀드는 위험해'라는 편견만 남긴 채.

무슨 일을 해서라도 잃은 돈을 되찾고 싶었다. 아르바이트를 늘렸다. 마트 판촉부터 서빙까지, 평일과 주말을 가리지 않고 일했다. 사기꾼에게 돈을 건네주었던 카페 앞을 매일 지나쳤다. 학교 전광판에는 보이스피싱을 주의하라는 안내 문구가 떴다. '저걸 누가 당해' 하며 비웃던 내 모습이 스쳐지나갔다. 그걸 내가 당했다. 핸드폰은 항상 무음이었다. 전화벨만 울려도 심장이 터질 것 같았다. 그럼에도 시간은 흘렀다.

큰 불행 뒤에 작은 행운이 따랐다. 피해 금액을 복구하기 위해 시작한 에어비앤비가 꽤 괜찮은 수익을 내기 시작했다. '손해를 만회하겠다'는 일념으로 호스팅 수를 늘려갔다. 늘어난 수익만큼 게스트의 연락도 늘어갔다. 퇴근은 없었고, 크고 작은 이슈는 끊임이 없었다. 온종일 에어비앤비 알림에 시달렸다. 수업 중에도, 아르바이트 중에도, 자던 중에도.

그렇게 에어비앤비가 호황을 누리던 무렵, 수도권에 있는 소형 오피스텔을 분양받았다. 공인중개사 자격증이 있다는 엄마 친구가 추천한 곳이었다. 철도 교통이 크게 개선될 뿐만 아니라 브랜드 대단지에 조식 서비스와 커뮤니티 시설도 갖춰질 거라 했다. 오피스텔을 사서 에어비앤비를 운영한다면 더 많은 돈을 빠르게 벌 수 있을 것 같았다. 그 당시만 해도 에어비앤비를 아는 사람이 흔치 않았고, 적정한 규제도 확립되지 않았다. 오피스텔에서 운영하는 에어비앤비를 흔히 볼 수 있었기에 문제가 될 거라고는 생각하지 못했다. 오피스텔에서 에어비앤비를 운영하는 것이 불법이란 걸 안 건 계약서를 쓴 후였다.

에어비앤비 운영은 포기했지만, 그래도 브랜드 오피스텔을 갖게 되었다는 게 기뻤다. 구체적인 자금 계획은 없었다. 계약금으로 수천만 원을 냈지만 중도금 대출이 무이자라 신경 쓸 필요가 없다고 했다. 공사 현장을 지나칠 때마다 완공이 빨리 되기를 손꼽아 기다렸다. 학교생활은 바빴고, 할 일은 너무 많았다. 정신을 차려보니 3년이 흘러 있었다.

잔금일 3개월 전까지 잔금 대출의 개념조차 몰랐다. 급하게 블로그, 유튜브, 기사 등을 찾으며 정보를 모았다. 처음 분양받았을 당시와 시장은 완전히 바뀌어 있었다. 그사이 수많은 규제책이 등장했다. 주택 수에 포함이 안 되던 소형 오피스텔마저 개인 명의로 취득 시 주택 수로 산정이 되었다. 호재도 무용지물이었다. 대대적으로 홍보하던 철도 교통 호재는 예비타당성 조사조차 통과를 못한 상태였다.

설상가상으로 잔금일을 2개월 앞두고 본격적인 부동산 대출 규제가 시작됐다. 분명 잔금 대출을 받으면 된다고 했는데 DSR이니 DTI니 하는 것들 때문에 예상만큼 대출을 받을 수 없다고 했다. 집단 대출 은행 7곳에 모두 상담을 받았지만 LTV 70% 이상 대출은 불가하다고 했다. 그나마 가장 많은 금액을 이야기한 은행에서 대출을 받았다. 고정 금리가 4.0%라는 은행 직원의 말에 혀를 내두르며 변동 금리를 택했다.

'이 오피스텔을 사지 말았어야 했다.'

잔금 대출을 계기로 시작한 몇 주간의 부동산 공부 끝에 내가 얼마나 바보 같은 선택을 했는지 깨달았다. '여기가 무슨 서울이냐' 하며 무시했던 대학교 앞 구축 아파트 매매가가 두 배 넘게 올라 있었다. '이 동네는 절대 안 오른다'던 고향 아파트도 두 배가 되어 있었다. '만약 그때 이 아파트를 샀더라면…' 속이 쓰렸다. 2017년, 그 황금 같은 시기에 나는 소형 오피스텔을 분양받았다. 만 원짜리 화장품을 하나 살 때도 성분을 따져보고 후기를 비교하면서, 아무것도 모른 채로 수억 원짜리 부동산을 샀다. 그것을 '투자'라고 믿으면서.

섣부른 선택의 대가는 컸다. 펀드를 헐값에 팔았고, 무피로도 팔리지 않는 오피스텔을 샀다. 정신을 차려보니 부동산 상승장 후반이었다. 주변에 돈 번 사람이 넘치는데 모두 남 이야기였다. 난 무얼 한 건가 싶었다. 2021년, 치솟는 자산 가격과 낮은 은행 금리로 인해 현금을 들고 있던 사람이 바보가 되는 시장이었다. 나만 뒤처지고 있었다. 하루 빨리 현금을 자산으로 바꾸어야 한다는 생각에 사로잡혔다. 그렇게 모든 것을 내려놓고 부동산 투자 공부에 빠져들었다.

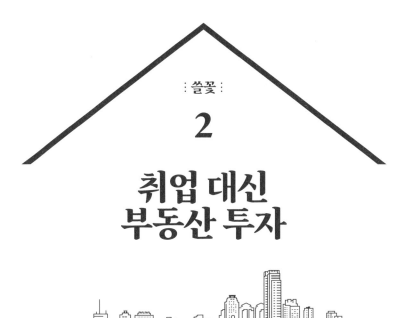

쓸꽃 2
취업 대신
부동산 투자

처음 공부를 시작한 곳은 한 대형 부동산 강의 플랫폼이었다. 그곳에서는 '절대 잃지 않는 투자'를 할 수 있다고 했다. 부동산 투자로 1년에 5,000만 원 이상 벌었다는 사람이 많았다. 부동산 투자만 잘하면 대기업 신입 초봉보다 많은 돈을 벌 수 있다고 했다. 나는 6개월~1년씩 취업 준비를 해서 대기업에 입사하는 친구들이 어리석어 보였다. 어차피 대기업에 입사한다고 해서 부자가 될 수 있는 세상도 아니지 않은가. 각종 투자 서적과 자기계발서를 읽으며 이런 생각은 더

굳어졌다.

'1년 내에 부동산으로 승부를 보자.'

그때는 그럴 수 있을 것만 같았다. 갓 대학을 졸업한 상태에서 안정적인 직장을 얻기 위한 노력을 포기했다. 대신 집 근처에서 정시 퇴근을 할 수 있는 계약직 일자리를 구했다. 기한을 정하고 나니 더욱 조급해졌다. 번듯한 직장에 다니는 친구들이 부러워지기 전에 빠르게 성과를 내야 했다. 2개월 남짓 부동산 강의를 들었을 때, 얼음공장 님의 유튜브 영상을 처음 봤다. 당시 배우던 것과 상반되는 내용이어서 혼란스러웠다. 하지만 솔직하고 확실한 어조에 끌렸다. 태어나 처음으로 유튜브 멤버십에 가입했고, 정규 강의를 3기 연속 들으며 매주 주말마다 전국 방방곡곡으로 임장을 다녔다. 사고 싶은 곳은 많았지만 확신이 들지 않았다. 아니, 솔직히 말하자면 이 선택 뒤에 따라올 책임이 두려웠다.

2022년 2월, 얼음공장 님의 책 『서울·수도권 아파트, 지금 사야 합니다』를 받자마자 전세가와 매매가의 차이(갭, gap)가 가장 적은 아파트를 찾았다. 처음 가본 동네는 생각보다 좋아 보였다. 이전 임장지와 비교했을 때 아파트 가격도 싼 것 같았다. 이미 한 차례 상승이 된 후였지만 추가 상승이 있을 거라 믿었다. 같은 지역의 다른 아파트를 봐도 계속 그 아파트가 눈에 밟혔다. 고민 끝에 매수 의사를 내비쳤는데 중개사가 오히려 매수를 말렸다.

"첫 주택으로 이런 거 사는 거 아냐. 더 좋은 거 사요. 내가 아가씨 생각해서 하는 말이야."

그 말에 청개구리 심보가 발동한 걸까. 사지 말라고 하니 더 사고 싶어졌다. 우선 고민을 해보겠다고 한 뒤 집으로 돌아왔다. 다음 날 중개사는 대기 손님들이 있다며 계약을 안 할 거면 다른 매수 희망 자들에게 집을 보여주겠다고 했다. 나는 이 집을 놓칠까 봐 심장이 터질 것 같았다.

'책에서까지 추천한 단지니까. 가격도 싼 것 같고 단지에 전세도 2개밖에 없네. 그래도 수도권이니까 정 안 되면 내가 들어가 살아도 되지 않을까?'

'공시가격 1억 원 이하 아파트라도 싸다면 첫 주택으로 사도 된 다'는 어느 강사의 조언이 불현듯 떠올랐다. 나는 그렇게 확고한 투 자 기준도, 세금 전략도 없이 가계약금을 넣었다. 하지만 계약일이 다가올수록 명의가 아깝다는 생각이 커졌다. 고민 끝에 개인 명의를 지키기 위해 법인을 세웠다. 법인 투자가 한창 유행하던 때라 추가 투자를 하기에도 용이할 것 같았다. 가까스로 매도자에게 양해를 구 하고 법인 명의로 계약을 마쳤다.

한 고비 넘겼다고 생각했는데 이번엔 전세가 나가질 않았다. 여느 갭투자가 그러하듯 전세 잔금으로 매매 잔금을 치를 생각이었다. 하 지만 잔금일 3주 전까지 전세를 찾는 손님이 없었다. 매수 시점에 예 상했던 전세가보다 1,000만 원을 더 낮추었다. '지금도 깨끗하니 현 상 태 그대로 임대가 가능하다'던 중개사는 '수리를 해주면 더 빨리 임차인을 구할 수 있을 거다'라며 수리를 권했다. 결국 집 전체를 수리해주 겠다고 했음에도 집을 보러 오는 사람은 없었다. 피가 말랐다.

조심스럽게 중개사에게 다른 부동산에도 집을 내놓겠다고 하니 "그럼 난 책임 안 진다"고 말하는 것이 아닌가. 내가 무슨 말씀이냐 고 묻자 중개사는 "전세가 안 맞춰지면 잔금 치를 돈을 빌려줄 생각 이었다"고 했다. 말로만 듣던 '사장님론(부동산 중개사가 대출을 해주는 것)'이었다. '여러 곳에 전세를 뿌리고 계약 확률을 높이느냐, 만일의 상황에 대비해 사장님론을 지키느냐' 나는 딜레마에 빠졌다. 신용대 출로도 감당이 어려운 상황이었다. 전세가 안 맞춰진다면 고금리의 대출까지 생각해야 했다. 배운 것과 현실은 달랐다. 최대한 많은 곳 에 전세를 내놓아야 한다고 배웠지만 사장님론이 주는 이점이 너무 컸다. 고민 끝에 결국 사장님론을 택했다.

잔금을 2주 앞두고 한 신혼부부가 계약을 했다. 그러나 그들은 소유권 이전 등기 후에 전세 잔금을 주겠다고 했다. 임대인이 법인 이라 불안하다는 이유 때문이었다. 예상보다 낮은 전세금에 수리를 해줘야 하는 걸로도 모자라 전세를 맞추고도 잔금을 치러야 했다. 아무것도 계획대로 흘러가지 않았다. 나의 첫 갭투자는 어설프고 부 족한 것투성이었다. 조급함에 눈이 가려져 이성적인 판단을 할 수 없었다. 중개사의 말 한 마디 한 마디에 갈대처럼 휘둘렸다. 저렴한 가격인지, 지역 내 전세 수요가 따라주고 있는지, 공급 물량을 고려 했을 때 언제쯤 매도를 할 것인지 등 투자 전 반드시 고려했어야 하

307

는 것들을 충분히 생각하지 못했다. 사고 나서도 잘 산 건지 몰랐고, 후회가 밀려올 때마다 괜찮을 거라고 애써 스스로를 달랬다.

그러는 동안에도 정규 강의를 들으면서 매주 지방 구석구석 임장을 다녔다. 하지만 사고 싶은 매물이 있어도 계약을 할 수 없었다. 수도권 아파트 전세가 안 빠져 잔금을 치러야 할지 모르는 상황에서 추가 투자의 리스크가 두려웠다. 그제야 '싸게 살 거 아니면 사지 말라'는 얼음공장 님의 말이 귀에 들어왔다. 매번 사고 싶은 물건을 선별했다가 포기하기를 반복했다. 다른 수강생들이 어디에 몇 채를 샀다는 이야기를 들을 때마다 마음이 급해졌다. 나만 기회를 놓치는 것 같았다. 그럴 때마다 더 열심히 임장을 했다. 차도 없이 하루에 5만 보를 넘게 걷고, 10명이 넘는 중개사를 만났다. 열심히 한다면 기회가 있다고 했으니, 그 기회를 간절히 찾았다. 하지만 6개월 넘게 지방 임장을 다녔음에도 한 건도 계약을 하지 못했다. 쉽게 매수한 대가가 얼마나 쓴지 느껴봤기 때문이다. 더 이상 같은 실수를 반복하고 싶지 않았다.

인생지사 새옹지마라 했던가. 불운처럼 느껴졌던 나의 첫 갭투자는 무리한 지방 투자를 막았다. 당시에는 지방 투자를 못하는 상황이 아쉬웠다. 정말 괜찮은 매물인데 놓쳤다는 생각이 들 때면 속이 쓰렸다. '수도권 갭투자만 아니었으면…', '다들 지방 공시가격 1억 원 이하를 하는데 나만 바보 같은 선택을 했나' 하는 생각에 휩싸였다. 그러나 돌이켜보니 감사한 일이었다. 그때 욕심이 앞서 지방 투자처를 늘렸다면, 2023년부터 이어진 역전세를 버티기 어려웠을 게 분명하다. 나는 이를 통해 감당할 수 있는 투자를 해야 한다는 값진 교훈을 배웠다.

: 쓸꽃 :

3

청약 당첨,
그게 되는 거였어?

　그 무렵 1인 가구에다가 동갑인 친구가 청약에 당첨되었다는 소식을 들었다. 로또 청약이 이슈가 되며, 수백 대 1의 경쟁률에 익숙했던 시기였다. 다른 지인도 추첨제로 청약 당첨이 되어 큰 시세 차익을 거두었다고 했다. 나는 가점이 낮아 청약은 생각도 하지 않고 있었는데 주변 사례를 듣고 나니 '혹시나' 하는 마음이 들었다. 아예 불가능하다고 생각했던 것이 '가능할 수도 있다'는 희망으로 바뀌었다. '그래, 해보기나 하자' 싶어 청약 관련 책을 읽으며 전략을 세웠다. 그런데도 확신은 없었다. '몇십 년 동안 당첨이 안 된 사람도 있다던데. 설마 진짜 되겠어?' 하는 생각이었다. 되면 좋고, 아니면 말고. 청약의 기본을 익히고 매일 청약홈에서 분양 단지를 보며 분석한 뒤 블로그 포스팅을 했다. 입지 분석을 하고, 임장을 가고, 시세를 파악한 뒤 모델 하우스를 방문했다. 당첨이 안 되더라도 공부라고 생각하면 아쉬울 게 없었다. 그런데 두 번 만에 청약 당첨이 됐다. 일반 공급 추첨제, 그야말로 운이었다. 당해 지역 1순위 자격으로 비인기 타입에 지원했는데 타 분양 대비 경쟁률이 높지 않았다. 수억의 시세 차익을 기대할 수 있는 로또 청약은 아니었지만 개인 명의 첫 주택으로 '공시 가격 1억 원 이하 소형 아파트' 대신 '실거주 가능한 역세권 아파트'를 취득할 수 있다는 것이 기뻤다. 무엇보다 청약 제도 자체에 대한 희망을 얻었다.

나는 청약이 불가능한 일이 아니라는 것을 느낀 후 더 적극적으로 청약 공부를 했다. 가족 중 무주택 생애 최초 통장이 있었다. 가점 또한 낮지 않았기에 청약으로 내 집 마련을 돕고 싶었다. 평생 서울에 살았지만, 목돈이 없으니 서울 청약은 포기하고 있었다. 수도권 내에서 감당할 수 있는 수준의 분양가로 분양하는 아파트 청약을 찾았다. 그리고 기적처럼 또 두 번 만에 청약 당첨이 되었다. 분양가 상한제 아파트인지라 이보다 더 저렴한 분양을 찾기도 힘들었다. 그러나 기쁜 마음도 잠시, 가족은 계약을 포기하겠다고 했다. 이런 기회를 포기한다는 게 이해가 되지 않아서 그 이유를 물었다.

첫째, 매매가가 부담스럽다는 이유였다. 하지만 가족들이 열심히 모으면 충분히 가능한 수준이었다. 그럼에도 가족은 무리하지 않고 빌라를 매수하고 싶다고 했다. 아파트 청약에 당첨되어 놓고 빌라를 사겠다니, 나는 맥이 빠졌다. 둘째는 연일 치솟는 금리가 부담스럽다는 이유였다. 금리는 한동안 더 오르겠지만 분양가가 저렴했다. 이자 후불제라 매월 납부할 필요도 없으니 그냥 몇천만 원 더 비싸게 사는 셈 치면 됐다. 고금리에는 분명 한계가 있으니, 오히려 입주 시점에는 금리가 다시 내려올 확률이 높았다. 셋째는 집값이 더 내려간다는데 지금 집을 사는 것이 망설여진다는 이유였다. 설령 매매가가 하락한다고 해도 실거주를 하면 된다. 매매가가 하락하면 전월세 가격이 오른다(이게 우리가 알던 상식이었다). 전월세 가격을 올려주느니 매매가가 떨어져도 내 집에서 사는 게 낫지 않은가. 투기를 할 것도 아니니 문제가 될 것은 없었다. 다행히 힘겨운 설득 끝에 가족은 분양 계약을 무사히 마쳤다. 한동안 해당 지역은 전세와 매매 모두 힘든 시간을 보낸 뒤 회복세를 보이고 있다. 1년 뒤 더 떨어질 수도, 오를 수도 있다. 하지만 장기적으로 이는 좋은 선택일 수밖에 없다.

상승장 후반에서 하락장 초반, 고분양가 분양이 많아지는 시기에는 신중하게 청약해야 한다. 하지만 청약의 메리트가 분명한 시기가 또 올 것임에는 틀림없다. 지금 당장에는 청약에 관심이 없을지라도 꾸준히 청약에 관심을 갖고 분양가가 비싼지, 저렴한지 판단할 수 있는 눈을 기른다면, 후에 찾아올 기회를 잡을 확률을 높일 수 있다. 좋은 물건을 볼 수 있는 눈이 없다면 기회 앞에서도 그것이 기회인 줄 모를 수 있다. 기회가 기회인 줄 아는 눈이 필요하다. 이것이 바로 우리가 부동산을 공부해야 하는 이유다.

'아파트는 가장 안전한 부동산 투자이다.'

처음 부동산 투자 공부를 시작했을 때, 아파트 투자가 최고라고 배웠다. 굳이 오피스텔이나 상가, 땅 같은 부동산 투자를 할 필요가 없다고 했다. 태어나 처음 본 것을 어미로 생각하는 오리처럼, 나는 이 말을 명제로 믿었다. 그리고 곡해했다. '아파트를 사면 절대 잃지 않는다. 그러니 아파트 투자에 올인하자.' 초보자가 투자하기에 용이한 상품이 아파트라는 점은 인정한다. 아파트는 한국인이 가장 살고 싶어 하는 주택 유형으로 수요가 풍부하다. 2022년 희림건축, 알투코리아, 한국갤럽의 면접조사 결과, 이상적인 주택 유형은 아파트 87.6%, 주상복합 5%, 단독주택 3.3% 순으로 나타났다. 심지어 모든 연령에서 아파트 선호도가 높았다. 수요가 풍부하니 상승폭이 크고, 환금성 측면에서도 타 상품 대비 용이하다. 시세 파악이 어려운 땅이나 다가구에 비해 정형화된 구조로 시세 비교도 쉽다. 하지만 상품, 즉 아파트인지 여부보다 중요한 것이 시장 흐름과 분위기라는 것을 하락장이 오고서야 깨달았다. 아무리 아파트여도, 부동산은 부동산이다. 리스크 없는 투자란 존재하지 않는다. 아파트가 중요한 게 아니었다. 어떤 상품이든 싸게 사서 비싸게 팔면 된다. 그 시기에 가장 싼 걸 사면 된다. 그 단순한 진리가 그때는 보이지 않았다.

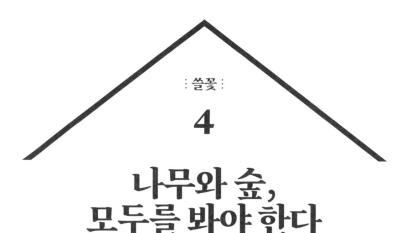

4

나무와 숲,
모두를 봐야 한다

　부동산 시장은 다양한 변인에 영향을 받으며 흘러간다. 미시적 요인으로는 크게 수요와 공급이 있다. 미시적 관점에서 수요를 파악하기 위해 미분양과 청약 경쟁률, 거래 동향을 알아야 한다. 공급은 신축 공급과 기축 공급으로 나뉜다. 거시적 요인은 금리와 정책으로 나눌 수 있다. 미시적 관점과 거시적 관점을 모두 파악하는 것이 중요하다. 과거와 달리 거시적 요인이 미치는 영향이 커졌기 때문이다.

한국 부동산 시장은 정치와 밀접하게 연관되어 있다. 국토부가 2021년 8월에 발표한 '2020년도 주거실태조사'에 따르면, 자기 집을 가진 가구의 비율인 자가 보유율은 60.6%이며, 무주택 가구 비율은 39.4%이다. 국민 10명 중 6명은 주택을 보유하고 있다. 통계청이 발표한 '2022년 가계금융복지조사' 결과에 따르면 우리나라 가구 평균 자산 중 부동산이 차지하는 비율은 46.5%에 달한다. 국민 자산의 약 절반 가까이가 부동산인 셈이다. 주택은 필수재일 뿐만 아니라 자산 증식 수단의 역할도 한다. 따라서 집값의 등락에 민심이 출렁이는 것은 당연한 순리다. 부동산 가격 상승과 하락으로 인해 정권이 바뀔 정도로 정치와 부동산은 떼려야 뗄 수 없는 관계다.

그러므로 부동산 투자를 위해서는 정부 정책 방향과 규제 완화 속도를 분석할 필요가 있다. 문재인 정부 5년간 부동산 시장이 상승하며 수많은 규제가 이루어졌다. 윤석열 정부는 시장 정상화를 공언했지만 실질적으로 규제 완화를 했다고 보기 어렵다. 무주택자와 1주택자를 대상으로 한 규제를 완화하고 조정 지역을 해제했지만 주요 세금 규제는 여전하다. 특히 취득세 중과 규제로 인해 여전히 다주택자는 추가로 집을 사기 어렵다. 하락장에서 무주택자가 집을 사거나 1주택자가 추가 주택을 매수하기는 쉽지 않다. 결국 시장을 회복시킬 열쇠는 다주택자가 쥐고 있다.

완화되지 않는 규제들

전례 없는 거래량 감소로 인해 2022년부터 경기 전반이 침체되어 왔다. 한국부동산원에 따르면 2024년 2월 전국 주택 매매 거래량은 4만 3,491건으로, 2020년 2월 11만 5,264건 대비 약 62% 감소했다. 2022년 10월 서울 아파트 거래량은 556건에 이르렀다. 2020년 6월 15,342건 대비 3.6% 수준이다. 전국 중개업소는 2024년 3월 기준 11만 4,608곳으로 2021년 7월(11만 4,479곳) 이후 2년 8개월 만에 가장 적은 수치다. 월별 중개업소 수가 최고점을 찍은 2022년 6월(11만 8,952곳) 대비 4,473곳이 줄어들었다.

지방 재정 문제도 심화하고 있다. 거래 절벽 현상으로 인해 지방세의 주요 재원인 취득세가 큰 폭으로 감소했다. 한국지방세연구원의 '9월 부동산 시장 동향'에 따르면 취득세 세수 중 부동산의 비중이 81%라고 한다. 서울시 2023년 세입 예산안 중 취득세는 5조 2,219억 원으로 전년 대비 15.8% 감소했다. 전체 지방세 중 취득세가 차지하는 비중이 높은 일부 지방 도시의 경우 세수 감소 문제가 더욱 심각하다.

이와 같은 상황에서 정부는 부동산 규제를 완화해 나갈 것이라 기대했다. 하지만 기업을 살리기 위한 규제와 시장에 큰 영향을 주지 않는 규제 수준에서 완화되었다. 투자자의 발목을 잡는 취득세나 양도세 등 주요 규제는 여전히 존재한다. 다주택자 유입이 불가능한 구조다.

하지만 언제까지 버틸 수 있을까. 규제가 완화된다면 시장의 반등을 다시금 예상해볼 수 있겠다. 다주택자가 집을 사기 시작하고 집값이 오르면, 집을 사지 않던 무주택자 또한 시장에 참여하며 열기가 퍼질 수 있다. 2022년 하반기부터 본격화된 금리 인상은 시장 참여자의 수요에 영향을 끼쳤다. 한국 부동산 역사에서 금리와 집값은 연동된 적이 없었다. 하지만 미국 연방준비제도(연준·Fed)의 급격한 금리 인상은 한국 부동산 시장에 큰 영향을 미쳤다. 금리가 오르자 실수요자의 신규 주택 매수 수요가 줄고 투자자의 추가 투자도 어려워졌다. 전세 이자 부담에 월세를 택하는 임차인 비율도 늘었다. 더불어 대출을 받아 투자하는 경우가 많은 상가나 오피스텔 같은 수익형 부동산 시장이 급격히 냉각됐다. 대출 비율이 높은 토지와 빌딩 투자에서도 수익률보다 이자 부담이 커졌다. 시세 차익형 상품부터 수익형 상품까지 모두 금리 인상에 영향을 받으며 시장이 흔들렸다.

하지만 변화에는 필연적으로 적응이 따른다. 높아진 금리로 인해 월세를 선호하던 임차인들은 월세 가격이 전세 이자만큼 높아지자 전세로 다시 눈을 돌리기 시작했다. 2024년 현재 기준금리를 5.50%까지 올린 미 연준과 달리, 한국은행은 기준금리를 2023년 1월 이후 3.50%로 동결해오고 있다. 2024년 금리 인하가 시사된 만큼 매수 수요자들의 금리 부담은 줄어들 것으로 기대된다.

신축 공급과 기축 공급

거시적 관점에서 금리와 같이 수요에 영향을 주는 요인뿐만 아니라 공급과 같은 미시적 데이터를 파악하는 것도 중요하다. 우선 공급에서는 신축 공급을 살펴야 한다. 신축 공급은 앞으로 지어질 아파트를 의미한다. 이는 지역별 입주 예정 물량을 통해 알 수 있다. 인허가 물량은 추후 공급 물량을 유추할 지표가 된다. 단, 인허가 물량이 모두 실제 공급으로 이어지는 것은 아니므로 유의해야 한다. 또한 신축 공급은 기축 아파트 시세에도 영향을 끼친다. 일반적으로 구축에 비해 신축 아파트 선호도가 높기 때문이다.

신축 공급과 함께 기축 공급 역시 중요하다. 기축 공급이란, 이미 지어진 아파트가 시장에 공급되는 것을 뜻한다. 이는 정책 방향에 따라 달라진다. 한국의 낮은 공실률을 감안했을 때, 다주택자는 곧 민간 임대 공급자로 볼 수 있다. 정부가 다주택자를 규제하면 규제할수록 민간 임대 공급은 줄어든다. 또한 다주택자 양도세 중과 유예와 같이 기축 아파트 매매 수요를 증가시킬 수 있는 정책에도 영향을 받는다. 2022년 하반기에 대구는 입주 물량 증가로 인해 하락이 심화되었다. 반면 세종시는 투자 목적으로 매수한 수요가 많았던 지역으로 신축 공급 물량은 많지 않지만, 기축 공급이 늘어나며 하락을 가중시켰다. 양도세 비과세 등을 목적으로 매도를 희망하는 수요가 한꺼번에 몰리며 하락세가 짙어졌다. 거래 동향을 알기 위해서는 해당 지역 중개사들로부터 현장 분위기를 듣는 것도 중요하다. 급매가 얼마나 빨리 소진되고 있으며, 얼마나 많은 사람이 문의하고 또 실제 거래로 이어지는지 여부를 확인한다. 현장은 언제나 통계보다 빠르다. 통계에 반영되기까지는 시간이 필요하기 때문이다. 시장의 반등을 빠르게 파악하고 대응하기 위해서는 현장 분위기를 지속해서 확인해야 한다. 매매와 전월세 거래 동향 모두 중요하다. 매매, 전세, 월세 중 어떤 것을 선택하고 있는지에 따라 반등 시점이 달라질 수 있다. 침체장이나 하락장에서는 매매 대신 전세를 택하는 사람들이 늘어난다.

또한 상급지의 거래 동향에도 주목해야 한다. 선호도가 높은 지역부터 상승이 시작되는 경우가 많기 때문이다. 온기는 핵심지에서 시작되어 외곽으로 퍼진다. 대표적으로 강남의 재건축 아파트와 잠실의 대형 단지들을 지표로 삼는다. 리스크를 안고서라도 상승 초반에 진입하려는 투자자가 아니라면, 여유를 갖고 기다리는 것도 전략이라고 생각한다. 길어지는 침체장 속에서 꾸준히 동향만 파악하더라도 충분히 상승장의 시작을 알 수 있을 것이다. 가장 중요한 것은 그때가 왔을 때, 투자를 할 수 있는 준비가 되어 있는 것이 아닐까.

투자를 위해 갖춰야 할 네 가지 요소

기회가 왔을 때 투자하기 위해선 마음가짐, 통찰력, 기술 그리고 자본이 갖춰져야 한다. 기회를 잡기 위해서는 하락장을 버텨야 한다. 이를 이겨 내기 위해서는 마음가짐이 뒷받침되어야 한다. 또한 시장을 읽을 수 있는 통찰력이 있어야 한다. 시기마다 적절한 투자 기술을 습득하여 타이밍을 잡는 것도 필요하다. 마지막으로 투자한 물건을 지키고 새로운 기회를 잡기 위해서는 자본이 필요하다. 이 네 가지 요소를 갖추기 위해 내가 하고 있는 일들을 이야기해본다.

믿고 바라고 떠올린다

투자에서 가장 중요한 건 마음가짐이 아닐까. 힘든 시기를 이겨 내기 위해서는 부동산 시장에 대한 확신이 있어야 한다. 부동산 투자로 돈을 벌 수 있다는 사실을 이해하고 받아들여야 한다. 상승과 하락에 연연하지 않을 수 있어야 한다. 시장 안에서 돈을 벌 기회를 찾기 위해서는 우선 머물러야 한다. 반드시 살아남아 수익을 맛보겠다고 마음먹어야 한다. 그 마음을 지키기 위해서 명료한 목표를 가져야 한다.

나는 첫째로 인생에서 가장 중요한 가치가 무엇인지 생각하고 그 가치를 이루기 위해서 돈이 얼마나 필요한지 계산했다. 내가 얻고 싶은 정확한 목표 금액을 설정한 후, 이루고 싶은 꿈의 형상을 모았다. 하고 싶은 일과 살고 싶은 곳의 이미지로 PC와 핸드폰 바탕화면을 바꿨다. 매일 볼 수 있는 곳에 이미지를 출력해 붙였다. 지금도 포기하고 싶을 때마다 목표를 떠올리며 마음을 다잡고 있다.

지금과 같은 위기 앞에서 마음이 흔들리지 않을 수 있도록 노력하는 것도 중요하다. 시장에는 수많은 변수가 있다. 위기는 소리 없이 다가와 등에 칼을 꽂는다. 계획대로 되는 일보다 계획대로 되지 않는 일이 훨씬 더 많다. 그 속에서도 배울 점을 찾고 긍정적인 측면을 보는 연습을 한다. 같은 사건 속에서도 내 선택에 따라 느끼는 감정과 배울 수 있는 것이 달라진다. 개리 비숍은 그의 책『내 인생 구하기』에서 이렇게 말했다.

'당신이 상대하고 있는 것은 있는 그대로의 인생이 아니라 인생에 대한 당신의 의견이다.'

그럼에도 가끔 불안이 떨쳐지지 않을 때가 있다. 그럴 때는 먼저 목표를 종이에 쓴다. 목표를 쓰고 말하고 듣다 보면 마음속 흙탕물이 가라앉는 걸 느낀다. 단순히 목표를 쓰는 것만으로도 마음이 가라앉지 않을 때는 불안한 마음을 글로 쓴다. 내가 불안을 느끼는 대상이 무엇인지, 그것을 해결하기 위해서는 어떻게 해야 할지를 적는 것이다. 불안을 구체화하다 보면 부풀려진 감정을 발견한다. 3만큼의 불안이 3,000처럼 보일 때가 있다. 불안은 무지와 모호함을 먹고 자란다. 더 이상 불안이 자라지 않도록 이를 똑바로 마주하고 제거해 나가는 연습을 하고 있다.

> "부자들이 부자인 이유는 외로운 사자처럼 홀로 다니기 때문이고, 빈자가 가난한 이유는 무리 지어 다니는 레밍이기 때문이다. 투자에서 성공하려면 대중적 판단에 근간을 둔 사회적 동조성을 뿌리치고 소수 편에 서는 것이 유리하다. 그러나 무리 짓는 본능은 소수 편에 서는 것을 항상 방해한다."
> - 정인호『부자의 서재에는 반드시 심리학 책이 놓여 있다』

부자는 소수다. 그걸 알면서도 무리 짓는 것을 멈추지 못한다. 그래서 투자 안에서도 다수를 따른다. 다수는 유혹한다. '혼자 가면 빨리 가고 함께 가면 멀리 간다'라며. 좋은 말이다. 하지만 묻고 싶다.

우리가 모두 하나의 목적지를 가지고 있는가?

우리가 모두 동일한 우선순위를 가지고 살아가는가?

우리의 상황과 자금 여력이 모두 같은가?

수많은 사람이 똑같은 기준과 방법으로 투자해서 '모두'가 부자가 될 수 있는가?

그렇지 않다면 달리 생각해야 하지 않을까? 소수는 외롭다. 사이토 다카시는『혼자 있는 시간의 힘』에서 "무리 지어 다니면서 성공한 사람은 없다. 뭔가를 배우거나 공부할 때는 먼저 홀로서기를 해야 한다"고 말한다. 투자로 부자의 반열에 오르기 위해서 우리는 필연적 외로움에 익숙해지는 연습이 필요하다.

광각렌즈와 망원렌즈

광각렌즈와 망원렌즈를 자유자재로 활용하는 것이 중요하다. 광각렌즈(wide-angle lens)는 초점거리가 짧아 화각이 넓은 렌즈를 말한다. 주로 건축물이나 풍경 등 넓은 범위의 장면을 담을 때 사용한다. 망원렌즈(telephoto lens)는 초점거리가 길어 먼 거리의 물체를 촬영할 때 사용된다. 자연스러운 아웃포커싱으로 대상을 강조할 수 있다. 비유하자면 광각렌즈는 숲을, 망원렌즈는 나뭇잎을 담기에 용이하다. 좋은 사진을 찍기 위해서는 다양한 렌즈를 적절히 활용할 수 있어야 한다.

투자도 마찬가지다. 광각렌즈로만 투자를 보면 전문성을 갖기 어렵다. 반대로 망원렌즈로만 투자를 보면 투자의 큰 틀과 흐름을 알기 어렵다. 나는 망원렌즈만으로 투자를 공부하기 시작했다. 하나에 집중하는 것을 최고의 가치로 여기고 하나의 투자 방법에 몰입했다. 지금은 광각렌즈와 망원렌즈를 적절히 사용하기 위해 노력한다. 숲을 보는 시간과 나뭇잎에 집중하는 시간 모두 필요하다는 것을 깨달았다. 투자자는 유연한 사고를 바탕으로 투자할 수 있어야 한다. 예를 들어, 아파트 갭투자만 파고든다고 가정해보자. 시기를 잘 맞추었다면 갭투자에서는 전문가가 될지 모른다. 그러나 언젠가 시장 환경이 바뀌고 갭투자가 통하지 않는 때가 온다. 갭투자에 올인하는 사람들은 이렇게 말한다.

"지역마다 시장 사이클이 다르게 흘러간다. 수도권 시장에서 갭투자가 불가능해지면 지방 시장으로 가면 된다."

하지만 전국이 동시에 하락하는 지금 같은 시장에서는 통하지 않는다. 시시각각으로 변하는 시장에서 한 가지 투자법만 고집하는 것이 과연 옳을까? 변화에 적응하지 못하면 도태될 뿐이다.

누구도 투자의 정답을 알 수 없다. 애초에 단 하나의 정답도 없다. 그런데도 사람들은 끊임없이 정답을 구하기 위해 노력한다. 그래서 소위 전문가라 하는 이에게 'A 아파트를 사도 될까요?'라던지 'B 지역이 오를까요?'와 같은 질문을 한다. 그 어떤 전문가도 완벽한 하나의 답을 제시할 순 없다. 시장과 개인의 상황, 개인 성향이나 가용 자금이 천차만별이기 때문이다. 개인의 상황과 성향, 자금을 가장 잘 아는 건 본인이다. 그러므로 단 하나의 정답을 찾기 위해서가 아니라 최선의 선택을 내리기 위해서 노력해야 한다. 우리는 책임지는 것을 두려워한다. 내 결정에 책임지는 것이 두려우니 남의 생각을 빌리고 싶어 한다. 설사 일이 잘못된다고 해도 내 탓이 아니라 남 탓을 할 수 있기 때문이다. 그래서 그토록 '전문가 전망'에 목을 맨다. 그러나 누구도 내 선택을 대신 책임져주지 않는다. 투자의 모든 과정은 오롯이 나의 선택이고, 나의 책임이다. 선택에 확신이 없어질 때면 생각한다. 결국 인생을 살아나가고 선택에 책임지는 건 나 자신이라고.

그래서 스스로 생각하고 판단하는 힘을 기르는 것이 무엇보다 중요하다. 전문가의 의견을 듣는 것도 좋지만 '내 의견'을 만들어 낼 수 있어야 한다. 전문가의 투자 기준을 따르는 것도 좋지만 '내 투자 기준'을 만들어 갈 수 있어야 한다. 강사가 찍어주는 물건을 사는 것은 장기적 관점에서 도움이 되지 않는다. 잇따른 투자 실패로 얻은 교훈이 있다.

'잘 모르는 상태로 투자하면 남는 게 없다.'

생각한 게 없기에 배울 것도 없다. 남의 말만 믿고 투자했기 때문이다. 왜 망했는지 알아야 다음에 같은 실수를 반복하지 않을 수 있다. 핫한 투자처는 생겨나고 사라지기를 반복한다. 지식산업센터, 모아타운 등 시기마다 이슈가 되는 투자 상품이 있다. 물론 이러한 상품들로 큰 이익을 거둘 수도 있다. 그러나 나는 해당 상품의 특성을 이해하고 기준을 갖기 전까지 잘 모르는 상품에 섣불리 투자하지 않는다. 때로는 돌다리를 두드려 볼 줄도 알아야 한다. 거북이 등인지 돌인지도 모르고 밟는다면 손해를 봐도 배울 수 있는 것이 거의 없다.

투자 멘토를 고를 때도 마찬가지다. 처음 접한 멘토를 맹신하고 따라 하는 것은, 알에서 깬 오리가 처음 본 사람을 무작정 따르는 것과 같다. 그게 진짜 어미 오리가 아닐 수 있다는 뜻이다. '몇백억 부자가 알려주는 부자 비법, 누구나 할 수 있습니다'와 같은 선전 문구에 속지 않아야 한다. 우리는 그 사람의 통장 잔고나 등기를 모른다. 부자가 되는 건 소수다. 그와 내가 같은 사람이 아니며, 같은 자원이나 능력을 갖고 있지도 않고, 무엇보다 그가 투자했던 시기에 내가 투자하는 것이 아니다. 그런데도 그의 방법대로 따라만 하면 무조건 부자가 될 수 있다고 믿으며 찬양하는 것만큼 어리석은 일이 또 있을까. 좋은 멘토를 찾기 위해서는 진짜와 가짜를 구분하는 눈을 길러야 한다. 한 사람의 의견에 매몰되지 말고 다양한 의견을 접해볼 필요가 있다. 그리고 그 의견을 한 발짝 떨어져서 받아들일 필요가 있다. 전문가마다 의견이 다르다. 전문가는 그들의 말에 어떠한 책임도 지지 않는다. 특히 시장 전망을 맞추는 건 도박에 가깝다. 따라서 다양한 의견을 들으며 투자에 도움이 되는 지식을 습득하여 내 투자관과 생각을 정립하되, 맹신하지 않아야 한다.

생각하는 힘은 어떻게 기를 수 있을까? 나는 우선 이슈에 대한 내 생각을 먼저 글로 정리해보는 연습을 한다. 예를 들어, 규제 완화책이 발표되면 정책이 부동산 시장에 미칠 영향에 대해 생각해본다. 그 후 전문가 의견을 참고한다. 논리적 허점이 없는지, 근거로 사용한 자료나 내용을 신뢰할 수 있는지 검색을 통해 검증해본다. 또한 매일 경제 기사를 읽고 간단하게 생각을 덧붙인다. 생각하는 연습과 동시에 시장과 언론의 동향을 파악할 수 있어 유익하다.

아울러 경제와 인문학 지식 습득을 위해서도 꾸준히 노력하고 있다. 작금의 부동산 시장을 제대로 파악하기 위해서는 거시 경제에 대한 지식이 있어야 한다. 세계는 그 어느 때보다 긴밀하게 연결되어 영향을 주고받는다. 우리나라 경제 상황뿐 아니라 세계 경제에도 관심을 가져야 하는 이유다. 코로나로 인한 인플레이션, 미국의 급격한 금리 인상과 러시아-우크라이나 전쟁까지. 세계적 이슈가 우리 경제에도 직접적인 영향을 끼치고 있기 때문이다. 인문학적 소양, 그중에서도 특히 한국 부동산 역사와 흐름을 세부적으로 이해하고 정리할 필요가 있다.

역사는 끊임없이 반복되어 왔다. 두 번의 경제 위기 속에서 하락을 맞았다. 정부는 집값이 오르면 규제했고, 집값이 내리면 부양했다. 집값이 오르면 집을 사려는 사람이 늘었고, 집값이 내리면 집을 사려는 사람이 줄었다. 역사를 맹신할 필요는 없지만 이를 바탕으로 지금 시장을 이해할 수 있어야 한다.

부동산은 결국 사람이 사는 곳이다. 그래서 사람을 이해해야 한다. 사람들이 거주하고 구매하는 과정에서 자본이 이동한다. 법률 지식보다 중요한 건 인간 심리에 대한 이해다. 왜 집값의 등락에 따라 수요가 달라지는지, 어떻게 사람의 마음을 움직일 수 있는지 배워야 한다. 사람이 하는 일이기에 심리에 따라 수요가 늘어나고 줄어든다. 사람이 하는 일이기에 설득과 협상에 따라 수백에서 수천만 원이 왔다 갔다 하기도 한다. 사람을 이해하지 않고서는 부동산 투자를 할 수 없다.

어떤 기술을 익힐 것인가

나는 지금을 다시 흐름이 왔을 때 뛰어나갈 준비를 할 시간으로 삼고 있다. 특히 투자의 스펙트럼을 넓히기 위해 노력하고 있다. 한 가지 투자 상품과 방법에서 벗어나 다양한 투자 상품과 기술을 익히고자 한다. 저마다 보유 주택 수와 가용 자금, 현금 흐름의 규모가 다르다. 목표와 가치관, 추구하는 바와 성향도 다르다. 따라서 나를 종합적으로 이해하고 다음 시장에서 어떤 기술을 사용할 수 있는지 생각하여 그 경중을 달리하고 있다.

과거 흐름을 보면 침체장 뒤에서 경매로 기회를 얻은 사람이 많았다. 그러나 경매로 돈을 벌 수 있는 타이밍이 왔을 때 경매 책을 펼친다면 기회를 놓칠 수 있다. 지금 당장 낙찰받기 어렵다고 하더라도 미리 경매에 대한 지식을 쌓아 놓을 필요가 있다. 무주택자나 1주택자라면 청약 전략을 습득하여 청약에 도전해볼 수도 있겠다. 재개발과 재건축 분야에서도 기술이 필요하다. 지역마다 수많은 정비사업 구역을 파악하고, 사업 진행 과정에 따른 매수와 매도 전략을 익혀야 한다.

기회를 잡기 위해서는 준비가 되어 있어야 한다. 투자 기술과 함께 투자 지역을 넓히려는 노력도 병행해야 한다. 해당 지역 내의 선호도를 이해하고 흐름이 어떻게 움직일지 그릴 수 있도록 한다. 유망 지역을 발견했을 때 흐름이 어디까지 왔고, 어디에 투자하는 것이 적합한지 빠르게 파악하기 위함이다. 거리를 발로 걸으며 사람들의 모습을 관찰하고 해당 지역 거주민의 수준과 생활권 및 단지별 선호도를 이해한다. 아울러 꾸준히 부동산을 방문하여 시장 분위기를 파악하기 위해 노력한다. 상승장 후반부와 비교했을 때 더 자세한 이야기를 들을 수 있다. 매물을 보는 것보다는 중개사님들과 관계를 형성하는 것에 더 초점을 두고 있다. 정말 싼 급매의 경우 네이버 부동산에 등록하지 않고 지인이나 친한 투자자에게 먼저 추천해주기 때문이다. 급매를 추천받지 못한다고 하더라도 괜찮다. 다음에 그 지역에 흐름이 왔을 때 시간 낭비 없이 우호적이고 적극적인 사장님에게 현장의 이야기를 들을 수 있다.

현금, 버티고 잡는 힘

무너져내리는 영끌족을 보며, 우리는 자금력의 중요성을 뼈저리게 느끼고 있다. 떨어진 전세가를 돌려줄 여력이 없어 경매를 진행한다. 무리하게 투자했던 적폐 다주택자는 전세 사기범이 된다. 서장훈은 IMF 이후 무너진 누군가의 빌딩을 2000년에 28억을 주고 매입했다. 약 20년이 흐른 지금, 그 서초동 빌딩의 가격은 최소 450억 이상이라고 한다. 살아남은 자가 기회를 잡는다.

분위기는 한순간에 반전되었다. 8년 가까이 이어져 온 상승장 속에서 현금을 가지고 있는 사람들은 바보 취급을 당했다. 금리는 낮았고 집값은 올랐다. 최대한의 대출을 받아 집을 샀다. 그러나 규제로 세금은 늘어났고 대출은 어려워졌다. 금리는 끝없이 올랐고, 거래량은 곤두박질쳤다. 현금은 지금 시장을 버틸 수 있는지를 가르고 기회를 잡을 수 있는 티켓이 되었다. 하락장과 침체장에 접어들며, 상승장에서는 상상할 수 없던 금액의 급매가 나타난다. 그러나 매도와 대출 모두 어려운 상황에서 이러한 기회를 잡을 수 있는 건 현금을 가진 사람뿐이다. 다가올 반등장에서 기회를 잡기 위해서는 현금을 확보해 놓는 것이 관건이다. 그렇다면 어떻게 현금 흐름을 늘릴 수 있을까?

얻는 게 있으면 잃는 게 있고, 잃는 게 있으면 얻는 게 있다. 청춘을 즐기는 것과 청춘을 불태우는 것 중 어떤 것이 더 현명한 일일까? 혹자는 가장 예쁠 나이를 즐겨야 한다고 말하고, 다른 누군가는 이 시기를 잘 보내야 노후가 편안해진다고 말한다. '욜로(YOLO)'에 이어 '거지방(극도로 절약하는 삶의 방식을 공유하는 온라인 단체 대화방)'이 이슈가 되는 것을 보면 후자 쪽의 청년들이 늘어나는 것처럼 보인다. 극단적이지 않되, 내가 할 수 있는 최선을 다해 지출을 줄이기 위해 노력한다. 소득을 늘리는 것보다 지출을 줄이는 것이 쉬우니까. 그래서 나는 신형 전자기기에 대한 집착을 버렸다. 욕망의 원천인 인스타그램을 끊었다. 핫플레이스나 맛집을 찾아다니는 일을 멈췄다. 외식과 배달, 편의점 이용 빈도를 줄였다. 옷과 신발, 가방과 화장품에 대한 미련을 버렸다. 더 중요한 것을 위해 덜 중요한 것들을 줄여나가고 있다. 이는 모두 다음 반등장을 위한 기회비용이라 생각한다. 동시에 현금 흐름을 늘릴 방법을 고민했다. 현금 흐름을 늘리는 대표적인 방법으로는 세 가지가 있다.

- 이직: 투입 시간 대비 노동 단가를 올리는 것이다. 직장인들이 흔히 사용하는 방법으로 이직을 통해 연봉을 높일 수 있다.

- 사업: 가장 리스크가 큰 방법이다. 노동 대비 큰 이익을 거둘 수도 있지만 어디까지나 운이 따를 때의 이야기다. 부동산 시장보다 빠르게 변하는 유행 속에서 아이템을 발굴하여 수익을 내는 것은 쉽지 않다.
- 부업: 리스크를 줄이면서 추가 수익을 얻을 수 있지만 본업과 병행하는 것이 어려울 수 있다.

내가 가장 처음 택한 방법은 부업이었다. 추가 시간과 노동력을 팔아 소득을 만들기 시작했다. 우선, 블로그 포스팅으로 애드포스트 수입을 만들었다. 또한 전공을 살려 그래픽 디자인이나 영상 외주를 병행했다. 그러나 이 두 가지는 큰 수입원이 되기 어렵거나 일이 일정하지 않아 변동성이 컸다. 투자하는 시간 대비 소득도 크지 않았다. 이대로는 다가오는 역전세를 감당할 수 없었다. 방법을 찾아야 했다.

이직보다는 사업을 하고 싶었다. 월급은 마약이고, 노동 소득을 좇는 것은 롭 무어의 말처럼 '레버리지 당하는' 일이라고 생각했다. 월급쟁이로 사는 유혹을 이겨 내고 부동산 투자자로 성공을 거둔 얼음공장 님처럼, 반백수의 삶을 추구했다. 하지만 지금 당장 어떤 사업을 해야 할지 막막했다. 몇 가지 아이디어를 놓고 주저했다. 또 다른 리스크를 마주해야 하는 두려움 앞에서 쉽사리 결정을 내리지 못했다.

그러다 한 투자 선배와의 만남은 생각 전환의 계기가 되었다. 대기업에 다니며 투자를 병행해온 그는 내게 대기업으로 이직할 것을 추천했다. 안정적인 직장에서 꾸준히 종잣돈을 모아 투자를 해나가는 방법도 있다고, 투자에 한 가지 정답만 있는 것이 아니니 본인에게 맞는 길을 찾으면 된다고 했다. '사업은 나중에도 할 수 있지만 기업 입사는 나이 제한이 있으니, 우선 입사해보고 아니면 그때 사업을 해도 된다'는 그의 말에 일리가 있다고 생각했다. 게다가 청약 잔금 대출을 생각하면 사업보다는 직장을 갖는 쪽이 더 유리했다.

이직을 결심하고 여러 곳에 이력서를 제출했지만 면접의 기회조차 얻을 수 없었다. 무엇이 문제인지 고민도 하지 않고 패배 의식에 젖어들었다. '해봤는데 안 되더라', '공대가 아니라서', '취업난이 심해서' 등 자기 합리화와 핑계에 사로잡혔다. 설상가상으로 하락장에 접어든 부동산에서도 희망을 찾기 어려웠다. 결국 계약 기간이 종료되었고 실업 급여를 받으면서도 내가 무엇을 해야 할지 결정하지 못했다. 청년 백수의 무력감을 해소하기 위해 자격증 시험에 매달렸다.

이렇게 허송세월할 수는 없었다. 이 순간에도 분양받은 아파트는 쉴 새 없이 지어지며 잔금일이 가까워지고 있었다. 기간 내에 변화를 만들어야만 했다. 『세이노의 가르침』에서도 회사 운영의 전반을 경험할 수 있는 중소기업 입사를 추천하지 않았는가. 대출이 잘 나오는 정규직에 어느 정도 연봉만 된다면 중소기업도 상관없다는 생각이 들었다. 그러나 직면한 중소기업의 현실은 투자 선배의 말을 떠오르게 했다.

'이래서 대기업에 가라고 했구나….'

투자를 하지 않는 것도 투자라고 한다. 추가 투자가 어려운 시장에서 내가 할 수 있는 최선은 이직을 통해 현금 흐름을 늘리는 것이었다. 명색이 얼음공장 님의 멤버십 '반백수 클럽'인데 월급을 위해 시간을 쓰고 있다는 게 우습기도 했다. 하지만 누구나 전업 투자자가 될 수는 없다. 그리고 그것만이 정답은 아니라고 생각한다. 나는 주어진 상황 속에서 나에게 가장 잘 맞는 길을 선택하고 걸어가는 것을 택했다. 나와 비슷한 고민을 하고 있는 청년 투자자가 있다면 이야기하고 싶다. 남들 말에 너무 휘둘리지 말라고. 어차피 그 '남'이 우리 인생을 책임져주지는 않으니까. 아무리 유명하거나 성공한 사람일지라도 그건 그 사람의 답이지 나의 답은 아니다. 참고는 하되, 맹신하지 말고 각자의 선택을 해나가면 된다.

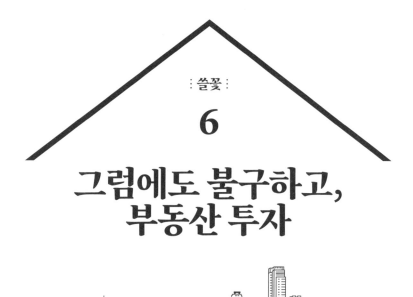

: 쓸꽃 :

6

그럼에도 불구하고,
부동산 투자

상승장의 꼭대기에서 부동산 투자 공부를 시작했다. 시장은 큰 폭의 상승 끝에 주춤하고 있었다. 곧 반등할 것 같다는 느낌에 조급했다. 그러나 시장은 예상대로 흐르지 않았다. 기대했던 상승은 없었다. 거래량은 신저점을 갱신했다. 입주 물량이 많은 곳을 기점으로 하락이 시작되었다. 하락은 전국으로 퍼졌다. 전세가도 함께 떨어졌다. 치솟는 금리와 거래 절벽, 역전세와 역월세 현상은 자금 여력이 부족한 투자자들을 무너뜨리고 있다.

사람들의 관심은 빠르게 식어갔다. 시장을 떠나는 이들이 늘어났다. 무주택자들은 '안 사길 잘했다'며 안도의 숨을 쉬었다. 벼락 거지는 영끌 거지를 비웃었다. 하락을 주장해온 일부 전문가들은 '시장을 맞춘 사람'이라며 주목받았다. 다주택자를 적폐라 욕하며 분노하던 사람들은 이들을 조롱한다. 얼마 전까지만 해도 '집 없는 사람이 바보'였는데 '집 사는 사람이 바보' 취급받는 시장이 되었다.

그럼에도 불구하고 나는 여전히 부동산 투자를 한다. 시장을 떠나지 않는다면 기회는 다시 온다고 생각한다. 부동산 투자로 수익을 거둘 수 있다는 것을 믿는다. 역사 속에서 부동산으로 부를 이룬 수많은 이들이 그랬던 것처럼. 언젠간 다시 올 상승의 파도는 절대 놓치지 않겠노라 다짐한다.

시장에는 언제나 상승과 하락이 공존했다. 상승만 하는 시장도, 하락만 하는 시장도 없다. 시장은 돌고 돈다. 상승 뒤에 하락이 온 것처럼, 이 하락 뒤에는 또 상승이 올 것이다. 부동산 투자의 과실은 뛰어난 개인의 실력만으로 얻을 수 없다. 거대한 흐름 속에서 시장은 기회를 주고, 뺏는다.

부동산 투자를 시작하자마자 하락장이 시작됐다. 그러나 운이 좋았다고 생각한다. 하락장을 먼저 겪으며 겸손을 배웠다. 후에 큰 과실을 얻더라도 지금의 시장을 기억하며 자만하지 않을 것이다. 하락장의 공포를 경험한 사람들은 상승장에서 지나치게 무리하지 않는다. 이들은 다음 과실 역시 살아남은 자들의 몫이라는 것을 안다.

그래서 살아남을 수 있는 투자를 한다.

진정한 부자는 하락장에 나온다고 한다. 투자의 본질은 싸게 사서 비싸게 파는 것이다. 이를 위해선 '쌀 때 살 수 있는 용기'가 필요하다. 누군가에게는 고통의 시간이지만 또 다른 누군가에겐 기회의 시간이다. 이번 하락장을 기회로 삼고 도약하기 위해서는 시장에 머물러야 한다. 시장 속에서 끊임없이 노력하며 기회가 기회인 줄 아는 눈을 길러야 한다.

7

블랙베리

투자 스펙트럼을 넓혀라

"기회가 왔을 때 투자를 하려면 어떤 준비를 해야 할까?
나는 크게 3가지 준비를 하고 있다. 첫 번째는 자금의 준비,
두 번째는 지식의 준비, 세 번째는 마음의 준비이다."

근로 소득으로는
절대 부자가 될 수 없다

　나는 부모님 품을 떠나 독립한 지 10년 차인 영업사원이다. 월급 날 아침 '띠링' 하는 울림과 전세자금대출의 원리금 132만 원이 빠져 나갔다. 3개월만 있으면 5년간 내던 전세자금대출도 안녕이었다. 지금에 와서 돌이켜보면 직장생활에 나름 참 성실했다. 반복된 일상, 반복된 월급 그렇게 쳇바퀴 돌듯 그 시간을 보냈다.

　2019년 여름, 나는 회사 업무로 하루하루 바쁘게 보내고 있었다. 처음 회사에 입사하고 모시던 팀장님이 잠시 1층 카페에서 나를 보자고 하셨다. 팀장님은 다른 팀으로 이동하시고 한동안 대화가 뜸했었다. 내가 가장 존경하고 좋아하는 팀장님이었는데 '어떻게 지내는지, 회사 일은 어떤지' 이런저런 몇 가지 사담을 주고받다가 나에게 한 유튜브 영상을 보여주면서 '이렇게 살면 부자가 될 수 없다'고 하셨다. 그러고는 돈과 앞으로의 삶에 대해 내게 물으셨다. 회사일에 성실만 해서는 부자가 될 수 없고, 돈을 저축만 해서는 더더욱 부자가 될 수 없다는 것을 나도 알고 있었다.

투자를 해야겠다고 마음먹고 시작했던 계기는 아주 단순했다. 부자가 되어 보고 싶었다. 나는 어릴 적 16번의 잦은 이사를 하며 살았다. 그중 소위 말하는 '자가'로의 이사는 단 2번뿐이었다. 심지어 그중 한 번은 집을 잃고 말았다. 여유롭게 살면서 호화롭진 못해도 내가 일하고 싶을 때 일하고 여행 가고 싶을 때 여행을 다니고 싶었다. 내 삶을 한번 바꿔보고 싶었다. 나는 나라는 사람에 대해 잘 알고 있었다. 아껴서는 부자가 될 수 없는 사람이다. 나는 소비하는 것을 좋아한다. 그렇다면 많이 버는 방법이 내게 어울리는 길이라고 생각했다. 직장생활 5년 정도 하고 나면 알지 않는가? 이렇게 해서는 내가 원하는 바를 이룰 수 없다는 사실을…

부자가 되는 길을 이것저것 찾아보게 되었다. 유튜브에서, 책에서 그렇게 알아보고 고민을 놓게 되었다. 처음에는 내가 다니던 회사의 장점을 살려 대리점도 알아보고 내가 담당하던 거래처 프랜차이즈 본사에 가서 상담도 받아보았다. 소위 말하는 큰 프랜차이즈

중 상당히 많은 곳을 알아봤다. 투잡이 가능할 듯해서 무인 빨래방, 코인 노래방 등 손이 덜 가는 분야도 알아보았다. 하지만 아무리 고민해봐도 내가 가진 시드머니는 너무 부족했다. 뭔가 했다가 실패한다면 돌이키기 힘들 것 같다는 두려움에 휩싸이게 되었다. 그리고 깊게 알아보니 그것들은 돈을 조금 더 벌 순 있어도 부자가 되는 길은 아니었다. 결론은 투자를 해야 했다.

주식과 부동산 관련 책을 읽어보고 주변에 조언도 구해보았다. 그러던 중 아주 친하게 지내던 거래처 사장님께서 그 정도 돈이 있으면, 부동산 투자를 해보라는 아주 단순한 조언과 함께 자신의 이야기를 들려주셨다. 어렵게 지냈던 시절 그리고 부동산 투자를 통한 성공과 실패, 그를 바탕으로 한 사업 번창까지…. 집에 돌아와 곰곰이 생각하고 나는 부동산 투자를 하기로 결심했다. 마지막으로 본가에 찾아가 아버지께 허락을 구한 뒤 부동산 경매를 공부하고 투자하는 것을 허락받았다(내가 빨래방 프랜차이즈 등을 알아볼 때 함께 알아봐주시고 다른 쪽은 어떨지 조언해주신 부모님께 감사드린다). 그렇게 나는 부동산 투자를 시작하게 되었다.

경매를 시작하다

단점투성이인 내게도 한 가지 장점이 있었다. 되든 안 되든 일단

질러보는 것, 무엇이든 일단 해보는 것이다. 유튜브를 보니 경매를 배우면 부자가 될 수 있다고 했다. 그래서 나는 이것저것 잴 것 없이 바로 경매 관련 유튜브를 훑어보기 시작했다. 그리고는 당시 유명 강사의 경매 수업을 신청하게 되었다. 강의는 정말 압박이었고 철저히 실전 위주였다. 지금 생각해보면 이런 것까지 해야 하나 싶은 부분까지 배웠다. 그리고 8번째 입찰 만에 인천 계양구의 아파트를 낙찰받게 되었다. 28명의 입찰자에 낙찰가는 2억 3,800만 원, 전세가 2억 4,500만 원이었다. 이것저것 경비를 제하고도 소위 말하는 플러스피 투자였다. 그 짜릿함이란 말로 표현할 수가 없었다. 투자의 맛을 봤으니 이제는 일을 벌일 차례라고 생각했다. 그때부터 이곳저곳 유명하다는 재테크 학원의 강의를 찾아다니며 들었다. 강의를 찾아 듣는 과정 중에 얼음공장 님도 처음 알게 되었다. 그 당시내가 가진 돈은 7,000만 원이었다. 경험해본 사람들은 알겠지만 과정 중에 실제로 플러스피, 무피가 된다 해도 돈이 묶였다 다시 풀린다. 나는 그 과정이 너무나 길게 느껴졌지만 어쨌든 본격적으로 투자자가 되어 보기로 했다.

주말마다 수도권을 돌고 지방에 내려갔다. 인천 삼산동에서는 현장에서 급매로 깎고 깎아서 갭 1,000만 원에 투자도 해보고, 천안 쌍용동에 가서는 집도 안 보고 샀다. 아주 큰 실수였다. 알고 보니 최근 3개월 최고가에 매수한 게 아닌가. 수원 정자동에 가서는 한 번에 2건을 거래했다가 자금이 부족해서 고금리 대출을 일으켜 보기도 했다. 개인 명의에 대한 규제가 생기자 앞뒤 생각 없이 법인을 만들었다. 법인 설립 후 서산에 몇 번이고 임장을 가서 좋은 물건을 찾아 투자했다. 신축 아파트를 갭 500만 원에 샀다. 이것 또한 새로운 경험이었다.

2020년 여름에는 천안 차암동에서 보증금 2,000만 원에 월세 45만 원짜리 아파트를 주택담보대출을 일으켜 매수하기도 했다. 부동산 카페에서 만난 처음 보는 분들과 창원, 부산 임장을 가서 추천을 받아 매수한 경험도 있다. 이른바 묻지마 투자였다. 경매와 일반 매매를 오가며 여러 경험을 하고 정신없이 투자를 진행했다. 투자 이야기를 적자면 한도 끝도 없다.

2020년 여름에 어렵게 모은 돈 7,000만 원과 신용대출 7,000만 원을 더해서 1억 4,000만 원으로 10여 채의 아파트를 매수하고 보니 돈이 떨어졌다. 돈이 없으면 마련해야 하지 않겠는가. 나는 온라인 사업을 해봐야겠다고 생각했다. 이왕 한번 시작하면 제대로 해봐야 한다는 생각으로 스마트 스토어를 깊게 파기 시작했다. 키워드 분석, 상위 노출 등 퇴근 후에도 공부에 전념했다. 스마트 스토어 고수를 찾아갔다가 거기서 사업가들과 인연이 되어 공동으로 사업을 진행했다. 명절이 낀 달에는 월 매출 1억 5,000만 원까지 수입을 올려보기도 했다. 하지만 직장생활, 투자, 스마트 스토어까지 하기에는 무리가 있어서 결국 정리했다. 그래도 사업을 해본 경험은 지금도 나에게 큰 자양분이 되었다.

첫 투자를 하고 2년이 되어가는 시점에 전세금을 올려받고 매도를 해서 수익이 생기기 시작했다.

'이게 투자라는 거구나.'

왜 근로 소득으로 부자가 될 수 없는지를 경험해보니 허망함과 기쁨의 감정이 복합적으로 들기 시작했다. 중간중간 고비의 순간들도 찾아왔다. 예상하지 못한 세입자의 이사, 정부의 갑작스러운 정책 변화, 현재 겪고 있는 전셋값 및 매매가의 하락 등 다양한 고난들이 나를 힘들게 만들었다. 이런 고비의 순간 당황하고 어찌할 바를 몰랐으나 투자자로 성장하기 위한 과정이라는 사실을 알게 되었다. 대응하지 못한다면 결코 성공할 수 없다는 것을 뼈저리게 느끼는 순간들이었다. 투자자로 2년여의 시간을 지내고 보니 어느덧 처음 투자할 때의 10배에 가까운 현금이 생기게 되었다. 2021년 초, 주거용 부동산 투자를 이어갈지 자금을 모아 다른 비주거용 부동산에 투자할지 고민했다. 그리고 나름의 생각을 정리해보았다.

지난 몇 년간 전국의 상승장에서 풍부한 유동성에 대한 반작용에 대해 고민하기 시작했다. 그와 동시에 다른 분야에 대한 호기심도 나를 자극했다. 당시 수강하고 있던 강좌의 얼음공장 님께 메일을 보냈고, 지금 내가 도움을 받을 수 있을 만한 상가 투자 전문 강사님의 강의를 추천받았다. 나의 간절함으로 여러 곳에 연락을 돌리며, 자문을 요청하여 비슷한 시기 명도 분야 초고수라 불리는 강사님과 연을 맺게 되었다. 나는 한정된 예산으로 전국의 공시지가

근로 소득으로는 절대 부자가 될 수 없다

1억 원 이하 아파트를 개인과 법인으로 투자하게 되었다. 동시에 상가 및 토지 강의를 듣고 스터디를 하면서 경매로 낙찰받기 위해 입찰에 도전했다. 7번의 도전 끝에 2022년 9월 경기도 양주의 공장을 낙찰받았다. 낙찰가 20억 원이 넘는 큰 물건도 2명이서 공동 투자하게 되었다. 이어서 비슷한 시기 즈음에 아카데미에서 연을 맺은 분들과 경기도 안성의 토지에도 투자를 진행했다. 새로운 분야는 내게 두려움과 설렘을 동시에 가져다주었다. 이 글을 쓰고 있는 이 시간에도 나는 다른 파이프라인을 만들며 도전하고 있다. 강단에서 그리고 투자처에서! 언젠가 이뤄낼 경제적 자유의 꿈을 향해서 말이다.

지금은 매수하기 좋은 타이밍

지난 2년여간 소위 말하는 침체 하락장을 처음 겪으며, 내가 과거에 투자해온 길을 다시 한번 돌이켜보는 중이다. 상승과 하락은 반복하지만 결코 과거와 동일한 방식으로 상승 하락이 일어나는 일은 없다. 2020년 여름 임대차 3법 이후 38선 이남의 모든 국토의 지가 상승과 아파트 가격의 폭등을, 그리고 불과 2년이 채 안 되어서 그 상승분을 전국에서 동일하게 내뱉고 있다. 서울, 수도권, 지방 할 것 없이 전국에서 약속이나 한 듯 같은 모습을 보이고 있는 것이다.

2022년 중순부터 2023년 초를 기준으로 인천 송도, 화성 동탄, 서울 노원, 양주 옥정 등 급지에 상관없이 적게는 10% 많게는 30~40%까지 하락이 진행됐고 수도권을 바탕으로 일정 부분 회복 후 현재는 각기 다른 모습을 보이는 중이다. 무엇보다 놀라운 점은 전세가 역시 급격하게 하락했으나 빠르게 회복되었다는 점이다. 지난 2년여간 금리 인상이 급격히 진행되었고 이제 마무리 단계에 접어들고 있다. 금리 인상은 아파트를 비롯한 다른 주거용 부동산은 말할 것도 없고 상가, 토지, 꼬마빌딩 등 비주거용 시장에도 막대한 영향이 미치고 있다. 우리는 이번 장을 통해 무엇을 배웠으며 또 앞으로 무엇을 중점으로 시장의 변화를 살펴보아야 할지 알아보도록 하자.

적어도 주거용 부동산에 한해서 우리는 수요과 공급을 가장 중요하게 얘기한다. 공급이라는 측면은 어느 정도 예측이 가능하다. 인허가 물량, 분양 물량 등 인터넷에서 5분만 검색해도 내가 원하는 지역의 공급 파악은 아주 손쉽다. 적어도 내가 관심을 가지고 있는 지역의 공급이 어느 정도인지 파악하는 것 정도는 말이다. 문제는 바로 수요이다. '수요'에 대해 생각하게 만드는 요즘 시기다.

많은 부동산 시장 참여자들은 특정 부동산 사이트의 자료 및 과거 거래량 혹은 인구의 전출입 등으로 수요를 여러 방면으로 파악하고자 한다. 앞으로 향후 2~3년간 서울의 아파트 공급량은 매우 적은 상황이다. 누구나 인정하는 바이며 가격 상승의 요인이다. 그런데 월평균 거래량이 2022년 상반기를 지나 2023년 상반기까지 역대 가장 적은 거래량을 보일 줄 누가 알았을까? 절반 수준, 3분의 1 수준이 아니라 10분의 1 이하까지 떨어졌다. 특정 구의 경우 월 매매 거래량이 한 자리 수를 기록하기도 했다. 인구 수십만의 구에서 5~8건 수준의 매매 거래량이 나온 것은 처음이라고 한다. 부동산 투자를 짧게 경험했든 길게 경험했든 이런 수준의 거래량은 처음이니 누구에게나 낯설다. 매매 거래량이 적고 매매가가 하락하면 전세가가 지탱해주기 마련이다. 그러나 2023년 초까지 매매뿐 아니라 전세 거래량도, 전세 가격도 급격하게 하락하고 있는 모습을 보이고 있다. 글을 쓰고 있는 2023년 말에도 매매는 다시 침체 중이며 전월세는 가격과 거래량이 회복하는 디커플링의 모습을 보이고 있다.

1년~1년 반 전쯤으로 거슬러 올라가 보자. 시장의 상황이 어땠는지 다들 기억할 것이다. 매매, 전세, 월세 3중 침체장이었다. 그리고 시계를 더 돌려 2년 반 전쯤 전국 대부분의 지역에서 매매, 전세, 월세 모두 급격한 상승을 보였다. 이것은 무엇을 의미할까? 역사상 처음 있는 시장이라는 것이다. IMF 외환 위기 시기 정도를 제외한다면 아파트 거래량 및 가격 데이터 확인이 가능한 1980년대 이후 전국이 동시에 하락하는 모습을 보인 적은 처음이다. 전국이 동시에 올랐다 오른 상승분을 내뱉었던 시기 역시 처음이다. 리먼 사태 및 서브 프라임 모기지 사태 때의 2008~2014년 서울장의 침체 및 하락장에서도 인천, 부산, 대전, 울산 등 각 지역이 제각각의 모습으로 등락을 보였다. 갑작스런 대출 중단, 징벌적 세금 중과 등 각종 규제와 신규 입주 물량 감소, 3기 신도시 발표 및 2기 신도시 후발 주자들의 입주가 맞물리는 등 혼란스러움을 넘어선 지난 2~3년간의 시장이었다.

개인적인 의견이지만 2019년까지 시장은 정상적인 상승이 이뤄진 시간이었다고 본다. 2016년부터 2019년까지 서울의 상승, 수도권과 지방의 개별적 움직임처럼 특히 주거용 부동산 시장은 지역별, 상품별로 다르게 변화해야 정상이다. 그렇다면 지난 2~3년간의 시장은 왜 이렇게 됐을까? 여러 부작용이 맞물렸다고 생각한다. 가장 큰 요인 중 하나는 바로 코로나 사태와 그로 인한 역사상 유례가 없는 '돈 풀기'다. 미국을 위시한 전 세계가 서브 프라임 모기지 사태의 교훈을 바탕 삼아 심각한 위기가 발생하기 전 선제적으로 무한대에 가까운 현금을 살포하게 되었다. 심지어 공산주의 국가에서도 보기 힘든 무상 현금 살포까지 진행하지 않았는가. 부동산, 주식, 가상화폐 등 모든 자산은 이에 반응하여 상상도 못할 속도로 상승을 맞이하게 된다.

지난 3년간의 자산 시장을 떠올려보라. 코로나 사태 이후 경기가 좋았는가? 자영업자들이 승승장구했는가? 반면 상당수 기업들과 자산 시장은 역대급 호황을 맞이하게 되었다. 이런 불균형적인 모습은 무한대에 가까운 현금 살포에서 기인했다고 보는 게 타당할 것이다. 2008년 글로벌 금융 위기 이후 풀어온 돈을 조금씩 줄이고 회수했어야 하는 타이밍에 앞선 위기 상황 때 퍼부은 돈의 몇 배 혹은 몇십

배에 달하는 자금을 단기간에 추가로 살포한 것이다. 오죽하면 지난 50년간 시장에 흘러나온 돈보다 지난 3년간 살포된 돈이 더 많았을까. 세상 모든 일이 그렇지만 무리한 대응과 행동에는 대가가 따르는 법이다. 공짜 돈은 없다.

현재 역대급 인플레이션이 전 세계를 덮쳤다. 전쟁, 이상 기후 등 다른 요인이 복합적으로 얽혀있고 단순히 돈 풀기의 문제만으로 발생한 인플레이션은 아니지만, 가히 역대급이라고 봐도 무방하다. 옥수수 가격이 지난 2년간 2배가 올랐다. 100% 말이다. 그 이전 8년간 10% 내외에서 오르락거리던 제품이다. 우리 모두 급격한 금리 인상과 자금 경색을 마주하고 있다. 아마 단기간에 끝나지 않을 것이다. 그리고 또 하나의 교훈을 깨닫게 될 것이다. 급격한 돈 풀기의 위험성 말이다.

부동산이 상승할 때의 심리는 매도자 우위 시장이다. 하루가 다르게 매물이 사라지고 오늘이 제일 저렴하다는 어이없는 말을 모두가 신봉하게 된다. 그 상황에서 임대차 3법이 기름 역할을 해 전국이 활활 타오르게 되었다. 불과 2년 만에 지금은 정반대의 모습을 보이고 있다. 부동산이든 자산이든 상승도 할 수 있고 하락도 할 수 있다. 그리고 그게 정상적인 모습이고 올바른 모습일 것이다. 하지만 급격한 돈 풀기와 금리 인하, 급격한 돈의 수축과 금리 인상은 예상치 못했을 것이다. 그 속도와 횟수가 역사상 유례가 없었으니 말이다. 이 상황에서 부동산 수요가 얼마나 위축되었겠는가? 또한 임대차 3법의 원래 취지에 맞게 위축된 임차인들이 거주하는 그 자리에 오랜 기간 머물기 매우 용이해졌다. 임대인들도 임차인을 모시기 어려워지다 보니 눌러앉거나 더 저렴한 곳을 찾아 직주근접이 멀어지게 된다. 매우 놀라운 현상이다. 하지만 곰곰이 생각해보면 언젠가는 겪어야 할 일이었을지도 모른다. 다만, 그 속도가 빠르고 급격하게 이루어지고 있을 뿐이다. 금리 인상의 부담으로 매매와 전세를 모두 피하게 된 임차인들과 무주택자들이 피할 곳이 생긴 것이다.

투자자의 마음을 버리고 지극히 보통 사람의 심리로 살펴보자. 보통 사람들은 월세를 살거나 최대한 저렴한 주택으로, 그것도 아파트 전세로 들어가려 할 것이다. 상당한 하락폭과 언론에서 연일 나오는 뉴스를 보고 있노라면 지금 집을 사거나 부동산에 투자하는 것은 소위 말해 미친 짓처럼 보이는 게 당연하기 때문이다. 하지만 확실한 사실 한 가지는 금리 상승은 길지 않은 시간 내에 멈출 것이며 언젠가는 내려갈 것이다. 그때 자산을 살 것인가? 아니다. 부동산 투자자라면 지금이 아주 좋은 기회의 시간이다. 모두가 공포 심리에 망설인다. 실거주자든 투자자든 원하는 곳에 임장을 가서 끝까지 깎고 깎아서 매매해 버티자. 그렇게 실천만 한다면 아주 이상한 물건을 사지 않는 한 돈을 못 버는 게 더 어려울 것이다. 사람들의 심리가 돌아오고 다시 불타오르면 우리는 조용히 웃으며 매도하면 된다.

직접적으로 표현하자면 지금부터 내년도가 특히 경매를 활용해서 매수하기 너무 좋은 타이밍이 될 것이다. 전국적으로 경매 물건이 쏟아져 나오고 있다. 당연히 버틸 힘이 있어야 하고 세금을 내고 리스크에 대비할 수 있는 용기도 필요할 것이다. 현재 기준 미국 기준금리 및 한국 기준금리가 상단에 와있다. 미래를 정확히 예측하는 것은 불가능하지만 우리는 미래에 대해 예측하며 판단하고 책임져야 하는 사람들이다. 지금은 매수자 우위 시장이다. 남들이 사려 하지 않을 때 사서 남들이 사고자 할 때 우리는 팔아야 진정한 부의 길로 진입할 수 있는 것이다.

아주 확실하게 얘기해보자. 1998~1999년 경매 시장에서 20억에 명동 건물을 경매로 낙찰받은 사람, 2014~2018년도 사이 미분양 천국이었던 서울의 경희궁자이, 아크로리버파크, 헬리오시티에 무모하게 진입했던 실거주자 및 투자자들은 어떤 결과를 만들었는가. 지금 하락장에서 그분들의 수익률이 줄어들었을 뿐이지 보통의 직장인들이 수십 년간 모아도 안 될 정도의 이익을 보았다. 하우스푸어, 영끌족, 투기꾼 어떤 조롱과 비난을 받는다 한들 그들의 수익을 본다면 능히 감당할 만하지 않겠는가? 시장에서의 심리는 급격하게 변화한다. 언제나 체크하도록 하자.

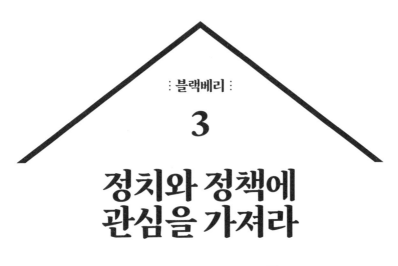

: 블랙베리 :

3

정치와 정책에
관심을 가져라

    다음으로 내가 시장에서 주의 깊게 보고 있는 부분은 정치적 상황과 정책의 변화이다. '투자를 하는 데 굳이 이런 것까지 알아야 하나?' 하는 생각이 들 수 있다. 하지만 이제는 부정하기 힘들 정도로 정치적 영향과 정책이 너무나 큰 영향을 미침을 우리는 보고 있다. 큰 틀에서 보자면 금리의 인상과 인하, 규제나 완화책, 심지어 어떤 이가 국정 운영의 키를 잡고 있느냐에 따라서도 부동산 시장에 막대한 영향을 끼치고 있다. 먼 미래를 얘기하지 말고 오늘날 우리에게 아주 직접적인 세 나라의 상황을 보자.

먼저 미국이다. 금리 정책을 좌지우지하는 연준에서도 이제 기준금리의 상단부를 얘기하고 있다. 그렇다면 우리가 관심 있게 지켜봐야 할 이슈는 바로 미국 대선이다. 미국은 우리가 상상하는 것 이상으로 민주당과 공화당 그 내에서도 어떤 인물이냐에 따라 경제 정책이 강하게 변경된다. 다만, 큰 틀에서 미국이 과거보다 미국 우선주의 정책에 기반하고 있으며, 보호무역주의 정책에 힘을 쓰고 있음을 알아야 할 것이다. 결코 수출 주도형 국가인 대한민국에 유리한 상황은 아니다. 미 대선에 어떤 후보들이 나오고 어떤 정책을 펴는지 깊게는 아니라도 유심히 지켜보도록 하자. 미국은 떼려야 뗄 수 없고 투자와 직접적으로 엮인 관계이기 때문이다. 민주당의 복지 정책 확대와 증세냐, 공화당의 자국 우선주의 정책과 감세냐 하는 부분을 중점으로 말이다.

다음으로 중국이다. 산에 호랑이(미국)와 사자(공산주의 소련)가 있었는데 사자가 잘못된 음식을 계속 먹어서 쫓겨났다. 호랑이가 산을 지배한 지 20여 년이 지났다. 이제 젊고 강한 표범(중국)이 산에 나타나 호랑이에게 자리를 내놓으라고 울부짖는다. 물론 아직 표범이 호랑이에게 안 되는 건 잘 안다. 하지만 중국은 우리가 생각하는 것 이상으로 크고 강한 나라가 되었다. 단순 경제 규모로는 미국의 65~75% 수준까지 올라왔으며 2020년대가 가기 전에 어쩌면 경제 규모만큼은 미국을 넘어설지도 모른다. 중국은 시진핑 집권 3기가 되면서 경제보다 국내 문제에 더 집중하려 할 것이다. 대만 통일 문제, 시진핑 개인 권력의 집중화, 공산당 사상의 확립, 샤오캉 사회 (중산층 사회) 진입을 위한 자본가들, 내 편이 아닌 권력자들에 대한 탄압도 서슴지 않을 것이다. 중국은 오히려 리스크가 확대되었다고 볼 수 있다. 모두 알겠지만 대한민국의 제 1 교역국이 중국이다. 오랜 기간 동안 심지어 대체 불가능한 거래 품목들이 중국에 제일 많은 것도 현실이다. 정치가 경제를 통제할 때 우리는 그 결과가 얼마나 고통스럽고 힘든지 과거에 수없이 경험해와서 알고 있다. 중국발 충격은 개인의 힘으로 감내하기 힘든 사태가 될 것이다. 대비가 가능한 부분은 대비하고 중국의 상황을 예의 주시하도록 하자.

마지막으로 내가 살고 있는 대한민국의 상황이다. 이제 대한민국도 중복지 수준의 국가로 진입하고 있다. 그 말은 더 많은 세금과 예산, 간단히 말해 돈을 필요로 한다는 것이다. 복지의 맹점은 한번 지출을 시작하면 결코 줄어들지 않는다는 것이다. 그 돈은 공짜로 나오는 돈이 아니다. 우리나라는 자원이 없다시피 한 국가다. 결국 기업과 개인들이 내는 세금으로 그 비용을 충당해야 한다. 국가의 권력과 힘인 돈은 더욱 비대해질 것이다. 결코 줄어들기 힘들 것이다. 단적인 예로, 지금으로부터 10여 년 전인 이명박 정부의 1년 국가 예산이 300조대에서 불과했으나 문재인 정부의 1년 국가 예산은 2배가 불어난 600조대였다. 예산이 늘어나고 정부에서 할 수 있는 게 늘어난 만큼 국가의 힘은 강력해지는 것이다. 우리가 정치 권력의 향배에서 주의 깊게 볼 것들을 이제는 알게 됐을 것이다. 바로 우리가 추구하는 돈과 연관되어 있다. 소위 말하는 돈을 얼마나 뿌리느냐, 어떤 정책을 쓰느냐가 상당한 연관을 만들어 내고 있음을 알수 있다. 내가 좋든 싫든 현실 정치는 내 투자와 직·간접적으로 연관이 있음을 잊지 말고 주의 깊게 지켜보도록 하자.

지금 역대급으로 적은 거래량이 전국의 시장을 지배하고 있다. 다주택자의 취득세 중과가 풀릴 것인가? 매매 사업자, 임대 사업자가 부활할 수 있을 것인가? 보유세의 부담 역시 매우 중요한 키가 될 것이다. 지금 상황에서는 어떤 식으로든 거래량만큼은 정부에서도 살리는 방향으로 나가려 할 것이다. 세수의 부족은 매우 심각한 문제이기 때문이다. 또한 건설 경기를 위시한 부동산 시장은 대한민국을 지탱하는 매우 중요한 부분이기도 하다. 거래량이 늘어나고 저가 매물과 전세가 동시에 감소한다면 투자자가 타이밍을 잡기 좋을 것이다. 다만, 요즘 정보 취득이 빠르고 흐름이 급격한 관계로 인근 지역의 공급과 과거 가격을 함께 분해서 매수를 진행하길 추천한다.

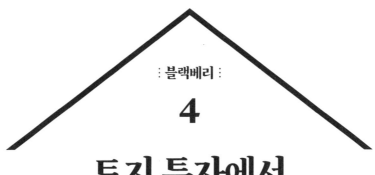

토지 투자에서 가장 중요한 키워드

나는 주거용 부동산과 비주거용 부동산의 건강하고 공격적인 투자를 추구한다. 이 부분에서 나는 다른 관점으로 접근한다. 우선 비주거용 부동산, 특히 토지를 기반으로 한 물건들의 경우 호재를 중점적으로 살핀다. 이번 글에서는 내가 집중적으로 투자하고 있고, 앞으로 하고자 하는 분야인 '토지'에 대해 말해 보고자 한다.

나는 토지 투자의 고수도 아니고 토지 투자를 오래 한 사람도 아니다. 하지만 실전 투자자로서 열심히 임장을 다니며 가장 중점적으로 보는 중요한 키워드는 바로 '호재'다. 토지 투자에서 호재를 논외로 할 수는 없다. 단, 예외가 있다. 자산 축적 수단과 자연 상승을 기대할 수 있는 주요 입지의 투자는 호재와 큰 연관이 없다고 봐도 무방하다. 대표적으로 강남 지역 꼬마빌딩과 같은 종의 경우 호재보다 입지를 기반으로 한 안전 투자라고 보는 게 더 맞을 것이다. 어찌 됐든 우리 대부분은 몇천만 원에서 많게는 몇억을 갖고 투자를 하는 소액 투자자가 아닌가. 훗날 돈을 많이 벌어서 강남 빌딩 소유주를 꿈꾸며 현실로 돌아와, 대부분의 토지 투자는 호재에 기반한다는 사실을 잊지 말자.

내가 토지 관련 투자를 하는 가장 큰 이유는 장기간 보유할 토지에 투자하지 않기 때문이다. 언제 어떻게 누가 살지 모르는 끝판왕이 토지인데 장기 보유를 안 하다니 무슨 뚱딴지같은 소리냐고 할 것이다. 물론 시장 상황이 급격하게 나빠지고 운이 나쁘면 긴 시간 보유해야 할지도 모른다. 하지만 어느 토지 1타 강사님처럼 최대 보유 기간이 3년 7개월인 토지 투자자도 있는 법이다. 나 역시 이번에 낙찰받은 공장과 토지 최대 보유 기간을 3년으로 잡고 있다. 보통의 토지 투자자들은 호재가 알려지기 전에 내가 먼저 정보를 취득해서 발끝의 가격에 사서 어깨 정도에 매도하려는 환상적인 상상을 한다. 물론 그런 투자가 종종 생길 수도 있다. 하지만 당신이 그런 정보를 취득한다면 그것은 불법일 확률이 높고 그래서도 안 된다. 토지와 연관된 물건을 단기간 보유하는 투자는 5배, 10배의 수익을 내는 환상적인 투자가 아니다. 수익률 50%, 100%, 200%의 투자법이다. 나 역시 무피로 7,000만 원의 시세 차익도 내봤고 500만 원으로 1.1억 원의 시세 차익도 내봤기에 그렇게 말할 수 있다. 하지만 토지 투자를 하는 사람이라면 충분히 이 시장의 매력을 안다. 철저한 공부로 권리적인 문제 및 물건의 다른 특별한 문제가 생기지 않는다면 잃지 않는 투자를 할 수 있다는 것을…. '100%', '절대'라는 말은 하지 않겠다. 리스크가 없는 투자는 사기이기 때문이다. 하지만 적어도 다른 분야의 투자와는 확연히 그럴 확률이 높다는 사실은 말할 수 있다.

예를 들어보겠다. 이번에 투자한 경기 북부 지역의 공장 사례이다. 경기 남부가 아니라 경기 북부 지역이다. 나도 경기 남부가 경기 북부보다 입지가 좋다는 사실은 알고 있다. 하지만 명심하자. 평당 300만 원짜리 땅이 500만 원, 1,000만 원 갈 확률보다 평당 50만 원짜리 토지가 100만 원, 200만 원 가기가 훨씬 용이하다는 사실을. 우리가 버려야 할 아주 큰 부분이 마음속의 편견이다. 양주, 포천, 동두천, 파주는 돈이 안 된다고 으레 짐작하고 시작하는 그런 것들 말이다. 지난 몇 년간 고양시, 파주시, 김포시의 토지 지가 상승률을 한번 보라. 당신이 모르고 있는 사이에 수없이 많은 투자자가 그곳에서 돈을 벌었고 벌고 있다.

경기 북부에 무슨 호재가 있기에 그곳에 투자했는지 물을 것이다. 한 가지만 사례를 얘기하자면 바로 제2외곽순환고속도로 파주-양주 구간이 열심히 공사 중이다. 개통 예상 시점은 2024년 12월

~2025년 1월이다. 그렇다면 이미 발표가 난 지는 오래됐을 거고 지가는 이미 상승하지 않았겠는가? 이처럼 호재에 기반한 투자는 이미 오른 땅을 사는 것이다. 우리는 타이밍을 보고 실행되는 상황을 지켜보며 호재가 실현되기 3~4년 전쯤 매수하는 것이다. 이미 오른 땅 혹은 땅 위에 올려진 건물과 공장을 사는 게 쉬운 일은 아니다. 나 역시 입찰가를 고민할 때 그 부분을 계산하는 게 가장 어려웠다. 양주 공장의 경우 감정가가 2~3년 전의 시세였으며, 내 낙찰가는 감정가의 120%가 넘었다. 이번에 매수한 안성 토지의 경우 3년 전보다 시세가 2배는 올라 있었다. 그런 매물을 보고 있으면 '아, 2년 전에 올걸. 아, 3년 전에 올걸' 하는 생각이 절로 든다. 안성에 매수한 토지의 등기부등본을 떼어보니 10년 전에 현 토지주가 매수해서 약 3배 정도의 시세 차익을 보고 매도를 했다. 10년이라는 시간을 생각해보면 큰 수익률은 아니지만, 이 3배의 상승분 중 2~2.5배의 상승분은 근 2년 사이에 이루어졌다. 그 이전 7~8년의 기간 동안은 거의 지가가 움직이지 않았다. 그렇다면 근 2년 사이에 이 토지 인근에 무슨 일이 생긴 것일까? 이곳에 제2경부고속도로 IC가 생기기 때문이다. 제2경부고속도로 호재는 발표된 지 시간이 이미 상당히 흘렀다. 하지만 착공에 들어가고 도로가 깔리는 모습을 보이며 급격히 시세가 상승하게 되었다. 고속도로를 비롯한 도로 호재와 관리 지역의 토지(공장 창고를 위시한) 투자는 거의 불패급 투자라고 봐도 무방하다. 상승을 안 한 지역을 찾는 게 불가능에 가까울 정도이다. 다만,

362
토지 투자에서 가장 중요한 키워드

아주 솔직하게 얘기를 해보자면 내가 공부하고 확인한 것은 수도권 내의 지역이라는 것이다.

또 다른 호재의 예로 도시 개발 사업지 인근의 투자도 매력적인 투자처가 될 것이다. 도시 개발 사업이라 하면 말이 어렵지만 미니 신도시, 더 쉽게 표현하면 아파트를 빈 땅에 짓는다고 생각하면 편하다. 여러 가지 이유로 핫했던 대장동 개발도 여기에 포함된다. 그렇다면 '그걸 내가 먼저 어떻게 아냐'고 물어볼 것이다. 내가 매수한 토지가 꼭 도시 개발 사업지에 포함되지 않아도 된다. 내가 산 토지 인근에 도시 개발 사업만 된다 해도 충분한 성공을 아니, 오히려 포함된 것보다 더 큰 수익을 얻는 경우도 왕왕 있는 편이다.

대표적으로 병점역 인근의 도시 개발 사업지, 양주의 1호선 인근 덕계역 및 덕정역 도시 개발 사업지를 보라. 인근 녹지 지역의 가격은 주변 호재에 따라 2~3년 사이에 약 3배 정도 상승했다. 이런 패턴을 따라 하고 스터디하면 된다. 아무도 모르는 나만의 마법 같은 투자를 하라는 것이 아니다. 대부분의 경우 기반 공사가 시작되거나 개발에 관한 시행사가 정해졌을 때 들어가도 충분하다. 이유는 오랜 기간 가져갈 이유가 없기 때문이다. 너무 먼저 들어가려 하지 말자. 평택의 포승지구, 화양지구, 현덕지구도 전부 2000년대 중후반부터 시작되었던 개발 호재들이다. 급하게 갔던 이들은 이제야 빛을 보기 시작할 것이다. 2008년 시작한 화양지구의 경우 올해가 되어서야 아파트 분양이 시작되었다. 14년이 넘어서 분양을 했으니 입주

완료까지 생각하면 근 20여 년을 기다려야 했던 것이다. 현덕지구의 경우 올해 사업 전면 백지화 이야기가 나오고 있다. 욕심을 덜어내고 냉철하게 판단을 해서 투자 지역을 골라야 할 것이다. 나도 투자를 하면서 급한 마음에 지른 경험이 있다. 그나마 그 지른 물건이 무게가 가벼운 공시지가 1억 원 이하 아파트였기에 다행이라고 생각한다. 결국 호재가 진행되고 있으며 실현되기(완공 혹은 착공) 수년 전에 들어가야 이득이 있다.

늘어가는 미분양과 상가 공실

주거용 부동산과 비주거용 부동산에서 함께 예의 주시해야 할 부분이 있다. 바로 청약 경쟁률과 미분양, 특히 악성 미분양 물량이다. 주거용 부동산에서는 쉬이 납득될 것이다. 실제 미분양이 늘어나는 것이 아파트를 비롯한 주거용 부동산 시장의 나쁜 시그널이라는 것은 모두가 아는 사실일 테니 말이다. 그렇다면 비주거용 부동산에서는 어떤 영향을 미치겠는가? 우선 인근 상가 시장이 초토화될 확률이 높다. 사실 근래 들어선 신도시들에는 주요 입지를 제외하고 공실이 상당히 많다. 미사, 위례, 청라, 동탄, 다산 등 신도시를 가보면 주요 입지가 아닌 곳의 상가 공실이 넘쳐난다. 최근 임장을 가본 입장에서 가히 놀라울 정도였다. 심지어 보증금, 임차료 없이 3개월

이나 6개월간 관리비만을 납부하고 운영을 하도록 소개해주는 상가들도 있다. 앞서 말한 신도시들은 심지어 미분양이 없거나 매우 인기가 많은 지역들이었다.

제1동탄이라 불리는 지역의 남광장, 북광장 사례를 들어보자. 2007년에서 2008년까지 반송동을 중심으로 아파트 입주가 시작된 지역이다. 해당 지역의 상가 분양가를 기준으로 약 15년이 지난 지금 시점에서 10개의 상가 중 약 2개의 상가만이 분양가 이상의 수익률을 내고 있다. 핵심은 2가지일 것이다. 분양가가 너무 높았고, 그만큼 메인 입지의 상가가 아니면 좋은 수익률을 내기 어렵다는 것이다. 앞서 말한 대로 주거용 부동산의 열기가 뜨거웠던 지역의 상가들도 이럴진대 미분양이 늘어나고 인기가 없는 지역의 상가는 어떠하겠는가. 물론 수도권에 분양한 거의 모든 신도시가 그래왔듯이 미분양 지역도 언젠가는 입주가 완료되고 시세는 회복될 것이다. 하지만 상가 특히 지식산업센터의 경우 정말 위험한 투자 상품이 될 수 있음을 명심하자. 상가는 반드시 입지와 동선을 파악해서 좋은 것만을 사야 한다.

주거용 부동산은 저렴하면 무조건 좋다. 어지간히 나쁜 것도 말이다. 하지만 상가는 결코 아니니 특히 주의해야 한다. 상가에 대해 이야기했지만 토지와 관련된 투자에서도 미분양의 증가와 주거용 부동산의 침체와 연관 있는 투자들이 많다. 상가 주택 투자, 시행 투자, 꼬마빌딩 투자 등 직접적으로 연결된 투자 외에도 특히 도시 개발 사업과 관련된 투자가 대표적인 예다. 미분양 물량이 늘고 건설사가 대출 등의 문제로 자금 조달이 원활해지지 않는다면 누가 집을 지으려 하겠는가.

원래 예정했던 분양 계획이 미뤄지거나 취소되는 일도 종종 볼 수 있다. 예로, 2022년 초 분양 예정이었던 평택 브레인시티 중흥S-클래스 아파트를 들 수 있다. 2년여 가까이 지난 2023년 12월에야 분양이 진행되었다. 인천 효성동 도시 개발 사업, 김해 내덕지구 도시 개발 사업 등 보상금 문제, 건설사와 지자체 혹은 원주민과의 마찰 등 여러 가지 이유로 지연되고 미뤄진 사업이 있지만, 근본적으로 수익성에 기반한 도시 개발 사업은 부동산 호황기가 아니면 상당 부분 지연되게 된다. 인근의 토지 및 도시 개발 사업지 내의 토지 투자를 할 때도 미분양 물량의 증가 및 주거용 부동산 시장의 동향까지 주의 깊게 지켜봐야 할 것이다.

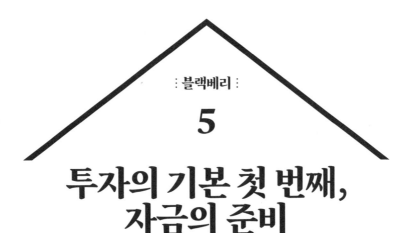

: 블랙베리 :

5

투자의 기본 첫 번째, 자금의 준비

나는 항시 조급함이 있다. 흥분도 좀 하는 편이다. 투자를 처음 시작할 때는 직장생활을 하면서 모은 약 7,000~8,000만 원 사이의 자금이 있었다. 내가 왜 이런 이야기를 하냐면 나와 비슷한 성격을 가지고, 비슷한 환경에 있는 대다수의 사람이 이 책을 읽고 실제 투자에 도움이 되었으면 좋겠다는 마음 때문이다. 뜬구름 잡는 그럴싸한 멋진 이야기를 쓸 수도 있겠지만 나 역시 진솔한 투자자의 도움으로 이 자리까지 왔기에 내가 투자를 하는 시간 동안만은 누군가에게 조금이나마 도움이 되고 싶다.

　나는 '언제나 기회가 있다'는 진부한 말을 우선 전하고자 한다. 많은 투자자가 '내가 사면 오르고, 내가 팔면 더 내려가고, 내려갔으니 다시 사는 상상'을 한다. 나 역시 한때는 그런 꿈 같은 상상을 하며 투자를 한 적이 있다. 고점과 저점을 맞추는 투자자가 있을까? 만약 있다면 그 사람은 아마 세계 최고의 부자가 되어 있을 것이다. 그리고 실제로 그런 일이 발생한다면 그 운은 독이 될 확률이 높다. 왜냐하면 그렇게 성공한 투자에 자신이 생각하는 이론을 덮어서 그것을 진실로 만들고, 자만심과 그에 따른 오판으로 이어지는 결과가 생길 수 있기 때문이다. 성공을 경험한 투자자가 다시 나락으로 떨어지는 것은 앞서 경험한 성공을 반복하는 투자를 하기 때문이다. 자신감 있게 투자하고 본인의 철학을 가져야 하지만 어떤 특정한 이론과 생각에 매몰되지는 말아야 한다. 투자자는 경제 활황기에도, 경제 침체기에도, 저금리 시기에도, 고금리 시기에도 투자를 할 준비가 되어 있고 투자를 진행해야 한다. 특히 요즘과 같은 역사상 유례가 없는 급격한 변화의 시대에는 더욱더 그래야 한다.

　단적으로 생각해보자. 코로나 시기 이후 급격했던 주식 시장과 부동산 시장은 거의 1년 단위로 아니, 분기 단위로 롤러코스터를 타지 않았던가? 6연속 금리 인상을 생각이나 해봤던가? 투자자들도 기본은 지키되 이런 시대적 변화에 맞는 모습으로 진화해 나가야 한다. 투자자는 유연해야 한다. 경직된 투자자는 오래 갈 수 없다. 전국 아파트 가격이 몇 달 만에 30~40%가 빠지는 모습에도 우리는 익숙해져야 한다. 과거에는 일어나지 않았던 일들에도 말이다.

기회가 왔을 때 투자를 하려면 어떤 준비를 해야 할까? 나는 크게 3가지 준비를 하고 있다. 첫 번째는 자금의 준비, 두 번째는 지식의 준비, 세 번째는 마음의 준비이다. 투자자에게 이 3가지는 기본이자 필수라고 생각된다. 자금은 우리가 말하는 시드머니, 즉 현금이 가장 기본이다. 아무리 지식과 안목이 뛰어나고 마인드가 단단히 준비되어 있다 해도 투자할 자금이 없다면 현실적으로 투자를 실행할 수 없다. 나 역시 멋모르고 사회생활 초년에 받아놓은 전세자금대출을 원리금으로 갚지 않았다면 투자 시기가 한참 늦어졌거나 아예 시작조차 못했을지도 모른다. 부업을 통해서든 임금을 올려서든 혹은 억지로 대출을 받아 원리금으로 갚아 나가더라도 나는 투자금이 최소 5,000~7,000만 원 정도는 되었을 때 투자를 시작하는 것을 권유한다. 사람마다 처한 상황과 여건이 다름에도 이 정도 자금을 추천하는 것은 개인이 받을 수 있는 신용대출이 존재하기 때문이다. 부동산 투자에서 대출은 필수 불가결이다. 대출을 무서워한다거나 갚아야 할 대상이라고 생각한다면 애초에 투자를 시작하지 않는 것이 좋다(물론 현금을 쌓아놓고 사는 사람이라면 얘기는 다를 것이다). 5,000~7,000만 원 정도의 자금을 마련한다면 특별히 과도한 부채가 없다는 전제하에 추가로 대출을 일으켜 투자가 가능한 신용 자금을 최소 1억 원에서 1억 5,000만 원 정도 마련할 수 있다. 이 정도의 자금이라면 다양한 투자를 할 수 있는 기본 요소는 갖춘 것이다.

사람은 내 통장에, 내 주머니에 얼마가 있느냐에 따라 여유와 마음가짐이 달라진다. 투자 역시 마찬가지다. 운도 좋았고 투자를 시작한 시기도 좋았을지 모르지만 나는 그 정도의 자금으로 투자 초창기 약 10여 채의 주거용 부동산을 매수할 수 있었고, 공동 투자지만 토지도 함께 매수할 수 있었다. 해당 자금이 준비되지 않았다면 최대한 단기간에 자금을 모아보자. 나는 의지가 약하고 투자를 위해 모은 게 아니어서 취업 후 약 5년이라는 시간이 걸렸다. 보통의 사회 생활 초년생이라면 혹은 자영업자라면 한 달에 150만 원은 저축할 수 있을 것이다. 몇천만 원의 자금을 모으고 나면 아니, 통장에 꽤 큰 금액이 생기면 사고 싶은 게 참 많아진다. 차도 눈에 들어오고, 옷도 눈에 들어오고, 명품도 눈에 들어온다. 정말 부탁이지만 5,000만 원에서 7,000만 원을 모으는 시간만 물욕을 절제하길 바란다. 자금을 모으고 투자를 진행하는 중에 어느 정도의 소비와 투자를 함께 할 수 있으니 말이다. 내가 말하는 것이 정답은 아니지만 내가 말한 대로 행할 수 있다면 당신의 인생은 많이 바뀔 것이다.

자금의 준비는 투자할 시드머니만을 말하는 것이 아니다. 시드머니는 당연히 필요하다. 하지만 어려운 상황을 맞이했을 때 자금을 뽑아낼 수 있는 자산과 같은 포괄적인 개념도 포함된다고 볼 수 있다. 내가 안성 토지를 매수할 때 금융 기관 수십 군데를 알아봤지만 대출이 예상보다 적게 나왔다. 이렇게 되면 해당 토지를 매수한 개

개인의 투자금이 훨씬 더 많이 들어갈 수밖에 없다. 이 상황에서 추가 자금 마련이 여의치 않아서 토지를 매수한 대표 차주(대표자) 두 분이서 보유한 아파트를 담보로 추가 대출을 일으킬 수 있었다. 하나의 예시에 불과하지만 내가 당장 대출이 안 되고 자금을 구할 수 없을 때 내가 가진 자산을 통해 급전을 마련할 수도 있다. 나도 갑자기 세입자가 나간다든가 요즘 시기와 같이 부동산 냉각기에 세입자를 맞추기 어려울 때 자산을 활용해 수많은 고비를 넘길 수 있었다.

투자자는 예기치 못한 상황을 지속적으로 맞이한다. 이 중에는 바로 대응 가능한 부분과 바로 대응하기 어려운 부분으로 나뉜다. 하지만 고비를 넘길 때마다 내 자산과 현금이 늘어나고 내가 운영할 수 있는 자금의 활로도 다양해진다. 투자를 꾸준히 오래 하다 보면 내가 생각한 대로 여러 가지 타이밍이 안 맞는 경우가 수두룩하다. 계산에 맞는 투자는 의외로 없다. 끊임없이 생기는 변수와 상황의 변화에 일일이 대처해야 한다. 나도 처음에는 하나를 사서 팔고 또 사고 팔면 되는 줄 알았다. 실제로 그런 일은 거의 일어나지 않는다. 2년 뒤에 오르면 팔아야 한다고 생각한 물건 중 단 한 개도 그렇게 매도해본 적이 없다. 반대로 오래 보유해야겠다고 마음먹은 물건 중 정말 초단기로 매도한 경험도 있다.

돌발 상황에서는 오롯이 돈이 그 문제를 해결해줄 수 있다. 명심하자. 돈이 없다면 딱 2년에서 3년만 돈을 준비하자. 나도 플러스가 난 투자와 마이너스가 난 투자가 뒤섞여 있다. 예상치 못한 급락장에서 현금 마련을 위해 수익이 안 난 상황에서도 해당 물건을 매도한 적도 있다. 처음 시드머니를 모아서 투자를 하다 보면 자금이 떨어지는 상황이 올 것이다. 본인만의 투자 사이클이 가급적 멈추지 않고 돌아가게 하는 시스템을 만드는 게 중요하다. 투자를 진행하다 돈이 끊겨서 갑작스럽게 투자 휴지기에 접어드는 사람들을 주변에서 많이 본다. 그것을 방지하기 위함이다.

작은 물건에 투자하라

가끔 투자를 처음 하시는 분들이 내게 묻는다. 소위 말하는 큰 물건에 몰아서 한두 건 투자할지, 자금을 최대한 쪼개서 상대적으로 작은 물건에 투자할지, 둘 중 어떤 게 효율적인 투자 방법인지 말이다. 나는 후자를 추천한다. 앞의 투자법이 틀렸다거나 더 낮은 수익을 거둔다는 의미가 아니다. 소위 말하는 굵은 물건은 한 개가 무너지면 감당하기 힘들어진다. 근래 1~2년 사이 서울 및 수도권에 여러 채의 주거용 부동산에 투자한 사람 중 매우 어려운 상황에 놓인 사람도 심심찮게 나오고 있다. 전세 보증금을 한 채당 2~3억 원씩 돌려줘야 하는 상황 말이다. 내 지인도 강동구 아파트와 인천 아파트 전세 보증금만 4억 원 가깝게 돌려주기도 했다. 하지만 상대적으로 체급이 낮고 여러 채로 분산되어 오롯이 수익률과 효율성을 강조한 투자는 한 채, 한 채의 수익 자체가 크지 않을 수 있지만 위험성이 상대적으로 낮은 편이다. 다만, 두 번째 투자를 진행할 때는 시차를 두고 진행하기를 권하고 싶다. 전세 만기가 특정 월과 시기에 몰리면 앞선 투자보다 더 큰 위험에 처할 수 있기 때문이다.

투자를 오래 하고 싶지 않은가? 오래 투자한다는 말은 이 시장에서 살아남고 강해져 있다는 의미와 마찬가지다. 유명하고 또 유명한 말이 있지 않은가. '강한 놈이 살아남는 게 아니라 살아남은 놈이 강한 놈이다'라는 말. 경험은 그 누구도 대신해줄 수 없음을 명심하도록 하자.

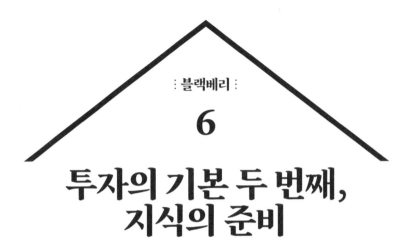

6

투자의 기본 두 번째, 지식의 준비

두 번째 준비는 투자 지식의 준비이다. 최근에 한 투자 고수와 식사를 하다 직접 들은 얘기다.

"내가 유명해지니 수강생들이 나랑 친해져서 물건 하나 좋은 거 소개받으려고만 하네요. 본인 실력을 키울 생각은 안 하고…."

나는 속으로 뜨끔했다. 사실 나도 내 실력을 키우려는 마음보다 고수의 어깨에 올라타 편안히 투자를 하려 했다. 누군가 찍어준 지역에 가서 사고, 누가 샀으니 나도 그곳에서 물건을 사려고 한다는 마음이 생긴다면 그것은 지극히 정상적인 것이다. 다만, 그렇게만 투자하면 진정한 부자가 되는 길은 점점 더 멀어질 것이다. 나 역시 누군가의 추천만 믿고 제대로 확인하지 않은 채 산 물건이 있다. 물론 이득을 보기는 했다. 사람인지라 그럴 때마다 '한 번 더?'라는 마음이 생긴다. 같은 아파트 단지를 매수한다고 생각해보자. 층이 다르고, 동도 다르고, 수리 상태도 다를 것이며 무엇보다 매수 시기도, 가격도 다를 것이다. 어떻게 같은 결과물을 만들 수 있겠는가? 맹목적으로 추종하거나 따라 하지는 말자.

물론 훌륭한 투자 선배나 고수를 만나는 것은 매우 중요하다. 좋은 물건을 추천받았더라도 선택은 자신이 해야 한다. 본인이 판단할 실력이 된다면 살지 말지 결정할 수 있다. 하지만 몇 년간 투자자로 있을수록 내 철학, 내 판단, 내 실력이 얼마나 중요한지 뼈저리게 느끼게 된다. 내가 아는 게 없으면 의존하는 것 외에는 딱히 할 게 없기 때문이다. 지난 과정을 돌이켜보고 투자를 오래 하신 고수분들을 만나보면 앉아서 하는 공부와 강의 듣고 책을 읽는 것만이 지식을 늘리는 것은 아니라는 걸 알 수 있다. 경험이라는 절대적 시간이 함께 동반되어야 하는 무형의 지식도 있을 것이며, 내가 투자를 하면서 만나는 사람에 대한 판단과 같은 어느 정도 타고나야 하는 지식도 있을 것이다. 지식이라는 게 위낙에 폭넓고 한도 끝도 없는 분야이지만, 투자를 하고자 한다면 부동산에 국한된 지식은 꾸준히 공부해 나가는 게 중요하다고 생각한다.

토지 투자를 주로 강의하시는 어느 강사님은 공부를 위한 공부만 한다면 평생 공부해야 할지도 모른다고 말씀하셨다. 옳은 말이다. 토지 투자에 필수 불가결인 도로 공부만으로도 2달이 모자랄 정도의 양이다. 아마 도로만 공부하다 제풀에 지칠 것이다. 하지만 내가 투자와 연관된 공부로서 도로를 공부한다면 몇 시간의 강의와 반복된 훈련으로 충분한 투자 지식을 얻을 수 있을 것이다. 공부 그 자체로서의 지식이 아니라 투자로서의 지식을 쌓는 것은 정말 하늘과 땅 차이다. 금리만 해도 그렇다. 내가 하려는 것은 경제학 박사 공부가 아니다. 금리와 내가 하는 투자와의 연관성 정도의 공부다. 오히려 내가 지금 받아놓은 주택담보대출, 신용대출 금리가 현실에 더 많이 와닿을 것이다. 부동산에 대한 지식이 아니라 부동산 투자에 연관된 지식을 쌓도록 하자. 공부에 너무 매몰되지 말자는 뜻이다. 의외로 깊고 심오한 지식은 필요 없는 경우가 많다.

내 실제 이야기이다. 처음 투자를 하려고 했을 때 아버지가 부동산 투자를 반대하시며 아주 명망 있고 수십 년간 부동산학을 공부하신 교수님을 만나보라고 권유하셨다. 그분은 "부동산 투자로 성공하려면 분양을 받고, 갈아타기를 하고 1가구 2주택으로 해야만 성공할 수 있다. 경매나 갭투자는 지양하라"고 말씀하셨다. 그분 말씀이 틀렸다거나 잘못되었다고 말하려는 것이 아니다. 1가구 2주택으로 갈아타고 청약으로 돈을 번 사람들은 많다. 그 또한 방법이 될 것이다. 하지만 아주 단정 지어서 말해주신 내용에 나는 큰 충격을 받을 수밖에 없었다. 부동산 투자가 청약만 있는 게 아니지 않은가. 수십 년 간 이 분야의 권위자라는 분이 딱 집어서 "이 방법이 성공하는 길이 다"라고 한 것에 나는 선뜻 동의하기 어려웠다. 너무 깊은 지식과 내 가 모든 것을 알아야 한다는 강박관념이 투자에는 매우 큰 독이 되 기도 한다. 그렇다고 무지성 투자를 하라는 것은 아니다. 언제나 어 디서나 적용되는 말이지만 미래를 맞출 수는 없지 않은가.

투자는 사고 기다리는 것이다. 마냥 무한정 기다리지 않기 위해 지식이 필요하고 내가 적정한 시기에 매수를 하고 낙찰을 받는 것이 다. 그 과정에 필요한 지식은 우리가 생각하는 것만큼 폭넓고 다양 하며 깊지 않다. 그렇다면 필요한 지식은 어느 정도이며, 어떻게 공 부를 해야 할까? 사실 이 부분은 내가 명확하게 답을 내리기 어려운 입장이다. 다만, 주거용 부동산과 비주거용 부동산에 대한 공부 방 식과 알아야 할 분야가 매우 다르다. 주거용 부동산은 큰 틀에서는 비슷하나 아파트, 빌라, 오피스텔 등 각 물건마다 접근 방법과 알아 야 하는 부분에서 차이가 있다. 비주거용 부동산은 주거용 부동산보 다 개별성이 강하고 더욱더 이질적이며 움직임을 알아야 투자가 가 능해서 공부해야 할 지식도 다르다고 할 수 있다. 조금 세부적으로 들어가 보자.

나는 운이 좋게도 다양한 분야에서 경험을 할 수 있었다. 아파 트, 빌라, 공장, 토지까지는 직접적으로 투자를 경험해 봤으며 나머 지 분야도 매수 직전까지 가보거나 입찰도 꽤 해본 편이다. 내 짧은

377

7. 블랙베리 - 투자 스펙트럼을 넓혀라

경력과 경험을 바탕으로 투자 난이도를 구분해보면 아파트 투자가 제일 용이하고 접근하기 쉽다. 세상 사람들이 소위 말하는 갭투자로 말이다. 막말로 들릴 수도 있겠으나 내가 지금 현금 1,000~2,000만 원만 갖고 있어도 지방에 내려가면 아파트를 내일도 매수할 수 있을 정도로 아파트 갭투자 자체는 매우 손쉽다. 사실 주거용 부동산 투자의 기본은 갭투자다. 아파트도, 빌라도, 오피스텔도(오피스텔은 약간 다른 투자도 있다.) 전세를 기반으로 한 갭투자를 기본으로 한다. 이 기본 전제는 경매든 일반 매매든 동일하다고 보면 된다. 세부적으로 들어가면 월세 세팅 혹은 공실 세팅도 가능하지만 주거용 부동산 투자를 한다면 아마 대부분 전세에 기반을 둔 갭투자를 하게 될 것이다. 여기서 우리가 집중적으로 지식을 쌓아야 할 부분은 매매가와 전세가, 매매와 전세의 상관관계다. 이 부분에 대한 경험과 공부가 쌓인다면 주거용 부동산 투자의 기본은 충분히 갖췄다고 봐도 무방하다. 거기에 수요, 공급, 시장 심리에 관련된 지식과 조금 더 세부적으로 동, 향, 층, 수리와 관련된 지식을 쌓으면 될 것이다.

비주거용 부동산은 주거용보다 카테고리나 종류가 다양하다. 빌딩, 공장, 창고 등의 다양한 물건들과 지식산업센터, 상가 등은 토지보다 물건 자체의 가치에 기반한다고 볼 수 있다. 물론 이것을 단순히 몇 마디 말로는 구분할 수 없을 정도로 각각의 분야는 개별성을 강하게 띤다. 이런 각각의 분야에 지식을 쌓고 투자를 진행하다 보면 본인에게 어울리는 옷처럼 맞는 투자처를 찾게 될 것이다. 추천하자면 아파트 투자와 토지 투자를 굵은 선으로 놓고 공부해보는 것이 뿌리를 다지는 의미나 효율성 측면에서 좋을 것이다.

지식을 얻고자 할 때 책도 좋지만 나는 오래 이 분야를 경험한 현지 투자 선배분들의 강의를 추천한다. 주의해야 할 강사는 1. 단기간에 큰돈을 번 강사 2. 너무 지식에만 함몰된 강사 3. 물건만 추천하는 강사 4. 돈만 넣으라고 하는 강사 5. 피라미드식 커리큘럼의 강의를 하는 강사 등이다. 마지막으로 무조건 돈을 벌 수 있다고 강조하는 강사를 제일 조심해야 한다. 리스크 없는 투자는 거짓말 혹은 사기의 다른 말이다. 부동산은 보유만 하는 것이라고 가르치는 강사도 있다. 스타일마다 다르겠지만 나는 사고파는 것을 많이 해본 스승을 만나는 것을 추천한다. 부동산을 파는 것이 왜 예술인지 알게 될 것이다. 투자를 공부함에 있어 좋은 강의가 있다면 두 번이고 세 번이고 반복해 듣는 것을 추천한다. 강의를 들으면서 임장을 다니고 투자도 함께 병행해보라. 반드시 좋은 결과를 얻을 것이다.

지식을 쌓는 부분에서 마지막으로 꼭 권하고 싶은 공부는 경매 공부다. 경매는 투자자가 가질 수 있는 가장 막강한 무기 중 하나다. 경매라는 무기는 단순히 싸게 산다는 의미를 넘어서 자본 시장 전체를 배울 수 있고 경험할 수 있는 어마어마한 분야다. 나도 경매를 통해 몇 건의 물건을 낙찰받았고 한 건을 제외한 나머지 물건은 수익을 올렸거나 고정 수익이 나 있는 상태이다. 그 한 건은 다름 아닌 서울 아파트이며, 특수 물건이 아닌 일반 물건이었음에도 실패하게 되었다. 경매를 배우기로 한 초보자라면 앞서 말했듯이 너무 깊이 들어가지 말자. 공부로서의 경매라면 아마 금방 질릴 것이다. 또한 그 폭은 생각보다 넓은 것이며 실전에서 사용할 일이 많지 않을 것이다. 내가 책을 쓰는 이유도, 당신이 이 책을 읽는 이유도 돈을 벌기 위함이다. 돈에 관련된 꼭 알아야 할 몇 가지만 알면 된다. 그리고 나머지는 전문가에게 맡기자. 이게 내 생각이다.

경매에서 지식을 통한 공부는 30~40%를 넘지 않는다. 대부분 경험을 통해 배워 나가야 한다. 그마저도 주거용 부동산에서는 하루 이틀 정도 공부로 당장 대부분의 물건에 입찰할 수 있는 정도이다. 과장 없이 말한다. 딱 하루 배우고 물건 검색해서 모레 입찰하는 데 아무 문제 없다(물론 물건에 대한 가치나 시세 파악은 별도이다). 경매를 지속적으로 해나가다 보면 어려운 물건들, 소위 말하는 특수 물건들에 관심을 갖게 되는 시기가 올 것이다. 한 번쯤은 들어봤을 것이다. 유치권, 법정 지상권, 가장 임차인 등등 들어보면 상당수 현장에서 부딪치며 채권자, 채무자 혹은 지자체에 문의해 해결해야 하는 일들이 많다. 경매는 실전 경험이 중요함을 잊지 말자.

너무 오랜 시간 앉아서 공부에만 매몰되지 말자. 너무 오랜 시간 고민하지 말고 부딪혀보자. 우리는 돈을 벌려는 것이지 학자가 되려는 게 아니니 말이다.

투자의 기본 두 번째, 지식의 준비

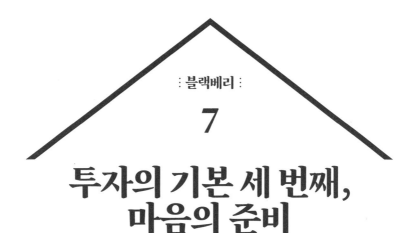

투자의 기본 세 번째, 마음의 준비

　마지막으로 말하고자 하는 것은 마음의 준비, 마인드의 준비이다. 단언컨대 투자자로 성공하고 오래 살아남으려면 반드시 갖춰야 할 덕목이 바로 마인드이다. 지금 시장에서 소위 말하는 멘탈이 약한 투자자는 어떤 상황을 맞이했을까? 1998년 IMF, 2008년 서브 프라임 사태 때 수없이 많은 투자자가 사라졌다. 그들 중 상당수는 앞선 부동산 상승장 때 엄청난 성공을 맛본 사람들이다. 무리한 투자에 따른 파산도 많았지만 스스로 물러난 투자자들도 그에 못지않게 많았다. 나도 투자를 시작하고 지난 3년 동안 적어도 5~6번 정도는 포기하고 싶고 도저히 해결책이 안 보이는 어려운 상황을 맞이했던 것 같다. 단순히 멘탈이 강한 것으로만 버틴 건 아니다. 마음의 준비라고 표현한 이유는 잘 버티고 그냥 막무가내로 이겨 내라는 의미 이상의 정신적 준비가 되어 있어야 한다는 뜻이다.

투자자로 사는 것은 때로는 침착해야 하고 때로는 과감해야 한다. 카멜레온처럼 변화무쌍해야 한다. 가끔 무조건 보수적으로, 무조건 공격적으로만 진행하는 투자자들을 본다. 굳이 말하자면 무조건 보수적인 투자보단 약간은 무모한 투자자가 더 좋은 결과를 만들어 내기도 한다. 자신의 성향이나 살아오면서 쌓인 익숙한 태도와는 반대 방향으로 움직여야 할 때가 많다. 만약 잘못된 태도와 마음가짐 혹은 내가 익숙한 대로 움직이기만 한다면 큰 손해를 보기도 한다.

2022년 1월에 내가 보유 중이던 천안 서북구의 준신축 아파트 세입자가 월세 만기가 되어 퇴거를 했다. 월세 세팅으로 가지고 있던 매물이라 보증금 2,000만 원을 돌려주고 여유를 한껏 부렸다. 한참 다른 분야에 빠져 있던 상황이라 공실이 된 집을 무려 3개월 동안이나 아무런 조치도 취하지 않고 놔두게 되었다. 당연히 매도를 하거나 전세를 맞출 생각이었으나 무슨 배짱이었는지, 아니면 계속 상승할 것이라는 무지성을 갖고 있었는지 무려 4개월이라는 황금 같은 시간을 허비한 뒤에야 부동산 중개소 한 곳에만 매물을 내놓았다. 당시에는 당연히 나갈 거라는 막연한 믿음을 갖고 있었는데 9개월이라는 시간이 허무하게 흐르고, 해당 지역의 집값이 무너지자 주변 부동산 중개소에 부랴부랴 내놓기 시작했다.

2022년 여름 이후 전국 아파트 시장은 처참하고 혹독했다. 내 물건보다 동, 층, 향이 안 좋은 매물들이 높은 가격에 팔릴 동안 나는 관심도 안 둔 채 말도 안 되는 행동을 한 대가로 약 5,000만 원의 손실을 보고 매도하게 되었다. 말이 5,000만 원이지 매매가 2억 원 정도의 아파트에서 5,000만 원이면 무려 25%다. 투자 경력 3년이 채 안 되는 투자자가 20년 정도 투자한 고수처럼(고수도 이렇게는 투자 안 한다.) 한 행동이 시간과 돈을 앗아간 것이다. 수업 시간에 배우고 책에서 읽은 대로 하면 되는 걸 몸의 익숙함과 약간의 성취에 취해서 엄청난 손해를 본 것이다. 사실 이런 경험이 한 번만 있는 것은 아니다.

투자자는 상황 판단이 빨라야 한다. 급한 것과 빠른 것은 엄연한 차이가 있다. 주변 변수를 감당 가능한 상황에서 판단하는 것과 남들 따라서 혹은 시장 변동 때문에 아무런 생각 없이 급하게 행동하는 차이라고 보면 될 것이다. 나 역시 무지성 투자, 묻지마 투자를 경험했다. 소위 말하는 부동산 투자 버스도 타봤다. 지방에 가서 아무것도 모르고 찍어준 아파트에서 수익을 올리기도 했다. 가끔 돌이켜보면 '왜 그랬을까?' 하는 생각도 들지만 마인드 세팅이 잘 되어 있으면 한 번의 좋은 경험으로 넘길 수 있는 일이다. 하지만 마인드 세팅이 되어 있지 않다면 계속해서 그 버스에 올라탔을 것이다.

경험은 다양하고 많을수록 좋다. 다만, 내가 그곳에서 배움이 있고 앞으로의 투자에서 얻는 게 있다면 좋은 경험일 것이고 실패했다 해도 다시 일어설 수 있다. 투자의 길은 결코 꽃길이 아니다. 우리는 어릴 적부터 학교에서, 군대에서, 사회에서 남들이 시키는 일과 규율에 짜여 반복되는 일에 익숙해져 있다. 투자는 남이 시키는 대로 하는 게 결코 아니다. 엄청난 투자 고수나 성공한 투자 선배를 따라 한다 한들 내가 성공하리란 보장이 없다. 각자가 처한 상황과 위치, 투자 종목이 동일할 수 없기 때문이다. 그들에게서 배울 것은 내가 아직까지 경험해보지 못한 것에 대한 조언이나 시행착오를 줄이기 위한 교육 정도일 것이다. "나처럼 하면 부자가 될 수 있다"는 말이 가장 무서운 거짓말이다. 열심히 하고 배운 대로 하고 심지어 하라는 대로 한다고 성공할 거란 마음을 갖지 말자. 내 인생을 누가 대신 살아주지 못하듯이 투자에서도 야생에 혼자 떨궈진 타잔의 마음가짐으로 스스로 헤쳐나가야 한다.

투자 고수와 나누었던 첫 카톡 대화가 기억난다. 내가 "이 물건 어떻습니까?"라고 물으니 "그렇게 물어보지 마세요"가 답변이었다. 처음에는 정말 화가 나고 기분도 상했지만 다시 알아보고 정리를 한 후 모르는 부분에 대해 재질문을 했을 때 "이거 좋네요. 이거 이거 알아보고 말해주세요"라는 답변을 받았다. 내 마음의 차이였던 것이다. 다수와 같은 마음가짐을 버리고 스스로 어려운 길을 택하니 답이 보이기 시작했다. 편안함만을 찾지 마라. 그렇다고 일부러 힘들게 가라는 건 아니다. 의미 없이 일찍 일어나고 밤새 고민하는 행동

투자의 기본 세 번째, 마음의 준비

에 목매지 마라. 책 100권 읽는다고 당신 인생이 바뀌지 않는다. 일찍 일어나서 무엇을 하느냐에 따라, 한 권의 책을 읽더라도 그것에서 무엇을 얻고 내가 행동하느냐에 따라 인생이 바뀌는 것이다. 나는 지금 상황에서 자금 확보를 우선으로 준비하고 있다. 세금과 운영 자금 확보 및 신규 투자를 위해서 말이다. 공동 투자이지만 공장 및 토지 매수를 완료했으며 주거용 부동산도 매도, 매수를 지속적으로 진행하려 한다. 이 과정들은 퇴사를 진행하고 전업 투자자라는 목표를 이루기 위한 작업이다.

부자가 되는 길에 정답은 없다

현직 투자자 혹은 투자를 하고 싶은 예비 투자자라면 내가 이 행위를 통해 무엇을 원하는지 명확히 생각해보자. 나도 처음에는 무척이나 막연했다. 그냥 '어느 정도 돈이 있었으면 좋겠다. 이 정도의 돈을 벌면 되지 않을까?'여도 괜찮다. 투자를 진행하다 보면 스스로 정한 그저 그런 목표가 여러 번 수정된다. 시간이 흐르면 자연스럽고 유연하게 변화하는 자신의 모습도 보게 될 것이다. 내가 처음 투자할 때의 모습과 마음가짐도 해가 갈수록 바뀌고 있다. 성공을 하든 실패를 하든 말이다. 나는 투자를 처음 시작하고 부동산 가격 폭등이 시작되자 혼자만의 상상의 나래를(사실 망상에 가까웠다.) 펼치기 시작했다. 정부 규제나 여러 제약이 어려움을 주긴 했지만, 상승장에서는 그런 힘듦도 결과물을 보면서 이겨 낼 수 있었다. 그리고 자연스레 목표도 수정되었다. 그렇게 오늘에 이르러서는 목표를 어느정도 구체적으로 명확하게 정했다.

부끄럽지만 나의 첫 목표는 앞으로 2년 내에 빚이 없는 현금 10억 원을 만드는 것이다. 누군가에게는 얼마 안 되는 돈일 수도 있고, 누군가에게는 이미 한참 전에 지나온 목표일 수도 있을 것이다. 수십억, 수백억 부자가 차고 넘치는 요즘에는 더더욱 그럴 것이다. 하지만 나에게는 놀랍고 위대한 목표이며 현실에 가까운 소중한 목표이기도 하다. 지극히 개인적인 의견이지만 나는 현금으로 가진 돈이아니면 내 것이 아니라는 마음가짐으로 투자를 한다. 내 주머니에없는 돈은 가상 자산이라고 생각한다. 자산의 총액이라든가 현금 흐름에 따른 목표를 정하면 그다음 목표를 미리 생각해보는 것을 추천한다.

나는 회사 특성상 직장생활을 하며 소위 말하는 자수성가형 부자들을 볼 기회가 많았다. 사업으로, 부동산 투자로 큰돈을 버신 분들의 모습을 보면 모두 같지가 않다. 아껴서 부자가 된 사례도 있고, 사실 전혀 아닌 부자도 많다. 돈을 많이 벌었음에도 검소하다 못해한 푼에도 예민해하고 힘들어하는 분들도 계시고, 과하다 싶을 정도로 소비를 하는 분들도 계시다. 어떤 모습이 옳고 그르냐를 말하고자 하는 게 아니다. 부자가 되는 길에 방법도 정답도 없다는 것을 말

투자의 기본 세 번째, 마음의 준비

하는 것이다. 우리가 중요하게 여겨야 할 부분은 나만의 부자 되는 법을 터득해야 한다는 사실이다. 부자가 되었는데 그 이전보다 스트레스가 늘거나 걱정이 늘어나면 안 된다.

앞에서 얘기했듯이 나는 꼼꼼하거나 소비하는 데 있어 딱히 생각을 많이 하고 행동하는 편이 아니다. 잘 모으지 못해서 반강제적으로 모은 돈으로 투자를 시작했다. 지금 나의 포지션에서 한 달에 20만 원 혹은 50만 원 더 저축한다고 인생이 바뀌겠는가? 아니다. 20억 원이 넘는 공장과 5억 원대의 토지(내 지분만), 아파트 20여 채를 운영하고 있는 입장에서 과연 그런 부분이 의미가 있을까? 무너지더라도 억 단위에서 무너질 것이다.

나는 행복한 길을 찾고자 돈을 버는 것이지 돈 그 자체에 매몰되기 위해 부자가 되려는 것이 아니다. 나는 명품을 좋아하지 않는다. 강남에 진입하는 것에도 전혀 관심 없다. 차량도 비싸고 외제가 아니어도 상관없다. 아파트를 매도할 때마다, 전세금을 올려받을 때마다 나는 아내에게, 부모님께 선물을 한다. 좋은 것을 사고 여행을 간다. 이렇게 살기 위해 부자가 되려는 것이다. 단기적인 꿈이 있다. 현금 10억 원 이상을 마련하고 퇴사를 하게 된다면 아내와 반년 동안 해외여행을 다녀오는 것이다. 또 다른 꿈도 있다. 내가 퇴사하고 사업을 하게 된다면 돈에 얽매이지 않는 사업, 시간에 얽매이지 않는 사업을 할 것이다. 대충 하고자 하는 것이 아니라 돈이라는 것에 얽매이지 않는 일을 하고 싶다. 돈과 시간에 말이다.

이 글을 쓰는 이 순간이 내 생에 가장 젊은 날이며 돌아오지 않는 순간일 것이다. 우리는 말로는 쉽게 시간이 소중하다고 얘기하지만 과연 얼마나 소중히 여기는가. 나의 아버지는 33년 동안 공직생활을 하시고 지역에서 나름 고위직과 공단 이사장을 거쳐 퇴직을 하셨다. 나에게는 한없이 높은 존재이며, 세상 가장 존경스러운 스승이다. 그런 아버지가 본인이 하고 싶은 것을 하지 못했던 과거에 대해 조금은 아쉬움을 표하며 말씀하신 것이 있다. 내가 알고 있는 아버지는 결코 그런 말을 하실 분이 아닌데 말 그대로 가족을 위해 희생하신 거다. 몇 번이고 사직서를 제출하셨고 몇 번이고 본인이 원하는 것을 하고자 하셨지만 사랑하는 아내와 자식들을 위해 본인의 시간을 사용하신 거다. 그 말씀을 들은 날 저녁에는 잠을 이룰 수가 없었다. 내가 어떤 걸로도 보상해드릴 수 없는 것임을 알기에.

월급이 300만 원이면 10억 원짜리 건물을 갖고 있다는 식으로 자신이 받는 월급과 연봉을 따져 얼마짜리 자산으로 환산할 수 있는지 계산하는 방법이 유행한 적이 있었다. 하지만 이 계산법에는 아주 큰 오류가 있다. 첫째, 내 일과의 절반 이상, 내 삶의 30% 이상을 사용하고 있음을 간과했다. 둘째, 내 가치 상승은 결코 땅의 가치 상승을 따라갈 수 없다는 사실 또한 놓치고 있다. 물론 노동의 대가로 우리는 월급을 받는다. 운이 좋아 승진하면 보너스도 받고 임금도 매년 꼬박꼬박 상승한다. 하지만 거기서 나를 갉아먹는 시간을 우리는 얘기하지 않는다. 당신이 다시 재벌가의 상속자로 태어난다 해도, 아주 어려운 집안의 가장으로 태어난다 해도 당신은 지금의 삶을 기억하지 못할 것이다. 당신의 삶에서 가장 소중한 것은 당신의 시간이다. 결코 잊지 말아라. 오늘은 돌아오지 않는다. 당신은 사랑하는 사람과 더 많은 시간을 보내고, 더 자유롭고 행복할 자격이 있음을 잊지 말자.

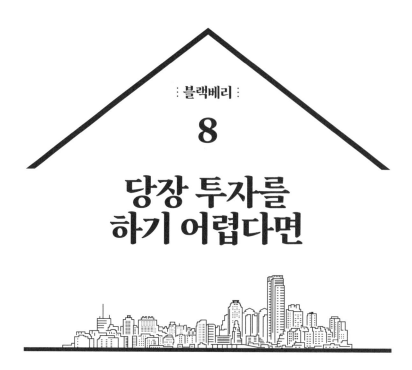

블랙베리

8

당장 투자를
하기 어렵다면

나는 스터디와 강의에서 지역별 호재 뉴스를 취합하고 있다. 현재 아파트, 공장, 토지에 자금이 묶여있어서 시드머니가 얼마 없는 상황이다. 이로 인해 2024년도에는 아파트 매도와 매수를 동시에 진행하고 비주거용 부동산에 좀 더 투자하려는 목표를 잡고 있다. 보상이 나올 만한 토지나 창고가 있는 물건에 추가로 투자해보고 싶다. 세밀한 분석이 필요한 보상 물건으로 새로운 경험을 해보고 싶은 마음이 있고, 창고의 수요도 충분하다고 판단된다. 무엇보다 이자를 낮추거나 부담을 줄일 수 있어서 매력적인 투자처라고 생각한다. 수도권 성장 관리 권역의 공장 창고 가격은 향후 2~4년간 상당한 상승을 이룰 것으로 보인다. 무엇보다 남양주, 하남, 파주 등 신도시 개발지 인근에 공장 창고 이전이 본격화될 예정이라 이미 이주를 시작한 곳들이 많다.

투자를 해본 사람들은 알겠지만 아무 곳으로 가서 이전할 수 없는 게 바로 창고나 공장이다. 여러 건축적 제약, 총량적 제약, 행위의 제약이 많기에 갈 수 있는 지역이 제한되어 있다. 그곳을 우리는 눈여겨봐야 할 것이다. 내가 담당하는 업체 거래처 대표님들 중 상당분들도 보상 및 시세 차익을 본 이후 이전 계획을 잡고 있다. 뉴스에 나오지 않는 돈을 조용히 버는 분들이 세상에는 너무 많고 나는 몸소 매일같이 느끼고 있다. 사업이 잘 안 되었지만 지가 상승으로 수십 년 치 사업 소득을 한 번에 버신 분, 코로나 시기에 오히려 사업이 대박 나신 분, 지금 같은 위기 상황에서도 앓는 소리를 할 뿐 그분들의 창고와 공장을 보면 전혀 의심할 여지가 없어 보인다. 경기가 안 좋다면서 어떻게 직원을 늘리는가? 고급 생수와 와인은 물건이 없어서 못 판다. 깊이 알아보면 볼수록 대한민국은 언제나 기회가 열려 있는 나라다.

많은 사람이 부동산 호재 뉴스는 어떻게 보는지 궁금해할 것이다. 포털사이트에서 부동산 파트 혹은 지방 신문 파트에 들어가서 뉴스를 자주 보는 사람은 그렇게 많지 않을 것이다. 꼭 매일 들어가서 볼 필요는 없다. 하지만 지역의 호재를 상세하게 다룬 뉴스는 지역 일간지 만한 정보지가 없다. 지역 신문 위주로 각 지역의 호재를 중점적으로 발표해주는 인터넷 신문을 주 1~2회 정도만 봐도 충분하다. 호재가 보이는 지역의 뉴스를 정기적으로 확인하면서 시간을 두고 어느 정도 진행되고 있는지, 실현 가능성은 있는지, 투자를 할 만한 곳인지 추적해간다. 그리고 해당 지역의 일반 매물부터 조사를 시작해보고 임장을 다닌다.

당장의 투자가 어려운 사람들이 자주 묻는 질문이 있다. '투자를 당장 하기 어려운 상황에서 어떻게 공부해야 할까요?'라는 질문이다. 만약 자금의 문제로 그리고 실전 투자를 하려면 2년 이상의 시간이 더 필요한 사람들은 우선 공부하지 말고 돈을 모으는 데 더 집중하라고 말하고 싶다. 투자 공부를 해본 사람들은 알겠지만 정말 공부로서 투자 공부만큼 실행 없이 하기 힘든 공부도 없다. 그 시간을 단축해서 내 임금을 올리든, 추가 수입을 만들든 방법이 없다면 최대한 아끼고 아껴서 최단 기간에 시드머니를 모아보자.

만약 다른 이유로 투자를 바로 진행하기 힘든 상황이라면, 그렇게 긴 시간이 걸리지 않아 실전 투자를 행할 수 있을 것이다. '강의-임장-호재 분석-스터디' 이 4가지를 해보도록 하자. 이 중 어떤 강의를 들어야 될지와 호재 분석에 관해서는 자세히 말하지 않겠다. 임장은 답이 정해져 있지 않다. 하지만 임장은 투자에 있어서 정말 말도 안 될 정도로 중요한 행동이다. 특히 경매 물건의 경우 현장에 답이 있는 경우가 허다하다. 유치권의 존재 혹은 내가 모르는 정보를 얻을 수도 있고 숨겨진 사연 등을 찾을 가능성도 임장을 어떻게 하느냐에 따라 달라진다.

내가 낙찰받은 공장 경매도 어느 경매지에도 나오지 않은 중요한 정보를 현장에서 얻을 수 있었다. 현장에서 출입이 거부당한다 해도 부동산 중개소에서 냉대받는다 해도 겁먹지 말자. 인근 부동산 중개소를 돌아다니다 보면 해당 물건에 관한 대부분의 정보를 얻을 확률이 높다. 부동산 실전 투자를 시작한 지 3년이 된 나도 가끔 현장에서 행동하는 게 불편할 때가 있다. 성향 문제일 수도 있고 사실 대부분 나보다 어른들이라 무섭기도 하다. 하지만 돈을 잃거나 버는 것보다 그런 부분이 무서울 순 없다. 임장을 통해 분위기를 느끼고, 문제를 해결하고, 부동산 중개사를 만나는 것이 얼마나 큰 실력 향상을 만들어 주는지 금방 느끼게 될 것이다. 임장의 중요성을 잊지 말자.

스터디도 추천한다. 하지만 스터디는 임장만큼 필수라고 생각하지는 않는다. 오히려 주의해야 할 스터디 모임에 대해 얘기해본다. 많은 사람이 처음이고 모르는 분야를 공부하다 보면 스터디에 대한 욕구를 갖게 된다. 나도 현재 함께 하는 스터디 모임이 있다. 순수하게 스터디 모임을 한다면 2~4명 사이 정도를 추천한다. 그 이상의 인원이 함께 하다 보면 다른 부분에 신경 쓸 것이 많아진다. 또한 엉뚱한 방향으로 스터디 모임이 흘러가기도 한다. 여러 번의 경험이 있다. 스터디를 한다면 공동의 목표와 방향이 일치해야 한다. 만약 일정 시간이 되어도 나에게 도움이 되지 않을 것 같다면 과감하게 그 스터디는 그만두어라. 시간 낭비요, 스트레스만 받을 뿐이다.

투자를 왜 하려 하는지 잊지 말자. 투자는 생각하는 것보다 힘들고 괴로운 일들이 많이 생긴다. 돈이 부족할 수도 있고, 심리적으로 괴로워질 수도 있다. 즐거운 투자? 행복한 투자? 나는 잘 모르겠다. 돈이 아주 많은 상태에서 시작한다면 가능할지도 모르겠다. 혹은 아주 낮은 목표를 갖고 있다면 그것도 가능할 것이다. 다시 한번 말하지만 정답은 없다. 개개인의 목표와 상황이 다를 뿐이다. 그럼에도 불구하고 모두가 성공하길 빌겠다.

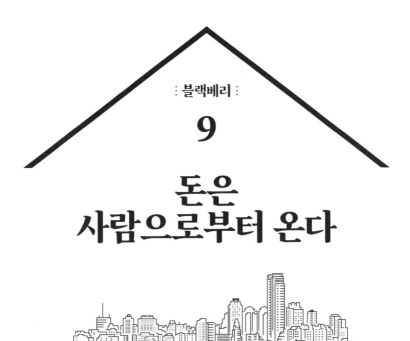

: 블랙베리 :

9

돈은
사람으로부터 온다

나는 아직 목표를 향해 나아가는 직장인 투자자다. 대단한 성과
를 이룬 것도 사실 없다. 그렇다고 치밀한 분석과 안목이 뛰어나서
성공이 보장된 것도 아니다. 하지만 지난 3년의 시간 동안 진흙밭에
서 굴러도 보고 낭떠러지 앞에서 살려달라고 빌어도 보며 여기까지
온 경험자이다. 경매 조사를 위해 임차인, 임대인으로 위장해 갖은
방법으로 정보 취득도 해봤고, 공장 임장을 가서 개에게 쫓기다 넘
어져 보기도 했다. 상가 유효 수요를 조사하기 위해 땡볕에 길거리

에서 지나가는 사람들의 숫자를 세며 몇 시간을 보내기도 했다. 내가 잘하는 부분은 우직하고 그냥 단순하게, 어찌 보면 노동에 가까운 일이다. 살면서 처음 가본 지역만 해도 수십 군데는 될 것이다. 군산, 목포, 광양, 거제, 밀양, 진해, 충주, 제천 등….

최근에는 분양권 두 개를 처분했다. 모두 상당한 상승을 이뤘지만 급격하게 떨어지는 상황에서 속수무책으로 매도할 수밖에 없었다. 투자자는 이런 것들도 감내해야 한다. 만약 똑똑하고 눈치 빠르고 성실한 순으로 투자를 잘할 수 있었다면 내 길이 아니었을 것이다. 새로운 것을 한 가지 경험할 때마다 설렘과 두려움이 공존한다. 하지만 지난 시간을 돌이켜보면 내 통장에 있던 7,000만 원의 자금으로 3년 만에 이 자리까지 온 모습에 스스로 한 번쯤은 고생했다는 말을 해주고 싶기도 하다. 내가 할 수 있는 선에서 최선을 다했다는 걸 누구보다 내가 잘 알기 때문이다. 남들과 비교해서 잘했다는 것이 결코 아니다. 투자는 남과의 경쟁이 아니다. 그렇기에 나 같이 부족한 사람도 할 수 있었던 것이다. 남이 돈을 벌면 나도 벌 수 있고 반대의 상황도 발생할 수 있다. 남들이 잃을 때 벌 수도 있고, 남들이 벌 때 내가 잃을 수도 있는 것이 투자다.

투자는 어찌 보면 되게 단순하다. 그걸 길게도 써 놨지만 돈 모으고 열심히 공부해서 사고 오르면 팔면 된다. 사실 그 과정 속에서 여러 가지 일들이 생기는 것이고 그 과정의 반복이다. 그 과정 속에서 수많은 일이 생기기도 하고 예기치 못한 변수에 위험을 겪기도 한다. 사실 무엇보다 운이 따라줘서 내 물건이 임자를 잘 만나 팔려야 한다. 투자를 해보면 보통의 사람들이 살아온 과정이나 학교나 직장에서 배워온 세상과는 다른 세상이 펼쳐질 것이다. 그래서 꼭 투자를 하라고 권유하지는 않는다. 누군가의 조언으로, 어떤 이의 떠밀림으로 잘못 발을 디딜 만한 곳은 아니라고 뼈저리게 느끼기 때문이다.

나는 소위 말하는 금수저 집안에서 태어난 사람도 아니고, 월 3,000~4,000만 원 수준의 고소득 연봉자도 아니다. 보통 어딘가에 있는 부자가 되고 싶은 사람일 뿐이다. 당신이 부자가 되고 싶다면 한 번쯤은 도전해볼 가치는 있다. 예비 투자자에게 몇 가지 당부의 말로 마무리하고자 한다.

절대 몰빵 투자하지 말아라. 투자를 시작하지 않았거나 얼마 안 된 투자자라면 오히려 다행일 것이다. 왜 몰빵 투자를 하지 말라는지 지금 시장이 몸소 증명하고 있기 때문이다. 만약 아파트 투자를 한다면 분양권에만, 재개발에만, 재건축에만 혹은 특정 지역 한 곳의 갭투자로만 여러 가지 몰빵의 형태가 있으나 지양하기를 바란다. 급한 마음도 알고 그게 성공하면 상당한 과실이 떨어진다는 것도 나는 알고 있다. 심지어 어떤 사람은 그런 방식으로 부의 추월 차선을 탔으니 말이다. 하지만 우리는 투자를 하고자 하는 것이지 요행을 바라거나 도박을 하는 것이 아니다. 자금 체력이 허약한 상태에서 역전세난이라도 맞는다면 경매지에 종종 올라오는 특정 단지 수십 건의 경매 채무자 사례로 본인의 이름이 올라올 수 있음을 명심하자.

몰빵 투자는 최종적으로 좋은 결말을 맞이하기 어렵다.

다음으로는 자신의 일상을 조금씩 천천히 변화시키자. 나는 소위 사람 좋아하고 술 좋아하는 부류이다. 극단적인 변화를 좋아하지 않는다. 투자를 시작하기 전 대략 지금으로부터 6~7년 전에는 술을 입에 달고 살았다. 못 먹어도 주 5~6회씩은 술을 마시며 살았다. 거의 매일 사람을 만나는 데 시간을 보냈다. 독립해서 자유를 누리다 보니 스스로를 망가뜨리고 있음을 망각하게 되었다. 자유로운 생활도 좋고 하고 싶은 대로 하는 것도 좋지만 투자자는 특히 새내기가 안 좋은 습관이 몸에 배어 있다면 그런 부분을 바꿔나가야 한다.

요즘 나는 1~2주에 1번 정도 음주를 한다. 생각해보면 한 달에 1번 할까 말까 한 분들도 있고 아예 금주하는 분들도 있다. 내가 행할 수 있는 게 주에 1번이라면 그 정도까지라도 한번 해보자는 것이다. 나는 책도 사실 거의 안 읽던 사람이다. 취업 준비할 때 토익 책과 인적성 검사 책을 본 게 마지막이었다. 근 7~8년 만에 부동산 공부한다고 책을 집으니 그게 눈에 들어오겠는가. 그나마 다행인 건 로버트 기요사키의 『부자 아빠 가난한 아빠』는 그렇게 지루하지도 않고 볼 만했다. 책은 읽기만 해서는 아무런 변화를 가져올 수 없다. 유튜브에 나오는 이들처럼, 책에 나오는 사람들처럼 철저하고 완벽할 필요까지는 없지만 평소보다 30분이나 1시간 일찍 일어나서 신문이나 책을 읽고 2주에 한 번, 3주에 한 번씩이라도 임장을 다녀보도록 하자. 세상 아무리 바빠도 그 정도는 가능하지 않겠는가?

그리고 투자를 하다 보면 결국 사람이 돈을 좌지우지함을 알게 된다. 나에게는 이 책을 함께 쓰게 해주신 얼음공장 님, 상가, 토지 투자를 가르쳐주시고 도움을 주신 분, 특수 물건의 위기, 명도의 험난한 상황에서 구원해주신 귀인이 계셨다. 물론 내가 원한다고 만나지는 것도 아니고 아무리 유명한 사람이라도 귀인이 될지 악연이 될지는 모른다. 하지만 인연을 맺고 내가 노력하는 모습을 보인다면, 누군지 모를 귀인이 나를 도울 것이다. 나는 투자를 하며 사람의 힘이 얼마나 큰지 새삼 강하게 느꼈기 때문이다. 이분들로 인해 내가 잃을 뻔한 것을 잃지 않은 비용만 해도 최소 억 단위는 될 것이다. 그 정도면 귀인이라 부를 만하지 않은가? 내가 투자를 진행하지 않았으면 만나지 못했을 분들을 만나게 된 것도 기쁜 일이지만 이들은 누가 뭐라 해도 모두 부자라 부를 수 있는 분들이다. 개인사의 깊은 부분까지 알지는 못하지만 최소한 자수성가형 부자들이다. 내가 아직 경험해보지 못한 부분들에 관해 간접적으로 배울 수 있고, 내가 겪는 어려움을 이분들은 이미 겪었기에 조언을 구할 수도 있다. 위기 상황에서는 어떻게 대처해야 하는지도 여쭤볼 수 있다. 나와 여러분도 반드시 투자의 길에서 만날 것임을 의심치 않는다. 언제 어디서나 건강하고, 행복하고, 무엇보다 큰 성공을 거두는 여러분이 되길 진심으로 빌겠다.

부동산이 돈이 되는
시그널을 기다려라

2024년 6월 19일 초판 1쇄 인쇄
2024년 6월 26일 초판 1쇄 발행

지은이 | 얼음공장, 곰둥이주인, 얼음공장직원, 투자의황제, 오공삼, 쓸꽃, 블랙베리
펴낸이 | 이종춘
펴낸곳 | ㈜첨단

주소 | 서울시 마포구 양화로 127 (서교동) 첨단빌딩 3층
전화 | 02-338-9151
팩스 | 02-338-9155
인터넷 홈페이지 | www.goldenowl.co.kr
출판등록 | 2000년 2월 15일 제 2000-000035호

본부장 | 홍종훈
책임편집 | 문다해
편집 | 한슬기
교정 | 정윤아
디자인 | 유어텍스트, 윤선미
전략마케팅 | 구본철, 차정욱, 오영일, 나진호, 강호묵
온라인 홍보마케팅 | 신수빈
제작 | 김유석
경영지원 | 이금선, 최미숙

ISBN 978-89-6030-632-5 13320

- BM 황금부엉이는 (주)첨단의 단행본 출판 브랜드입니다.
- 값은 뒤표지에 있습니다. 잘못된 책은 구입하신 서점에서 바꾸어 드립니다.
- 이 책에 나오는 표현, 수식, 법령, 세법, 행정 절차, 예측 등은 오류가 있을 수 있습니다.
  저자와 출판사는 책의 내용에 대한 민/형사상 책임을 지지 않습니다.
- 이 책은 신저작권법에 의거해 한국 내에서 보호를 받는 저작물이므로 무단 전재 및
  복제를 금합니다.

황금부엉이에서 출간하고 싶은 원고가 있으신가요? 생각해보신 책의 제목(가제), 내용에 대한 소개, 간단한 자기소개, 연락처를 book@goldenowl.co.kr 메일로 보내주세요. 집필하신 원고가 있다면 원고의 일부 또는 전체를 함께 보내주시면 더욱 좋습니다. 책의 집필이 아닌 기획안을 제안해주셔도 좋습니다. 보내주신 분이 저 자신이라는 마음으로 정성을 다해 검토하겠습니다.